MW01644745

Primera edición – 2025
ISBN: 9798285586098
Diseño editorial: Códigos del Reino
www.codigosdelreino.com

Título de la obra: Desbloquea tu destino
Autora: Olga Lucía Marzola Reyes

Este libro es una obra de enseñanza espiritual basada en principios bíblicos, con enfoque doctrinal, revelacional y de restauración integral. El contenido no sustituye consejería clínica, terapias psicológicas ni asesoría legal. Su propósito es ayudar a los lectores a comprender estructuras espirituales, renovar su entendimiento, y activar el diseño eterno establecido por Dios.

Este libro es una obra de enseñanza espiritual basada en principios bíblicos, con enfoque doctrinal, revelacional y de restauración integral. El contenido no sustituye consejería clínica, terapias psicológicas ni asesoría legal. Su propósito es ayudar a los lectores a comprender estructuras espirituales, renovar su entendimiento, y activar el diseño eterno establecido por Dios.

Las citas bíblicas fueron tomadas de la versión Reina-Valera 1960 (RVR1960), de dominio público, salvo que se indique lo contrario.

DESBLOQUEA TU DESTINO

UNA RUTA ESPIRITUAL PARA QUIENES PRESIENTEN QUE NACIERON PARA MÁS Y SE ATREVEN A DESCUBRIR EL DESTINO QUE EL CIELO ESCRIBIÓ PARA ELLOS.

OLGA MARZOLA REYES

DEDICATORIA

A ti, que cargas silencios que nadie ha escuchado,
que llevas marcas que no se ven,
que has llorado en cuartos donde solo Dios te vio.

A ti, que fuiste herido por quienes debieron
cuidar tu alma,
que has creído que no mereces más,
que has sentido que el cielo te olvidó.

Este libro no es casualidad. Es un susurro del cielo
que dice:
"Todavía hay destino para ti."

Lo dedico a cada corazón cansado,
a cada guerrera y guerrero que sigue caminando,
aunque nadie lo aplauda.

Que cada página te devuelva pedazos de ti,
que cada oración sane lo que parecía imposible,
y que Jesús, tu sanador y amigo fiel,
te tome de la mano y te muestre el camino de
vuelta a tu propósito.
Con amor, con fe y con lágrimas que ahora son
promesa.

Olga M.

PRESENTACIÓN

Este libro nace de una carga espiritual: ver a miles de personas caminando en círculos sin entender por qué.

A través de años de aprendizaje, ministración y lucha personal, descubrí principios espirituales que no siempre se enseñan desde los púlpitos, pero que están profundamente arraigados en la Palabra de Dios.

"Desbloquea tu destino" es una guía para ayudarte a comprender las raíces de lo que te limita y enseñarte a avanzar con propósito, autoridad y libertad.

Cada capítulo fue escrito con oración, buscando que se convierta en una herramienta real en tus manos: no solo teoría, sino transformación práctica.

Está dirigido a personas como tú, que aman a Dios, pero sienten que algo los detiene, que oran, pero no ven, que anhelan libertad, pero no saben cómo alcanzarla, o que incluso han escuchado de Dios y quieren saber más de Él y sus propósitos en cada uno.

Si ese eres tú, este libro fue escrito con tu nombre en mente.

INTRODUCCION

Desbloquea tu destino no es un libro devocional ni una obra de autoayuda espiritual. Es un manual de guerra legal en el mundo invisible, una guía doctrinal para tratar causas que no se resuelven con esfuerzo emocional, sino con verdad revelada.

Y si no te consideras una persona religiosa, si no sabes cómo acercarte a Dios o incluso si nunca antes has leído la Biblia, este libro también es para ti. No necesitas conocerlo todo para comenzar. Solo necesitas estar dispuesto a mirar hacia adentro, a enfrentar lo que por años ha estado oculto, y a permitir que la verdad —no la emoción, ni la tradición— hable por primera vez. Porque el destino bloqueado no distingue creencias. Y lo que fue escrito sobre tu vida desde lo eterno puede comenzar a ser restaurado desde el momento en que decides decir: basta. Este libro no impone una religión. Te invita a descubrir la libertad que ha estado esperando por ti.

Está escrito para personas que aman a Dios, pero sienten que algo las retiene. Para quienes oran, ayunan, sirven y, sin embargo, repiten ciclos. Para quienes han perdonado, pero aún cargan. Para quienes avanzan, pero el pasado todavía los persigue. Es un libro para el alma que ha hecho "todo lo correcto" y aún no ve fruto.

A lo largo de estas páginas no encontrarás fórmulas ni frases de ánimo. Encontrarás revelación. Encontrarás herramientas. Encontrarás estructuras espirituales expuestas: maldiciones generacionales, pactos antiguos, traumas no tratados, fragmentos del alma retenidos, puertas abiertas por ignorancia o por herencia, patrones repetidos que tienen una raíz más profunda de lo que pensabas. Este libro no está diseñado para inspirarte, sino para liberarte. No fue escrito para animarte, sino para activarte. Cada capítulo confronta una dimensión espiritual. Cada oración cierra una causa legal. Cada palabra busca restaurarte con precisión.

No necesitas tener una vida "ordenada" para comenzar. Tampoco necesitas conocer todos los términos espirituales que aquí aparecen. Solo necesitas una cosa: estar dispuesto a enfrentar tu historia con verdad, a dejar que el Espíritu Santo te guíe sin resistencias, y a caminar paso a paso en un proceso que irá desde el diagnóstico espiritual hasta la restitución del propósito.

Aquí vas a entender por qué cargas cosas que no son tuyas. Por qué repites lo que tu familia vivió. Por qué todo parece avanzar, pero luego se cae. Por qué hay áreas de tu vida que no responden a la oración como otras. Aquí entenderás que no es que falte fe, sino que sobran causas no tratadas. Y entenderás también que no basta con saberlo: hay que comparecer, cortar, desarraigar, activar, y sellar. Porque lo que el cielo escribió sobre ti, el infierno ha intentado retenerlo... pero ya no más.

Este libro no es una lectura ligera. Es un altar escrito. Fue formado con lágrimas, con guerras, con revelación, con años de búsqueda y con la guía del Espíritu de Dios. Cada principio está fundamentado en la Palabra. Cada oración está diseñada como una comparecencia. Y cada página es un paso más hacia la activación del diseño eterno que fue escrito sobre tu vida antes de que fueras concebido.

Si estás aquí, no es casualidad. Tu alma ha sido convocada. Y lo que estaba bloqueado, ahora va a ser restaurado con juicio, legalidad y gloria.

¿Cómo usar este libro?

📖 Lee con un corazón abierto. No te apresures. Cada capítulo está cargado de peso espiritual.

🖉 Toma notas. Hay frases, versículos y principios que el Espíritu te va a hablar directamente.

🔥 Haz las actividades. No es solo leer, es accionar. La fe sin obras está muerta.

🙏 Ora con determinación. Al final de cada capítulo hay una oración de liberación. Hazla creyendo, declarando, rompiendo.

ORACION

Padre Celestial, en el nombre de Jesús, me presento ante Ti con un corazón humilde y dispuesto, tal y como estoy y como soy, porque no hay otra manera en la que pueda acercarme a Ti.

Me conoces, sabes mi acostar y mi levantar, por eso quiero entregarte mi vida y te hago mi Señor de todo lo que soy en este momento y te digo: ven Señor Jesús a reinar en mí.

Reconozco que he estado limitado, atado y confundido.

Pero hoy, acepto Tu invitación a la libertad. Rompe toda cadena invisible, abre mis ojos espirituales y muéstrame el camino hacia el destino que preparaste para mí.

Declaro que este libro será una herramienta de revelación, transformación y libertad.

Abro mi ser completo para que seas Tú revelándome lo que está mal, lo que necesito dejar, lo que necesito sanar.

Precioso Espíritu Santo, sé mi guía y mi ayudador en cada hoja que lea.

Susúrrame lo que quieres que entienda en esta etapa de mi vida.
Me alineo contigo, renuncio al pasado y abrazo mi futuro en Cristo.

En el nombre poderoso de Jesús. Amén.

INDICE

CAPÍTULO 1

LA LIBERTAD ES MÁS CERCANA DE LO QUE CREES

LA LIBERTAD ES MÁS CERCANA DE LO QUE CREES

"Conocerán la verdad, y la verdad los hará libres." Juan 8:32

IDENTIDAD DESDE LA CREACIÓN

La historia de cada persona no comienza con su nacimiento. Comienza en la eternidad, en el corazón del Dios que lo diseñó todo con intención. Esta es una verdad que el mundo natural olvida constantemente, pero que el mundo espiritual conoce muy bien: nadie nace por accidente, nadie es producto del azar. Cada vida humana responde a un diseño celestial, a una intención divina trazada antes de que existieran el tiempo y la materia. Dios no improvisa con la humanidad. Él piensa, habla, forma y envía. Y eso fue lo que hizo contigo. Antes de que llegaras a esta tierra, antes de que tus padres supieran que vendrías, Dios ya te había visto, conocido y asignado. Así lo dijo Él mismo en su Palabra:

"Antes que te formara en el vientre, te conocí, y antes que nacieses, te santifiqué; te di por profeta a las naciones" *(Jeremías 1:5).*

Este versículo no se refiere únicamente a Jeremías. Es una declaración del sistema de diseño del cielo. Cuando Dios dice: "te conocí", está hablando de identidad. Cuando dice: "te santifiqué", está hablando de separación. Y cuando dice: "te di", está hablando de asignación. Es decir, primero te identificó, luego te separó y finalmente te envió. Ese fue el punto de partida de tu existencia, aunque aún no lo sabías.

Pero aquí comienza la verdadera batalla: el enemigo lo sabe. Sabe que no eres un ser humano cualquiera. Reconoce que portas un diseño que amenaza su reino. Sabe que si llegas a descubrir quién eres en Dios, desatarás realidades espirituales que destruirán estructuras de tinieblas. Por eso, el primer campo de batalla no es tu cuerpo, ni tus emociones, ni tu economía. Es tu identidad. Desde el momento en que llegas al mundo, el infierno despliega estrategias para borrar, alterar o desfigurar la imagen que el cielo colocó en ti. Lo hace a través de rechazos tempranos, palabras mal dichas, comparaciones hirientes, abusos silenciosos, silencios que fragmentan la percepción de amor y traumas que distorsionan la pertenencia.

"Si llegas a descubrir quién eres en Dios, desatarás realidades espirituales que destruirán estructuras de tinieblas."

Muchas personas crecen creyendo que su identidad está definida por lo que vivieron, lo que les dijeron o lo que les faltó, y no por lo que Dios declaró. Aquí está la raíz de muchas vidas rotas: la desconexión entre el diseño eterno y la percepción personal. Cuando alguien no sabe quién es, tampoco sabe lo que vale. Y cuando no sabe lo que vale, no cuida lo que tiene. Y cuando no cuida lo que tiene, se relaciona con lo que lo destruye. Por eso, la

"Cuando alguien no sabe quién es, tampoco sabe lo que vale."

restauración no comienza con un milagro externo, sino con una revelación interna de identidad. No se trata de ser "una mejor persona", sino de regresar a lo que fuiste en el corazón de Dios, antes del pecado, antes del trauma, antes de la distorsión.

Eso que viviste no fue casualidad. Fueron estrategias para impedir que asumieras el diseño que Dios te dio. Así como en el cielo fue escrito tu propósito, también fue escrito quién eres. El mundo no tiene derecho a renombrarte. Tus experiencias no tienen derecho a etiquetarte. Ni siquiera tu pecado tiene autoridad para modificar el diseño. Porque donde hay arrepentimiento, hay restauración. Y donde hay gracia, hay reposicionamiento.

Cuando Jesús fue bautizado, aún no había predicado, ni sanado, ni hecho milagros. No había demostrado nada públicamente. Pero en ese momento, el cielo se abrió y se escuchó la afirmación más poderosa:

"Este es mi Hijo amado, en quien tengo complacencia" (Mateo 3:17).

Eso fue lo primero que el cielo proclamó: identidad. Sin esa afirmación, Jesús no habría podido resistir el desierto, ni cargar la cruz, ni perseverar en la misión. Así de crucial es saber quién eres: porque define cómo vives, cómo resistes y cómo gobiernas.

Cuando comienzas a verte como Dios te ve, todo empieza a alinearse. No porque los problemas desaparezcan, sino porque ya sabes desde dónde vives. Sabes desde qué lugar espiritual estás parado. Sabes quién eres, a quién perteneces y qué valor tienes en la eternidad. Eres lo que Dios escribió. Y eso es más fuerte que todo lo que el infierno pueda levantar.

"He aquí que te he grabado en las palmas de mis manos..." (Isaías 49:16).

Dios no te ha olvidado. Te lleva marcado. Y no con una tinta que se borra, sino con sangre que grita redención. No hay trauma, abandono, error, palabra maldita o estructura demoníaca que pueda borrar tu diseño eterno. El cielo lo tiene claro... ahora te toca a ti empezar a verlo también.

Pero para eso, hay que romper los espejos falsos. Esos espejos que el enemigo puso frente a ti para que te vieras distorsionado. El espejo del rechazo que te dice "no vales nada"; el del abandono que te susurra "nadie te va a amar"; el del fracaso que grita "siempre vas a perder"; el de la comparación que acusa "no eres suficiente"; el de la violación, el divorcio o abandono que dice "tu lo provocaste" o el de la religiosidad que sentencia "no eres digno". Ninguno de esos espejos es de Dios. Él no usa distorsiones. Él usa su Palabra.

Y su Palabra dice que tú no eres esclavo, eres hijo. No estás atado, estás libre. No eres ignorado, eres amado. No estás descartado, eres valioso. No estás manchado, estás redimido. No eres un error, eres instrumento escogido. Cuando recuperas esa imagen espiritual, se despierta en ti una vida que estaba dormida. Tu forma de hablar cambia. Tu forma de orar cambia. Tu forma de relacionarte cambia. Porque ya no vives desde tu dolor, sino desde tu diseño. Y cuando eso ocurre, el cielo responde.

El mundo espiritual reconoce autoridad cuando ve identidad. No tienes que gritar, ni convencer, ni demostrar nada. Solo necesitas pararte firme en lo que Dios dijo y declarar con convicción: "Yo soy lo que Dios dijo que soy. Y no me voy a mover de ahí." Esa es la postura que desmantela las estructuras del enemigo.

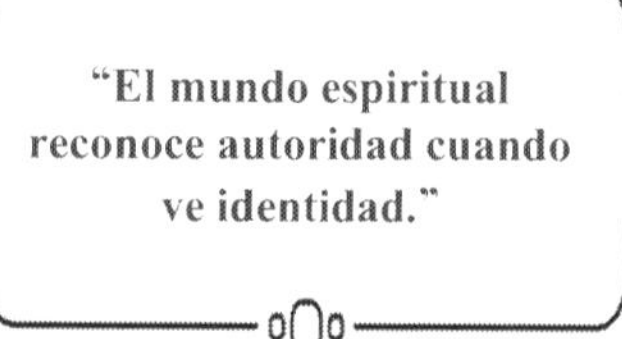

Ahora entiendes por qué el infierno empezó a atacarte desde que eras niño. Porque si lograba destruir tu identidad, podía bloquear tu autoridad. Pero eso se terminó. Hoy empieza el proceso de restauración. El proceso de devolverle a tu alma lo que el cielo siempre supo. El proceso de alinear lo que vives con lo que eres. De caminar, no como alguien que sobrevive, sino como alguien que hereda.

"Porque todos los que son guiados por el Espíritu de Dios, éstos son hijos de Dios" (Romanos 8:14).

Este no es un capítulo para admirar. Es una puerta para cruzar. Porque el propósito eterno no es una idea bonita que Dios pensó después de crearte. Es el plano que te dio origen. Y ahora, es tiempo de activarlo.

PROPÓSITO ETERNO

El propósito eterno no es solo para ti. Es para los que dependen de ti. Cuando no caminas en tu diseño, otros no reciben lo que tú debías activar. Tu llamado no es exclusivamente personal. Es generacional. Y si no lo vives, otro lo sufre. Así de serio es el diseño de

Dios. No cumplir tu propósito no es solo una pérdida para ti, es una interrupción en el fluir de las asignaciones del Reino.

El propósito eterno no se pierde por accidente. Se distorsiona, se desvía, se ignora o se corrompe. Pero para que eso ocurra, primero debe existir un vacío de entendimiento espiritual. Nadie puede caminar en lo que no conoce. Nadie activa lo que no ha discernido. Muchos viven en un estado de desconexión entre lo que Dios escribió sobre ellos y lo que ellos entienden de sí mismos. Ese desfase abre espacio para que se levanten sistemas demoníacos de distracción, desviación o usurpación.

Cuando el enemigo no puede destruirte, buscará desviarte. Si no logra matarte, ocupará tu tiempo, tu energía y tu vida con cosas que no tienen peso eterno. Y mientras tu alma esté entretenida, dolida o confundida, no avanzas. No edificas. No manifiestas Reino. El resultado es una vida que camina, pero no avanza. Un creyente que sirve, pero no fructifica. Un corazón que cree, pero no ve.

El propósito eterno puede verse interrumpido por múltiples causas. La falta de revelación es una de ellas: cuando una persona no comprende que existe un diseño profético sobre su vida, todo lo que hace se vuelve genérico, sin peso, sin asignación. Otra causa son las malas decisiones, cuando el alma toma el control del rumbo sin consultar al espíritu. También hay entornos espiritualmente tóxicos, familiares o culturales, que no solo no apoyan el propósito, sino que lo combaten directamente. A esto se suman los votos internos: decisiones inconscientes hechas desde el dolor que terminan desconectándote de lo que fuiste creado para hacer. Y, por supuesto, las ataduras legales: pactos, maldiciones, ligaduras de alma y estructuras de iniquidad que contaminan el linaje familiar y se proyectan sobre tu asignación.

Un propósito sin activación es como un libro cerrado. Está escrito, pero no se lee. El espíritu lo carga, pero la mente no lo entiende. Y donde hay confusión mental, hay retraso espiritual. El enemigo lo sabe. Por eso crea espejismos: caminos que parecen buenos, ministerios que parecen fructíferos, decisiones que parecen sabias, pero que no fueron asignadas desde el cielo. No todo lo que luce correcto es voluntad de Dios. Mucho de lo que parece legítimo puede estar robando el tiempo exacto que debías estar dedicando a lo que te corresponde.

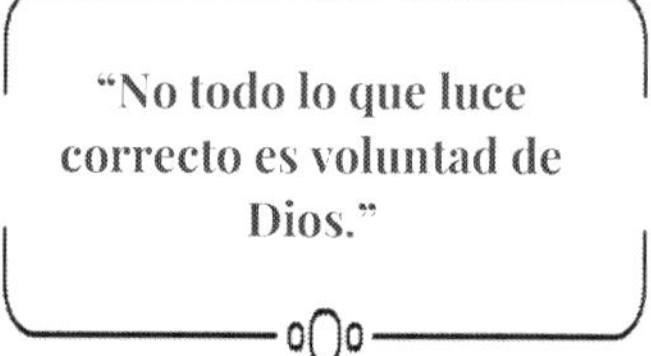

Aquí es donde comienza la restauración: en la reactivación del discernimiento profético sobre tu propósito eterno. No se trata de tener muchos dones. Se trata de tener claridad sobre el diseño. No se trata de hacer muchas cosas para Dios. Se trata de hacer exactamente lo que Él te asignó.

"A cada uno de nosotros fue dada la gracia conforme a la medida del don de Cristo" (Efesios 4:7).

Eso significa que la gracia que reposa sobre ti tiene una medida exacta, una función específica, un campo de manifestación determinado. Y cuando tú caminas en ese lugar, el favor fluye, la provisión aparece, y la autoridad se establece.

CÓMO SE DISTORSIONA EL DISEÑO

Una estructura espiritual es una forma legal de operación demoníaca que se transfiere cuando encuentra compatibilidad en la atmósfera de una persona o de una familia. No necesita una relación genética directa; solo requiere condiciones semejantes a las de su ciclo anterior de operación. Es por eso que un espíritu de rechazo, abandono, violencia o ruina puede repetirse en generaciones distintas, incluso cuando las circunstancias históricas no se parecen en nada. Lo que se repite no es la historia, es el patrón espiritual.

Estas estructuras operan sobre tres bases principales: la ignorancia del diseño original, la continuidad atmosférica y la ausencia de confrontación espiritual. Si la persona no conoce lo que Dios dijo sobre ella, no tiene referencia para resistir lo que el enemigo impone. Si la atmósfera emocional o espiritual sigue siendo compatible con ese patrón —ambientes de crítica, caos, control, victimismo o idolatría—, el espíritu encontrará lugar. Y si nadie lo nombra, lo confronta o lo saca a la luz, se quedará. Porque lo que no se discierne ni se trata, permanece. Y lo que permanece forma parte del sistema operativo del alma.

El alma fragmentada, confundida o herida se convierte en un terreno fértil para alojar estructuras espirituales antiguas que se camuflan como debilidad, carácter o temperamento. Pero no son parte del diseño: son parte del daño. Por eso, la restauración del propósito no puede llevarse a cabo sin primero desactivar estas estructuras. De lo contrario, el alma las seguirá protegiendo inconscientemente, y el espíritu no podrá manifestar el diseño original.

Para que el diseño emerja, hay que ir a la raíz. Nombrar lo que ha estado oculto. Romper el patrón atmosférico que mantiene viva la transferencia. Someter la mente a un proceso de renovación. Y permitir que el Espíritu Santo guíe la reconfiguración profunda del alma. La restauración verdadera no es cosmética: es estructural. No ocurre solo con oración. Ocurre cuando la estructura se desmantela.

Dios desea restablecer el diseño original, pero no puede edificar sobre una plataforma ilegal que aún está activa. La Biblia es clara:

"No participéis en las obras estériles de las tinieblas, sino más bien, desenmascaradlas" (Efesios 5:11).

Cuando se elimina la estructura, el diseño emerge. Cuando se confronta la iniquidad, la herencia se activa. Cuando se limpia el altar, el fuego vuelve a caer. Y entonces el propósito ya no es solo una promesa profética, sino una manifestación real.

RESUMEN DEL CAPÍTULO

Este capítulo ha abordado el diseño original con el que fuimos creados, el propósito eterno asignado antes del tiempo, y las formas en que dicho diseño puede ser distorsionado por factores espirituales, familiares y emocionales. La restauración del diseño comienza con el entendimiento de la identidad, el reposicionamiento en el propósito, y la ruptura de las estructuras que intentan desviarlo.

ACTIVIDADES POR HACER

1. Escribe todas las ideas o etiquetas que crees que han distorsionado tu identidad desde la infancia, luego traza una línea y al frente escribe lo que Dios dice que tu eres. Empieza a cambiar eso que crees que eres por lo que Dios dice que eres.

2. Busca al menos cinco versículos bíblicos que hablen de quién eres, toma un espejo frente a ti y di para ti esos versículos. Repite cada vez que puedas hacerlo.

3. Desde ya empieza a identifica un patrón familiar que se repita en tu linaje y toma varias hojas en blanco y ve registrándolas.

4. Ora para romper toda transferencia espiritual heredada.

5. Anota una decisión práctica que tomarás esta semana para caminar más alineado con tu diseño y propósito eterno.

ORACIÓN FINAL

Padre celestial, justo juez y Dios eterno, vengo hoy ante tu trono no desde mi justicia, sino amparado bajo la sangre de Jesucristo, quien es mi abogado, redentor y mediador eterno. Reconozco que he caminado por temporadas con una identidad distorsionada y un diseño alterado por causa de ignorancia, heridas, pecado y estructuras heredadas de mi linaje.
Hoy, con humildad, presento mi vida como evidencia delante de tu trono. Me arrepiento por haber operado fuera del propósito que tú estableciste desde antes de la fundación del mundo. Me arrepiento por toda participación consciente o inconsciente en sistemas de pensamiento que sabotearon mi identidad espiritual. Me arrepiento por cada vez que preferí la aceptación de los hombres antes que la obediencia al diseño que escribiste sobre mí.

Renuncio a toda imagen falsa que el enemigo colocó sobre mí. Renuncio al personaje que construí para sobrevivir. Renuncio a la inseguridad, al miedo, al silencio autoimpuesto, a la culpa que me hizo esconderme, y a las voces que me dijeron que no valía. Renuncio a toda idea de rechazo, abandono, inutilidad o fracaso. Renuncio a cada etiqueta maldita que me puse o que otros pusieron sobre mí.

Ahora yo, ______________ (di tu nombre), Renuncio a estas falsas identidades que he cargado por años (di la lista de todas esas identidades que detectaste, empieza a recordar desde tu infancia, como te decía papa, mama, abuelos, amigos, en tu adolescencia o adultes):

____

____

____

Y ahora declaro que cada una de ellas queda anulada por la sangre de Jesús, no las acepto mas en mi vida, no las quiero, y a partir de ahora dejan de hacer parte de mi en el nombre de Jesús.

Revoco el derecho legal de todo espíritu que operaba bajo ese nombre.
Declaro que mi alma es liberada de esa imagen rota. Y toda

influencia se va a los abismos, sin retorno y sin reemplazo, en el nombre de Jesús de Nazareth.

Solicito acceso a los libros del cielo que contienen lo que Tú escribiste sobre mí.

Pido que me muestres el diseño original. Que restaures la imagen que fue quebrada. Que enciendas de nuevo la visión que el dolor quiso apagar. Te pido, Padre, que el propósito eterno que está en tu corazón sobre mi vida, mi casa y mi generación, se active hoy por medio de la fe, el arrepentimiento y la legalidad del sacrificio de Cristo en el nombre de Jesús.

Activa en mí la conciencia de hijo/a.
Devuélveme la posición de autoridad.
Reclamo mi herencia como coheredero/a con Cristo.
Todo lo que fue distorsionado, retrasado o desviado, ¡Hoy es restaurado por Tu mano!
Declaro que ya no vivo como esclavo, sino como hijo/a del Reino.
Que mi mente se alinea.
Que mi alma se repara.
Que mi espíritu se conecta.
Y que mi diseño eterno resplandece como fue escrito desde el principio.
Ahora, Señor, sello esta restauración con un decreto profético:
Soy lo que Dios dijo que soy.
Soy luz, soy herencia, soy victoria.
Caminaré en libertad, no desde la emoción, sino desde la convicción.
Caminaré como embajador/a del Reino, no mendigando, sino estableciendo Tu gobierno en mi vida.

Sella sobre mí una nueva temporada. No desde la emoción, sino desde la justicia, la verdad y el diseño eterno. Y que todo lo que fue detenido, retrasado o robado por causa de la distorsión, sea restaurado al ciento por uno, conforme a tu voluntad.

Declaro que soy reposicionado(a), redimido(a) y reactivado(a) para cumplir todo lo que fue escrito en los cielos.
En el nombre de Jesús. Amén.

CAPÍTULO 2

PACTOS INVISIBLES, PRISIONES REALES

PACTOS INVISIBLES, PRISIONES REALES

"Porque en otro tiempo erais tinieblas, mas ahora sois luz en el Señor; andad como hijos de luz." Efesios 5:8

PACTOS GENERACIONALES

En el mundo espiritual, nada sucede sin causa. Detrás de cada lucha, cada ciclo repetitivo y cada batalla no ganada, existe una estructura espiritual que, aunque invisible, sigue emitiendo decretos. Y muchos de esos decretos provienen de pactos ancestrales que jamás fueron anulados. En las Escrituras, Dios revela claramente el impacto de estos pactos sobre las generaciones.

"...visitando la iniquidad de los padres sobre los hijos hasta la tercera y cuarta generación..." (Éxodo 34:7).

Esta declaración no es una simple advertencia; es un decreto legal emitido en los tribunales del cielo, donde la justicia divina permite que los actos de los padres repercutan sobre los hijos. En otras palabras, lo que una generación pacta, la siguiente hereda. Y aquello que no se confronta, se perpetúa.

> **"Lo que una generación pacta, la siguiente hereda. Y aquello que no se confronta, se perpetúa."**

A menudo, las personas desconocen el origen de ciertos ciclos destructivos en sus vidas. Ven cómo sus relaciones fracasan, cómo sus finanzas se desmoronan o cómo la enfermedad ronda a cada miembro de su familia. Pero lo que no ven es la raíz espiritual detrás de esos ciclos. Un pacto generacional es un acuerdo espiritual que un antepasado selló —conscientemente o no— con el reino de las tinieblas. Y ese pacto, aunque la persona no lo haya firmado, sigue operando legalmente en el ámbito espiritual, manteniendo a la línea familiar bajo control. Por eso, es vital que entendamos la estructura de los pactos generacionales y cómo se sellan, para poder confrontarlos y anularlos legalmente en el tribunal del cielo.

Algunos piensan que, porque Jesús llevó nuestras enfermedades, maldiciones y pecados en la cruz, no es necesario confrontar los pactos generacionales. Isaías 53:4-5 lo afirma claramente:

"Ciertamente llevó él nuestras enfermedades, y sufrió nuestros dolores... Mas él herido fue por nuestras rebeliones, molido por nuestros pecados; el castigo de nuestra paz fue sobre él, y por su llaga fuimos nosotros curados."

Sin embargo, aunque Cristo pagó el precio, la liberación no se activa automáticamente. La redención es un acto consumado en la cruz, pero la liberación es un proceso intencional que requiere confrontación, arrepentimiento y anulación de toda estructura legal que aún permanezca activa.

Jesús rompió la maldición, pero somos nosotros quienes debemos aplicar esa victoria a cada área de nuestras vidas. De lo contrario, esas estructuras seguirán emitiendo decretos en el ámbito espiritual, manteniendo a la persona atada a ciclos de destrucción.

En este contexto, surge un pasaje que muchos interpretan como una negación de los pactos generacionales. Ezequiel 18:20 declara:

"El alma que pecare, esa morirá; el hijo no llevará el pecado del padre, ni el padre llevará el pecado del hijo."

A simple vista, parecería que Dios está anulando toda conexión espiritual entre generaciones. Sin embargo, es vital discernir lo que realmente está diciendo.

En Ezequiel 18:20, Dios está enfatizando la responsabilidad individual frente al pecado, dejando claro que nadie será castigado por el pecado personal de otro. Pero este versículo no menciona la iniquidad, y es precisamente la iniquidad lo que Dios declara que visitará hasta la tercera y cuarta generación (Éxodo 34:7):

"Jehová, Jehová, fuerte, misericordioso y piadoso... que guarda misericordia a millares, que perdona la iniquidad, la rebelión y el pecado, y que de ningún modo tendrá por inocente al malvado; que visita la iniquidad de los padres sobre los hijos y sobre los hijos de los hijos hasta la tercera y cuarta generación."

Aquí, Dios no está hablando de castigo por el pecado individual, sino de la transferencia de iniquidad, que es la estructura espiritual generada por un pecado repetitivo, un acto de transgresión o un pacto realizado con el reino de las tinieblas.

En otras palabras, aunque no heredamos la culpa del pecado de nuestros padres, sí podemos heredar la iniquidad, es decir, las estructuras legales que el enemigo sigue utilizando como base para reclamar derechos sobre nuestras vidas. Y es precisamente esa iniquidad la que debe ser confrontada, confesada y anulada en el tribunal celestial, para que el ciclo generacional se detenga y el propósito de Dios avance

Origen y Naturaleza de los Pactos Generacionales

Los pactos generacionales pueden sellarse de múltiples maneras, y su estructura espiritual es tan sólida que puede permanecer activa durante siglos, emitiendo decretos y demandas sobre los descendientes. En el ámbito espiritual, la ignorancia no exime de la consecuencia. Y lo que una generación ignora, otra lo carga.

En la Biblia encontramos un ejemplo contundente de cómo un pacto ancestral puede perpetuarse y amplificarse a lo largo de generaciones. Abraham, un hombre temeroso de Dios, en un momento de desesperación y temor a perder la vida, decide mentir sobre la identidad de su esposa Sara, presentándola como su hermana (Génesis 12:11-13). Años más tarde, Isaac, su hijo, repite exactamente el mismo patrón, mintiendo sobre Rebeca, temiendo perder la vida (Génesis 26:7-9). Y una generación después, Jacob, nieto de Abraham, lleva esa estructura de engaño aún más lejos, utilizando el engaño para robar la bendición de su hermano (Génesis 27).

Este ejemplo revela cómo un acto aparentemente individual puede transformarse en un patrón generacional, amplificándose a medida que pasa de una generación a otra. La mentira de Abraham se convierte en el engaño de Isaac, y luego en la manipulación de Jacob. Lo que comenzó como un acto de temor, termina siendo un ciclo espiritual de engaño y usurpación que marca a toda la línea familiar.

Otro caso revelador es el de Gedeón. Antes de ser levantado como juez, Dios le ordena derribar el altar de Baal que su padre había construido (Jueces 6:25-26). Ese altar no era solo un monumento de idolatría; era un pacto establecido con las tinieblas que permitía al enemigo reclamar derechos sobre toda la familia. Antes de avanzar en su llamado, Gedeón tuvo que confrontar la estructura espiritual que su padre había establecido, destruyendo el altar y anulando el pacto ancestral. Este acto nos enseña que no puede haber avance espiritual mientras los pactos antiguos sigan emitiendo decretos legales sobre el linaje.

La historia de Gedeón es un poderoso recordatorio de que, en el mundo espiritual, los pactos no desaparecen con el tiempo ni se diluyen por el olvido. Siguen operando hasta que alguien se levanta, los identifica, los confronta y los anula en el tribunal celestial. Lo que una generación pactó en un altar de idolatría, otra generación debe derribarlo en un altar de consagración a Dios.

> **"En el mundo espiritual, los pactos no desaparecen con el tiempo ni se diluyen por el olvido."**

Los pactos generacionales pueden sellarse de muchas maneras y operar durante décadas o incluso siglos. Algunos de ellos se establecen mediante sacrificios de sangre, donde se derrama sangre inocente en ritos, pactos de amistad o sacrificios familiares. Otros se sellan a través de palabras malditas emitidas en momentos de ira, resentimiento o desesperación, creando decretos verbales que permanecen activos hasta ser confrontados.

En ciertos casos, los pactos se consolidan a través de alianzas ocultas con sectas, logias o sociedades secretas, donde se entregan generaciones futuras a entidades espirituales ajenas a Dios. Asimismo, los ritos religiosos y consagraciones familiares se convierten en puertas legales cuando una generación consagra a un hijo, a un primogénito o a un linaje entero en altares espirituales contrarios al diseño divino.

La idolatría y la necromancia también se convierten en puertas legales por donde el enemigo reclama derechos. Invocaciones a muertos, consultas a ancestros, prácticas de brujería o hechicería, entregas de ofrendas a entidades espirituales, todas estas acciones sellan pactos que siguen operando hasta ser desmantelados en el tribunal espiritual.

En definitiva, los pactos generacionales no siempre se manifiestan de forma visible, pero sus efectos se sienten en cada área de la vida. Lo que una generación selló con sangre, palabras, ritos o consagraciones, la siguiente lo carga como un peso invisible que solo puede ser anulado a través de un acto intencional de arrepentimiento, confesión y anulación legal ante el tribunal celestial.

Señales de Pactos Generacionales Activos

En el ámbito espiritual, nada permanece oculto por siempre. Lo que una generación selló en secreto, tarde o temprano se manifiesta en la siguiente. Los pactos generacionales, aunque invisibles, emiten señales claras que se evidencian en los ciclos repetitivos, los patrones destructivos y las estructuras espirituales que parecen no tener fin.

Esas señales no son simples coincidencias; son clamores espirituales que siguen emitiendo decretos hasta ser confrontados y anulados en el tribunal celestial.

Una de las señales más evidentes de un pacto generacional activo es la manifestación de patrones cíclicos de ruina y pobreza. Familias enteras que, a lo largo de generaciones, enfrentan quiebras financieras, pérdidas económicas inexplicables y estancamiento financiero perpetuo. No importa cuánto se esfuercen o trabajen; cada vez que están a punto de avanzar, algo ocurre y todo se desmorona. Es como si una estructura invisible estuviera ejerciendo un derecho legal para impedir el avance económico del linaje, reteniéndolos en un ciclo de miseria y escasez.

Pero los pactos generacionales no solo se manifiestan en el área financiera. La salud física también puede verse afectada por estructuras espirituales ancestrales. Enfermedades crónicas, diagnósticos repetitivos, dolencias inexplicables que se transmiten de una generación a otra. Un abuelo muere de cáncer, un padre desarrolla la misma enfermedad y un nieto, sin razón aparente, manifiesta síntomas similares. En el ámbito espiritual, la enfermedad no es solo un diagnóstico médico; es un decreto que sigue operando hasta que alguien lo identifica como una estructura legal y lo anula.

Las relaciones interpersonales también son un campo fértil donde los pactos generacionales emiten sus demandas. Familias marcadas por ciclos de divorcio, traición y abandono, violaciones, manoseos, persecuciones, violencia intrafamiliar y psicológica. Matrimonios que se desmoronan justo en el momento en que deberían fortalecerse, relaciones que inician con promesas de amor eterno y terminan abruptamente sin razón aparente. Lo que comenzó como un acto de traición en una generación, se convierte en un patrón de rechazo y abandono en la siguiente, hasta que alguien se levanta para romper el ciclo.

En algunos casos, las señales de un pacto generacional activo se manifiestan a través de sueños repetitivos. Sueños en los que aparecen ancestros fallecidos reclamando derechos, casas antiguas que se derrumban, figuras oscuras que vigilan desde la distancia. Esos sueños no son simples proyecciones subconscientes; son manifestaciones espirituales de pactos ancestrales que siguen exigiendo cumplimiento. Lo que los antepasados firmaron, el presente lo sigue cargando, y esas escenas oníricas son recordatorios de que hay archivos espirituales abiertos que deben ser cerrados.

La mente también puede ser un campo de batalla donde los pactos generacionales operan con mayor intensidad. Pensamientos intrusivos, ideas de suicidio que aparecen sin motivo aparente, sentimientos de desesperanza, culpa y confusión que persisten sin razón lógica. Esas estructuras mentales no son simples estados emocionales; son decretos emitidos por pactos ancestrales que aún claman por derecho, que aún exigen cumplimiento, que aún mantienen a la mente cautiva en un ciclo de autodestrucción.

Otro indicio contundente de un pacto generacional activo es la pérdida repentina de bienes o proyectos. Personas que, cuando están a punto de avanzar económicamente, de cerrar un contrato importante o de establecer un negocio próspero, ven cómo todo se desmorona inexplicablemente. Un accidente, un robo, una traición, un mal negocio o una enfermedad repentina. Esas pérdidas no son simples coincidencias; son decretos emitidos por pactos ancestrales que exigen pago, restitución o cumplimiento de un acuerdo espiritual sellado en el pasado.

La confusión espiritual es otra señal poderosa de que un pacto generacional sigue activo. Personas que desean avanzar en su propósito, pero sienten que están siendo bloqueadas, vigiladas o atacadas constantemente. Ataques nocturnos, opresión en el cuerpo, sensaciones de ser observado o de estar siendo controlado por una fuerza invisible. Esas manifestaciones espirituales son indicios claros de que hay un pacto activo, un altar abierto o un documento espiritual que sigue emitiendo decretos contra el linaje.

Finalmente, las fechas específicas en las que se repiten tragedias, accidentes o pérdidas también son señales contundentes de un pacto generacional operativo. Familias en las que cada cierto tiempo, en el mismo mes o en la misma temporada, ocurre un accidente mortal, una enfermedad grave, un divorcio o una pérdida económica devastadora. Esos eventos recurrentes no son casualidades; son ciclos de destrucción que siguen emitiendo demandas espirituales hasta que alguien los identifica y los anula legalmente.

En el ámbito espiritual, los pactos generacionales operan en silencio, manteniendo a las personas en ciclos perpetuos de ruina, enfermedad, rechazo, depresión y confusión. Pero esas señales no son el destino final; son el eco de estructuras que pueden ser desmanteladas, anuladas y canceladas mediante la autoridad de Cristo. Lo que se selló en un altar impuro, puede ser redimido en el tribunal celestial.

> **"Los pactos generacionales operan en silencio, manteniendo a las personas en ciclos perpetuos."**

Lo que se firmó en el reino de las tinieblas, puede ser revocado mediante el poder de la Sangre del Cordero. Y lo que hoy sigue emitiendo decretos de destrucción, puede ser silenciado por aquel que se atreve a levantarse y romper con todo pacto generacional activo en su vida y en su linaje.

Cómo romper legalmente los pactos generacionales

En el ámbito espiritual, romper un pacto generacional es un proceso legal que debe llevarse a cabo con precisión, intención y un fundamento sólido en la Palabra de Dios. No es un acto superficial ni una declaración vacía; es un enfrentamiento directo contra estructuras espirituales que han operado en el linaje por generaciones.

"El propósito de este libro es enseñarles cómo ir a los Tribunales del Cielo y poner las cosas legalmente en su lugar para que toda maldición se disuelva..."

La base bíblica de esta autoridad se encuentra en Hebreos 12:22–24, donde se nos revela que la iglesia no es solo una congregación en la tierra, sino parte activa del sistema judicial celestial.

Dios es juez. El Espíritu Santo nuestro guía. Jesús es abogado. Y nosotros somos ciudadanos espirituales con derecho de comparecer. Pero no te preocupes te enseñare ampliamente en los capítulos siguientes y si aun quieres mas información he escrito otro libro de los tribunales del cielo donde podrás profundizar aún más.

Para romper un pacto generacional, el primer paso es identificar el origen del pacto. No basta con declarar la cancelación sin conocer el origen. En el caso de Abraham, el origen fue el temor; en el caso de Gedeón, la idolatría. Ambos abrieron puertas espirituales que permitieron la intervención del enemigo. Aquí es donde el Espíritu Santo revela los actos, sacrificios o consagraciones que nuestros antepasados realizaron, entregando partes del linaje a entidades espirituales ajenas a Dios. Cada pacto tiene un origen; cada puerta tiene una fecha en que fue abierta. Y lo que no se confronta, sigue vigente.

"Nuestros padres pecaron, y ya no existen; y nosotros llevamos su castigo" (Lamentaciones 5:7).

Una vez identificado el origen, el siguiente paso es presentar el caso ante el Tribunal Celestial. No basta con decir "yo rompo este pacto", porque en el mundo espiritual, las palabras no son suficientes si no están respaldadas por evidencia legal. Aquí, el creyente debe invocar la Sangre del Cordero como testimonio, presentando los ciclos repetitivos, los patrones destructivos y las palabras malditas emitidas por sus antepasados.

"Y será anulado vuestro pacto con la muerte, y vuestro convenio con el Seol no será firme..." (Isaías 28:18).

Cada declaración debe estar sustentada en la Palabra, porque en la Corte Celestial, la única evidencia admitida es la verdad eterna. Utilizando versículos estratégicos como evidencia espiritual.

Pero no basta con presentar el caso. Debe haber una confesión y un arrepentimiento específico y verbal. En este paso, el creyente debe romper toda conexión legal, verbal y espiritual que el enemigo pueda estar usando para seguir operando a través del pacto ancestral. Es un acto de humillación, de rendición total, de reconocer que, aunque no fue él quien selló el pacto, sigue siendo quien lo está sosteniendo en el presente.

"Porque de toda palabra ociosa que hablen los hombres, darán cuenta en el día del juicio" (Mateo 12:36).

Cada palabra emitida es un contrato verbal que el enemigo puede utilizar como prueba en los tribunales espirituales. El arrepentimiento genérico es insuficiente cuando se trata de pactos. Es necesario nombrar con claridad el tipo de pacto: idolatría, sangre, palabra, simiente, alianzas ocultas o consagraciones indebidas, etc.

Esto rompe el derecho del enemigo a usarlo como evidencia. Al igual que Nehemías, quien confesó los pecados de su linaje antes de reconstruir Jerusalén (Nehemías 1:4–6), tú también debes representar tu línea familiar y renunciar a toda herencia de pecado que aún esté activa.

Luego de la confesión, se procede a aplicar la Sangre del Cordero. En el ámbito espiritual, la sangre es el único elemento legal que tiene el poder de anular pactos de sangre hechos por nuestros ancestros. La sangre de Jesús no solo limpia, sino que redime, restaura y desactiva los decretos emitidos por altares ancestrales. En este punto, el creyente debe proclamar con autoridad la aplicación de la Sangre del Cordero sobre cada acto, sacrificio o consagración hecha por sus antepasados.

"La sangre de Cristo nos limpia de todo pecado" (1 Juan 1:7).

Como se explica en Apocalipsis 12:10–11, el acusador se presenta con argumentos legales. Pero solo la sangre de Cristo y el testimonio del creyente en la verdad puede silenciar sus acusaciones.

Después de anular el pacto, es esencial restituir el derecho espiritual. No basta con cortar; es necesario llenar el vacío con declaraciones de restauración y alineación divina. Cada pacto anulado deja un vacío que debe ser ocupado por un decreto del Reino. Aquí, se debe declarar que el derecho espiritual del enemigo ha sido removido y que el linaje es alineado al diseño original del cielo.

"Desde su casa se controlaban las derrotas de todo Israel... Ese altar significaba un pacto contrario."
"Porque de toda palabra ociosa que hablen los hombres, darán cuenta en el día del juicio" (Mateo 12:36).

Una vez que el pacto ha sido anulado, el proceso culmina con la activación de la identidad original. Aquí es donde se proclaman declaraciones proféticas de identidad, restauración y propósito, proclamando que el destino ahora está alineado al diseño del Reino.

"Porque yo sé los pensamientos que tengo acerca de vosotros, dice Jehová, pensamientos de paz y no de mal, para daros el fin que esperáis" (Jeremías 29:11).

Y finalmente, levantar un altar de consagración al Señor tal como hizo Gedeón, quien después de destruir el altar de su padre, construyó uno nuevo a Jehová (Jueces 6:26). Este acto representa la transferencia de legalidad de un reino a otro.

El proceso no termina con una oración rápida ni con una declaración vacía. Es un acto judicial, una audiencia espiritual donde el enemigo es obligado a retroceder y el Cordero es proclamado como el único dueño y Señor del linaje. Porque lo que no se confronta, sigue vigente. Y lo que no se desarraiga, sigue floreciendo en el linaje, reclamando derechos que ya no le pertenecen. "Los pactos generacionales deben ser tratados como contratos espirituales que tienen fuerza mientras no se cancelan."

No basta con pedir liberación. Se debe actuar como embajador legal del Reino, con derecho, respaldo y conciencia de lo que se está haciendo.

Una vez cumplido este proceso, los efectos del pacto comienzan a disolverse progresivamente. El enemigo pierde su derecho, el alma comienza a experimentar sanidad, y el camino del propósito eterno vuelve a abrirse.

PACTOS DE PALABRAS, SANGRE Y COMIDA

En el ámbito espiritual, no existen acciones inocuas. Cada palabra pronunciada, cada acuerdo sellado con sangre, cada comida consagrada tiene un peso legal que puede ser utilizado tanto por el Reino de Dios como por el reino de las tinieblas. En el mundo natural, un pacto puede parecer un simple acuerdo; pero en el ámbito espiritual, cada pacto es un contrato vivo, un documento sellado que tiene el poder de controlar destinos y amarrar generaciones enteras.

Los pactos de sangre, palabras y comida no son elementos simbólicos. Son actos deliberados que establecen legalidades espirituales que el enemigo utiliza para reclamar derechos sobre las personas. Desde tiempos antiguos, los hombres han sellado pactos con sangre, han pronunciado maldiciones con sus labios y han consagrado comidas a entidades espirituales que no son Dios. Cada uno de estos actos se convierte en una puerta legal que el enemigo usa para retener, desviar o bloquear el destino de quienes los hicieron.

En el ámbito espiritual, la sangre es el elemento que activa y sella los pactos. En el libro de Levítico, Dios establece que:

"la vida de la carne en la sangre está" (Levítico 17:11).

Por eso, el enemigo siempre ha buscado pactos sellados en sangre, porque sabe que al tocar la sangre, toca la vida. Los pactos de sangre sellados mediante cortes, derramamiento de sangre en abortos, violencia, pactos de amistad donde se mezclan gotas de sangre, sacrificios humanos, rituales de derramamiento y cualquier práctica que invoque sangre para sellar promesas abren portales espirituales que permiten al enemigo reclamar derechos sobre el linaje.

En la historia de Génesis 4:8-10, la sangre de Abel clamaba desde la tierra, estableciendo un testimonio espiritual contra Caín, lo que demuestra que la sangre no solo es testigo, sino que tiene voz ante el trono. Esa sangre, derramada en un acto de traición, no solo selló el destino de Abel, sino que también abrió una puerta de juicio sobre Caín y su descendencia. Cada pacto sellado en sangre tiene un sonido en el mundo espiritual, un clamor que el enemigo utiliza para reclamar derechos sobre los descendientes.

Pero no solo la sangre tiene el poder de sellar pactos. Las palabras pronunciadas con ira, resentimiento o desesperanza se convierten en decretos espirituales que el enemigo utiliza para establecer estructuras legales de maldición. Las palabras no son solo sonidos; son contratos verbales que quedan registrados en el mundo espiritual, operando como leyes invisibles que limitan y deforman el destino.

"La muerte y la vida están en poder de la lengua" (Proverbios 18:21).

Cuántas veces una madre ha dicho en su frustración: "Nunca serás nadie." Cuántas veces un padre en su enojo ha declarado: "En esta familia, todos fracasamos." o incluso cuando nosotros mismos nos decimos "yo nunca seré feliz", "siempre fracaso", "nunca saldré adelante", "esto es demasiado difícil para mi y no podre", "esta situación me supera", "no podre salir a delante" ,"estoy hundido (a)" y muchas frases más que solemos decirnos inconscientemente, está liberando decretos que se pueden convertir en estructuras espirituales. Estas palabras forman pactos cuando se dicen con convicción, en momentos de dolor, ira, desesperación o incluso como juramentos personales. Cada una de esas palabras es un pacto verbal que queda registrado como un decreto espiritual, dando al enemigo un documento legal con el cual operar.

"Porque de toda palabra ociosa que hablen los hombres, darán cuenta en el día del juicio" (Mateo 12:36).

También se incluyen promesas rotas, acciones prometidas que nunca se cumplieron, votos incumplidos, pactos hechos en relaciones, y frases repetidas desde la niñez que condicionan la identidad un ejemplo de ello es cuando decimos "mas tarde te envió esto o aquello", "te prometo que te iré a visitar", "siempre seremos amigas", "te juro mi lealtad", "te prometo que no contare nada", "te amaré por toda mi vida", "nunca te olvidaré", etc. Palabras dichas sobre uno mismo o recibidas de otros pueden construir una realidad espiritual contraria a la voluntad de Dios.

Y aunque no se derrame sangre, el poder de las palabras es suficiente para desviar un destino. Gedeón escuchó durante años que él era el menor, el más pequeño, el insignificante. Sus propias palabras lo encerraban en un ciclo de derrota, hasta que el ángel del Señor le recordó quién era realmente (Jueces 6:12-15). Cada pacto verbal pronunciado tiene el potencial de desviar la identidad, deformar la percepción y sellar un destino que no estaba en el diseño original.

Desde el huerto del Edén, comer ha sido un acto de pacto. La caída del hombre ocurrió a través de un alimento tomado fuera del diseño de Dios. Eva comió del fruto del árbol prohibido no porque tuviera hambre, sino porque el acto de comer representaba un acuerdo con otra voz, otra autoridad, otro propósito. Desde entonces, el acto de ingerir ha sido una puerta espiritual, una plataforma de pacto invisible. A lo largo de la historia bíblica, vemos cómo las comidas sellaban pactos, cerraban negociaciones, activaban traiciones, o sellaban destinos: desde Jacob y Labán hasta Judas, que traicionó a Jesús al compartir el pan. Jesús mismo utiliza la mesa y el acto de comer para establecer el pacto eterno:

"El acto de ingerir ha sido una puerta espiritual, una plataforma de pacto invisible."

"Este es mi cuerpo que por vosotros es dado... Esta copa es el nuevo pacto en mi sangre..." (Lucas 22:19-20).

La Santa Cena no es solo memoria, sino activación espiritual y consagración. Comer y beber en la mesa del Señor es un acto de pacto real, donde el alimento consagrado se convierte en señal de pertenencia y alineación al Reino.

En la historia de Jacob y Esaú, una simple palabra selló el destino de una generación. Esaú vendió su primogenitura a cambio de un plato de comida (Génesis 25:29-34). Un acto aparentemente insignificante se convirtió en un pacto legal que el enemigo usó para desviar el destino de Esaú y establecer un derecho sobre su linaje. Lo que Esaú despreciaba, Jacob lo reclamó. Y lo que Esaú vendió por hambre, Jacob lo recibió por codicia. La comida consagrada, la comida manipulada, las comidas ofrecidas a entidades espirituales son puertas legales que el enemigo usa para sellar destinos y reclamar derechos espirituales.

En el caso de los israelitas, mientras estaban en Egipto, muchos de ellos comieron de las comidas consagradas a los dioses egipcios. Al salir, aunque estaban físicamente libres, espiritualmente seguían atados a esos pactos alimenticios que los mantenían conectados con Egipto. Dios tuvo que instituir el sacrificio del Cordero Pascual para cortar ese vínculo y restaurar el linaje a la legalidad del Reino (Éxodo 12).

En muchas culturas y tradiciones religiosas, se utilizan comidas para sellar alianzas. En la Biblia, el partimiento del pan y la copa fueron utilizados por Jesús para establecer el nuevo pacto (Mateo 26:26-28). Este acto se convierte en el ejemplo supremo de cómo el alimento, cuando es consagrado, puede ser plataforma para la bendición o para la maldición. Pablo lo afirma en:

"Porque un pan, es el que comemos, siendo muchos, un cuerpo somos... Lo que los gentiles sacrifican, a los demonios lo sacrifican, y no a Dios. No podéis participar de la mesa del Señor, y de la mesa de los demonios."(1 Corintios 10:17-21)

No se trata solo de idolatría física, sino de lealtades y pactos invisibles activados en la mesa.

En el mundo ocultista y en ritos de santería, sacrificios, misas negras, pactos de sangre o iniciaciones espirituales, comer algo es sellar un compromiso espiritual. Incluso dentro de familias o tradiciones culturales, hay comidas ofrecidas a muertos, alimentos servidos en rituales de protección, banquetes dedicados a espíritus o comidas como parte de pactos de iniciación. Muchas veces, sin saberlo, el alma participó de mesas y alimentos que cargaban una intención distinta a la comunión divina, estableciendo cadenas espirituales. El alimento, en estos contextos, no solo alimentó el cuerpo; fue firma de un acuerdo invisible.

También se activan pactos familiares en rituales de paso, banquetes de muertos, comidas hechas en honor a espíritus o costumbres de celebración donde se invocan nombres ajenos a Dios. Estos actos no son inofensivos: trasladan herencia espiritual a través del acto físico de comer. No toda comida une, algunas amarran. Y esto puede manifestarse en bloqueos espirituales, enfermedades, patrones de dependencia o confusión emocional que siguen vigentes hasta que la legalidad es confrontada y cancelada en Cristo.

En algunos casos, la comida ha sido usada como herramienta de control, dominio emocional o pacto silencioso de sumisión. Relaciones abusivas, círculos familiares disfuncionales o ambientes espirituales tóxicos donde el "cuidar" a través de la comida esconde una atadura, manipulación o pacto emocional, dejando en el alma una legalidad de pertenencia o deuda invisible. Jesús discernió perfectamente estas dinámicas y no dudó en romper pactos a través de la comida, restaurando mesas y estableciendo un nuevo pacto de libertad.

Por eso, en la vida del ser humano cada comida, cada acto de compartir el alimento, debe ser discernido y presentado ante Dios. No con paranoia, sino con revelación, sabiendo que lo que entra por la boca puede ser semilla, llave o cadena. Todo pacto que fue sellado con un alimento ajeno al Reino puede y debe ser confrontado, revocado y sustituido en la mesa de Dios.

Estos tres tipos de pactos —por lengua, sangre y mesa— son comunes, pero altamente ignorados por muchos. Lo que parece una simple frase, una herida sellada con sangre o una comida ritual, puede convertirse en una prisión legal desde donde el enemigo toma control de generaciones afectando tu destino.

¿Cómo se rompen los pactos de sangre, palabras y comida?

En el ámbito espiritual, los pactos de sangre, palabras y comida operan como contratos vivos que emiten decretos espirituales hasta que sean desactivados legalmente. Aunque el proceso general para romper pactos generacionales establece un camino claro, en estos pactos específicos hay detalles que deben abordarse con más precisión.

Primero, es fundamental identificar el origen del pacto. ¿Fue sellado mediante sangre, palabras malditas o comidas consagradas? ¿Se pronunció en momentos de ira, desesperación o amargura? ¿Fue establecido mediante un sacrificio de sangre o un decreto verbal como "Nunca seré feliz" o "En esta familia nadie prospera"? Cada palabra, cada acto y cada alimento consagrado establece un contrato que debe ser confrontado espiritualmente.

"Porque de toda palabra ociosa que hablen los hombres, darán cuenta en el día del juicio" (Mateo 12:36).

Una vez identificado el origen, el proceso pasa por presentar el caso ante los tribunales del cielo. No se trata solo de mencionar el pacto, sino de exponerlo en el ámbito espiritual como un contrato activo que sigue operando hasta ser desactivado. En este acto legal, es fundamental proclamar la sangre del Cordero como el único elemento autorizado para anular esos pactos.

"Y será anulado vuestro pacto con la muerte, y vuestro convenio con el Seol no será firme..." (Isaías 28:18).

En este proceso, es crucial reconocer la voz del arrepentimiento. No basta con una confesión superficial; debe haber un arrepentimiento específico, verbal, mencionando cada pacto por su nombre y renunciando a cada palabra maldita, cada acto de sangre y cada alimento consagrado.

"Si confesamos nuestros pecados, él es fiel y justo para perdonar nuestros pecados, y limpiarnos de toda maldad" (1 Juan 1:9).

Finalmente, el proceso culmina con la restitución del derecho espiritual. Cada pacto roto deja un espacio que debe ser ocupado por un decreto profético alineado al diseño original de Dios. Puedes declara palabras como:"Entro en pacto contigo, Padre, en el nombre de Jesús. Mi boca solo servirá para bendecir. Mi cuerpo será altar tuyo. Mi alimento será tu Palabra y tu Presencia." Este paso sella legalmente la restitución del pacto, y bloquea futuras reclamaciones del enemigo sobre las áreas que han sido liberadas.

Es el momento de establecer un decreto de restauración, proclamando que el derecho espiritual del adversario ha sido removido y que el destino ahora está alineado al propósito eterno.

"Porque yo sé los pensamientos que tengo acerca de vosotros, dice Jehová, pensamientos de paz y no de mal, para daros el fin que esperáis" (Jeremías 29:11).

Como acto profético, puedes ungirte con aceite, orar en voz alta y declarar que tu cuerpo ha sido redimido completamente: "Declaro que mi boca, mis manos, mi sangre, mi mesa y mis generaciones te pertenecen, Señor." "Te entrego todo altar ilegal, y levanto un nuevo altar de justicia en Cristo." "Padre, oro para que el ADN en mi sangre y en mis células se alinee con tu Palabra. Vuelve a su estado original, el que tú diseñaste antes de la fundación del mundo."

El proceso no termina con una simple declaración. Es un ciclo espiritual que debe repetirse hasta que cada pacto, cada palabra y cada alimento consagrado haya sido confrontado, desactivado y desarraigado por completo.

PACTOS SEXUALES

Desde el principio, Dios diseñó el cuerpo humano como un templo sagrado, no como un instrumento utilitario. La creación del hombre y la mujer fue un acto de aliento divino, una mezcla entre lo eterno y lo físico. Cuando Dios sopló vida en el polvo de la tierra, no solo creó funcionalidad biológica, sino que imprimió propósito, gloria y legalidad espiritual sobre la estructura física que recibiría ese aliento. El cuerpo humano fue diseñado para portar la imagen de Dios, y uno de los componentes más delicados y profundos de ese diseño es la sexualidad.

La sexualidad, según la Palabra, no es meramente biológica ni emocional: es espiritual. No fue dada para experimentar placer aislado de propósito, sino como una herramienta de pacto, un vehículo de comunión integral entre dos personas bajo el resguardo del diseño celestial. Por eso, practicar la sexualidad fuera del pacto matrimonial —la única institución aprobada por Dios para esa unión— no es solo una falta moral: es el establecimiento de un pacto espiritual ilegal, un altar de rebelión que crea vínculos con consecuencias invisibles pero poderosas.

> **"La sexualidad, según la Palabra, no es meramente biológica ni emocional: es espiritual."**

Esta dimensión no es simbólica ni metafórica. El apóstol Pablo lo advierte en 1 Corintios 6:16:

"¿No sabéis que el que se une con una ramera, es un cuerpo con ella?

Porque dice: los dos serán una sola carne." Aquí se revela el principio del Reino: la unión sexual produce una fusión espiritual, emocional, atmosférica y legal. No importa si hubo compromiso, amor o error del pasado: todo acto sexual fuera del pacto produce una fusión que se convierte en altar. Y todo altar tiene una voz. Una voz que clama por derecho, que exige herencia, que reclama acceso a áreas del propósito. Esta es la dimensión oculta del pacto sexual: es una puerta espiritual donde el enemigo toma derecho para operar en la vida, el cuerpo y la línea generacional de quien abrió esa puerta.

Uno de los aspectos más ignorados, pero absolutamente fundamentales, es el impacto de la semilla. En términos espirituales, la semilla es portadora de diseño. Cuando un hombre libera su semilla fuera del pacto de santidad, esa semilla se convierte en una ofrenda impura sobre un altar ilegal. Si en ese acto interviene sangre—ya sea por himeneo, rituales o prácticas traumáticas—ese altar se refuerza aún más, porque toda sangre derramada abre una plataforma espiritual. Por eso la Escritura dice que la sangre de Abel clamaba desde la tierra (Génesis 4:10). El sexo fuera del pacto no es solo contacto físico: es ofrenda, es altar, es tratado espiritual, y abre portales que quedan activos hasta ser cerrados judicialmente.

La transferencia espiritual que ocurre en ese tipo de unión va mucho más allá de lo emocional o psicológico. No solo se unen cuerpos: se fusionan memorias, se transfieren espíritus, se cruzan linajes, se contaminan atmósferas. Aunque aparentemente la relación termine, la persona sigue sintiendo atracción inexplicable, pensamientos recurrentes, sueños contaminados o deseos que no comprende. Muchas veces no se avanza en la vida emocional o sexual, ni se fluye con libertad en la relación con Dios, porque el alma permanece atada a un altar que sigue reclamando.

"No solo se unen cuerpos: se fusionan memorias, se transfieren espíritus, se cruzan linajes, se contaminan atmósferas."

Todo acto sexual fuera del pacto legítimo abre un canal de transferencia donde la semilla, las palabras pronunciadas, la sangre derramada o los recuerdos intensos se convierten en elementos de legalidad espiritual. La unión física no es inocente ni pasajera: todo lo que no se cancela legalmente permanece vigente, sigue emitiendo demandas y establece ciclos que no pueden romperse solo con el paso del tiempo o la distancia emocional. Es en este contexto donde la sexualidad se transforma en la puerta por excelencia para la transferencia espiritual, permitiendo que lo que estaba operando en una vida, una memoria, una atmósfera o un linaje pase directamente al otro, afectando mente, cuerpo, emociones y propósito.

Uno de los principios más poderosos—y tristemente ignorados—es el del ADN espiritual y la herencia. Cuando la Biblia enseña que la iniquidad de los padres visita hasta la tercera y cuarta generación (Éxodo 34:7), no está hablando de un castigo arbitrario, sino de una transferencia legal: todo lo que no ha sido tratado a la luz de la sangre de Cristo se transmite como información genética espiritual. Así como la ciencia moderna reconoce la epigenética—la transmisión de traumas, tendencias y respuestas a través del ADN—, la Palabra ya enseñaba que la iniquidad viaja en la simiente, se aloja en los códigos espirituales y establece patrones invisibles que gobiernan el destino, la sexualidad y la capacidad de amar o recibir amor en las generaciones futuras.

Cada acto sexual fuera del diseño divino no solo contamina el cuerpo, sino que mancha la herencia, altera la línea sanguínea y deja marcas indelebles en el código espiritual del linaje. Esto genera mutaciones invisibles: no siempre se expresan en deformaciones físicas, pero sí en alteraciones del propósito, en repeticiones de patrones de promiscuidad, abuso, confusión de identidad, infertilidad, traición, lujuria o abandono. Lo que no se cancela ni se limpia legalmente, se convierte en un ciclo de maldición que avanza hasta que alguien se levanta y presenta el caso en el tribunal celestial.

No se puede subestimar el poder del altar sexual: todo altar tiene una voz. Una vez que el acto es consumado fuera del diseño divino, el altar levantado sigue emitiendo demandas en el ámbito espiritual, incluso cuando la relación ya terminó, la persona cambió de vida o busca avanzar. Es por esto que tantas personas aman a Dios, oran, sirven, pero sienten que algo en su interior sigue atado, como si una parte de su voluntad o de su historia no lograra ser plenamente redimida. Esa es la voz del altar aún abierto, reclamando derechos sobre áreas del alma, la memoria, el cuerpo o la herencia.

El pacto sexual ilegal es persistente: no se rompe solo con el olvido, la indiferencia, ni el paso de los años. Mientras no sea confrontado judicialmente en el tribunal del cielo, la voz espiritual que fue activada seguirá reclamando herencia, acceso y dominio. Por eso tantas familias repiten historias sexuales: padres infieles, hijos que caen en lo mismo; madres marcadas por abandono, hijas que viven relaciones con hombres ausentes; abuelos con secretos, nietos con batallas internas. No se trata únicamente de genética ni ambiente, sino de legalidad espiritual activa. Lo que no se cancela, se hereda.

Sin embargo, ningún pacto, altar ni legalidad del enemigo es más fuerte que la Sangre del Cordero. La restauración del diseño original es posible, pero no ocurre automáticamente. Requiere reconocer la puerta abierta, nombrar la legalidad cedida, confesar, revocar y presentar la causa ante el tribunal celestial, aplicando la Sangre de Jesús sobre toda simiente, herencia, altar y memoria que quedó expuesta fuera del propósito. Solo así se restablece la autoridad y se cancela la voz espiritual que reclamaba derecho sobre el linaje y el destino.

Esto no es condena, sino un llamado a discernir, identificar y cerrar toda puerta que haya dado acceso al enemigo. Por eso, a continuación, se presentan prácticas sexuales impías que contaminan el altar del cuerpo y la herencia espiritual. Estas prácticas, más allá de la moralidad humana, son puertas de legalidad que pueden ser detectadas y anuladas judicialmente. Identificarlas es el primer paso para cortar con ciclos de esclavitud y restaurar el diseño divino. Si reconoces en tu historia o tu linaje alguna de estas puertas, la libertad no es un ideal, es una realidad disponible cuando se aplican los principios legales del Reino.

— Relaciones sexuales fuera del matrimonio: Toda relación sexual fuera del pacto matrimonial —ya sea en noviazgo, aventuras casuales o relaciones extramaritales— se convierte en un altar impuro donde se establece un pacto ilegal en el ámbito espiritual. Ese acto abre un portal de transferencia espiritual donde se intercambian memorias, traumas, heridas y espíritus que continúan operando hasta que sean cerrados y anulados. No importa si hubo amor o compromiso; el pacto sigue emitiendo demandas espirituales sobre la voluntad y el linaje del participante.

— Masturbación compulsiva o ritualizada:
Aunque muchos consideran la masturbación como un acto privado e inofensivo, en el ámbito espiritual es un acto de auto dedicación. Cada vez que se practica, se levanta un altar donde el cuerpo, la mente y las emociones quedan atadas a imágenes, fantasías o espíritus de lujuria que permanecen reclamando derecho sobre la voluntad. Si la masturbación se realiza mientras se invocan nombres, se miran fotos o se fantasea con personas específicas, esos actos se convierten en pactos verbales y visuales que deben ser confrontados y anulados.

— Pornografía, fetiches visuales y contratos sexuales impíos
La pornografía no es entretenimiento inocente; es una plataforma donde el enemigo establece altares de lujuria, perversión y dominación. Cada imagen, cada escena y cada acto se convierte en un pacto visual donde el espectador se convierte en participante espiritual. Los ojos no solo observan; establecen un pacto. La mente no solo recuerda; queda atada a memorias sexuales impuras que el enemigo utiliza para oprimir, esclavizar y dominar.

Los fetiches visuales funcionan de manera similar, ya que cada objeto, imagen o escena demonizada a la que el espectador se expone se convierte en un canal de transferencia espiritual. No es solo un acto inocente de curiosidad o fantasía; es una dedicación donde el alma queda sujeta a ciclos de obsesión, deseo descontrolado y esclavitud sexual. Cada vez que esos archivos se activan en la mente, se refuerza el pacto de dominación, humillación y control. Esto perpetúa cadenas de lujuria que mantienen al individuo en ciclos de compulsión, vergüenza y culpa.

Cuando estas imágenes o videos se almacenan o se envían a terceros, se convierten en puertas legales aún más profundas. No solo capturan una imagen física; capturan una esencia espiritual que el enemigo utiliza para establecer pactos de vergüenza, manipulación y dominación. Esas fotos o videos explícitos son altares visuales que el enemigo usa para reclamar acceso al alma, generando ciclos de culpa, compulsión y condenación espiritual.

Además, las palabras pronunciadas durante actos sexuales, ya sea en el contexto de grabaciones, mensajes de voz o durante el propio acto, también se convierten en contratos verbales. Promesas como "Serás mío para siempre", "Nadie te amará como yo", "Nunca podrás dejarme", así como palabras obscenas, insultos o frases posesivas, se convierten en cadenas espirituales que atan el alma al pacto impío. Esas frases no quedan en el aire; quedan registradas como decretos legales que el enemigo utiliza para mantener cautiva la voluntad, bloqueando el avance emocional y espiritual.

Cada vez que estas palabras o imágenes se activan, el pacto se refuerza, manteniendo el alma atrapada en ciclos de esclavitud. Por eso, no basta con eliminar el contenido físico; es necesario anular el pacto espiritual que se estableció mediante la confesión, el arrepentimiento y la declaración de libertad en Cristo. La Sangre del Cordero tiene el poder de revocar esos contratos y restaurar el altar del cuerpo, deshaciendo los efectos de la pornografía, los fetiches y los pactos verbales que esclavizan el alma.

— Sexo oral o anal

En el diseño divino, el cuerpo humano fue creado con un propósito específico, cada órgano cumpliendo una función establecida por el Creador. Sin embargo, prácticas como el sexo anal y el sexo oral no solo se desvían de ese diseño; lo pervierten y lo profanan. El ano fue diseñado para excretar desechos, no para recibir penetración. Cada vez que se practica sexo anal, se levanta un altar impuro donde espíritus de sodomía, dominación y humillación claman derechos sobre el cuerpo. Es un acto antinatural que degrada el templo del Espíritu Santo y convierte lo sagrado en un canal de perversión. En Génesis 19, Dios destruyó a Sodoma y Gomorra precisamente por la depravación sexual desenfrenada, donde el sexo anal se utilizaba como un instrumento de violencia, sometimiento y abominación espiritual.

El sexo oral, por otro lado, es igualmente abominable ante los ojos de Dios. La boca fue diseñada para proclamar la verdad, alabar y declarar bendición, no para ser utilizada como un canal de perversión. Cada vez que la boca se convierte en un instrumento sexual, se profana un altar sagrado destinado a emitir vida y no lujuria. Este acto abre puertas a espíritus de lujuria, dominación y sodomía, convirtiéndose en un pacto donde la boca, diseñada para alabar a Dios, se transforma en un canal de esclavitud espiritual. Y lo que muchos consideran un acto de intimidad, en el ámbito espiritual, es una consagración oscura que sigue emitiendo demandas hasta ser anulado.

Ambas prácticas no solo degradan el cuerpo, sino que contaminan la herencia espiritual. Cada acto fuera del diseño divino abre portales a entidades demoníacas especializadas en humillar, controlar y esclavizar. En el ámbito espiritual, cada penetración anal o práctica oral establece un pacto donde la simiente queda sujeta a ciclos de perversión, sodomía y esclavitud sexual que se transfieren al linaje, perpetuando ciclos de promiscuidad, confusión e ilegitimidad. Y mientras esos pactos no sean confrontados, el enemigo sigue reclamando derechos sobre el cuerpo y el alma del participante.

— Anilingus, Besofilia y Prácticas Pervertidas

Actos como el anilingus (contacto entre la boca y el ano) o la besofilia (eyaculación a través del beso) no solo son prácticas sexuales; son pactos de degradación que profanan el diseño divino del cuerpo. Estos actos, aunque socialmente aceptados, establecen altares impuros donde el enemigo reclama derechos sobre la sexualidad y la identidad del individuo.

— Pactos sexuales con sangre, menstruación y embarazo

En el ámbito espiritual, la sangre es un elemento legal que establece pactos, activa portales y emite demandas hasta ser anulada. En el diseño divino, la sangre fue destinada a la redención, no a la profanación. Por eso, cuando se practica sexo durante la menstruación, se profana un altar sagrado y se convierte en un acto de consagración impura. Durante el ciclo menstrual, la mujer está liberando sangre, un elemento que clama en el ámbito espiritual. Esa sangre, en lugar de ser cubierta con santidad y honra, se convierte en una ofrenda profana donde el enemigo reclama derechos sobre el cuerpo, la simiente y el linaje.

El acto sexual durante la menstruación abre portales a espíritus de confusión, lujuria, vergüenza y control. En lugar de honrar el diseño de Dios, se contamina el cuerpo al mezclar sangre y semen, dos elementos que en el ámbito espiritual son altamente significativos. Esa mezcla se convierte en un pacto de sangre donde el enemigo utiliza esa unión para establecer legalidades que esclavizan áreas del alma, perpetuando ciclos de promiscuidad, infertilidad, rechazo y contaminación espiritual.

Esta práctica, además de profanar el altar del cuerpo, establece pactos de sangre donde el enemigo reclama acceso a la herencia y la descendencia del participante. En la antigüedad, los pactos más poderosos se sellaban con sangre, y en el ámbito sexual, el enemigo sigue utilizando ese elemento para reclamar derechos sobre la simiente y el linaje. Cada acto sexual durante la menstruación se convierte en un altar de sangre, un pacto que clama por derecho hasta ser anulado.

De igual forma, durante el embarazo, el acto sexual puede profanar el altar del cuerpo si se practica sin respeto por el estado espiritual y físico de la mujer. En ese período, la mujer es un canal de vida, portadora de un diseño divino que está siendo gestado. Practicar sexo sin honra, con actos degradantes o motivados por lujuria, expone al bebé a entidades demoníacas que reclaman acceso a su vida desde el vientre, abriendo puertas a espíritus de rechazo, ilegitimidad, lujuria y aborto.

- Espíritu filia: relaciones sexuales con entidades demoníacas

El enemigo no solo utiliza el sexo para atar a las personas a otras almas; también lo utiliza para establecer conexiones con entidades espirituales inmundas. Cuando una persona mantiene relaciones sexuales con espíritus —ya sea en sueños, fantasías o rituales—, se está consagrando a demonios de lujuria, incubos y sucubos.

Estos espíritus sexuales buscan robar la semilla, contaminar la herencia espiritual y establecer pactos de esclavitud sexual donde la persona queda sometida a deseos incontrolables, pensamientos impuros, sueños eróticos y obsesiones sexuales que no puede dominar.

Cada vez que se abre esa puerta, el alma queda sujeta a esos espíritus, y mientras ese pacto no sea cortado, el enemigo sigue reclamando derecho sobre la voluntad, el cuerpo y la mente.

— Sadismo, masoquismo y prácticas violentas

Cuando el placer sexual se encuentra en el dolor, la humillación o la dominación, el acto sexual deja de ser una conexión espiritual y se convierte en un pacto de esclavitud. Estas prácticas no solo degradan el cuerpo; lo consagran a espíritus de abuso, tortura, dominación y control. Y mientras ese pacto no se anule, la persona sigue esclavizada a un ciclo de violencia espiritual, donde se establece un pacto con entidades demoníacas especializadas en esclavizar el alma, atar la voluntad y quebrantar la identidad. Actos como golpear, azotar, asfixiar, insultar, decir palabras obscenas, dominar o someter no son meras prácticas sexuales, son actos de violencia, humillación o tortura sexual no solo degradan el cuerpo; profanan el altar divino y convierten a la persona en un esclavo espiritual del pacto que se estableció.

— Kama-sutra: Posturas Espirituales y Prácticas Demoníacas

El Kama-sutra no es solo un libro de posturas sexuales; es un tratado espiritual donde se invocan entidades inmundas para alcanzar un nivel de placer que no proviene de Dios. Cada posición, cada ritual, cada acto fue diseñado para invocar entidades demoníacas especializadas en perversión, dominación y control sexual. Lo que parece un simple acto sexual, en realidad es un acto de consagración espiritual donde el cuerpo se convierte en un altar para espíritus de lujuria, idolatría y rebelión.

— Intercambio de parejas, swinger, orgías o relaciones múltiples

Cuando dos o más personas comparten intimidad sexual en un mismo contexto, no solo se mezclan cuerpos; se intercambian espíritus, traumas y pactos. Cada participante se convierte en un conducto espiritual por donde fluyen legalidades que el enemigo utiliza para mantener cautivas áreas vitales del alma. Estos pactos no solo afectan al participante, sino a su descendencia, perpetuando ciclos de promiscuidad, confusión y rebeldía sexual.

— Exhibicionismo, voyeurismo y froteurismo

En el ámbito espiritual, el cuerpo fue diseñado para portar la gloria de Dios, no para ser expuesto, degradado o usado como un instrumento de provocación. Sin embargo, en el exhibicionismo, el voyeurismo y el froteurismo, el enemigo utiliza el cuerpo como un canal para espíritus de lujuria, perversión y dominio.

Exhibicionismo: Mostrar las partes íntimas, masturbarse en público o enviar fotos sexuales son

actos que profanan el cuerpo y lo consagran a espíritus de vergüenza, humillación y esclavitud.
Voyeurismo: Observar a otros desnudos o en actos sexuales sin su consentimiento no es solo un acto de perversión; es un pacto de dominio donde el ojo se convierte en un portal de transferencia espiritual.
Froteurismo: Frotar los genitales contra otra persona sin su consentimiento es un acto de abuso, pero en el ámbito espiritual, es un pacto de dominio donde el enemigo utiliza ese acto para establecer legalidades sobre el cuerpo y el alma del abusado.

— Relaciones con personas casadas
El adulterio no solo es un pecado; es un pacto de destrucción. Cada vez que se practica el sexo con una persona casada, se levanta un altar donde el enemigo reclama el derecho de operar sobre el hogar de la víctima, sobre la integridad del pacto matrimonial y sobre la descendencia del adúltero. Además, se abre una puerta a espíritus de traición, infidelidad, rechazo, manipulación y dominio que siguen operando hasta que se corten esos lazos.

— Incesto o abuso sexual familiar
Los actos de incesto no solo contaminan la sangre; establecen pactos de maldición sobre generaciones enteras. Cuando un miembro de la familia viola, toca o abusa de otro, se levanta un altar de dominio, manipulación y perversión que se convierte en una plataforma para espíritus de vergüenza, rechazo, suicidio, depresión, lujuria e identidad sexual rota.

— Prácticas homosexuales o bisexualidad
En el ámbito espiritual, la práctica homosexual no solo es una relación impía; es una puerta a espíritus de sodomía, dominación, confusión de identidad y rebeldía sexual. El rechazo al diseño original del

género se convierte en una puerta a espíritus de confusión, identidad fragmentada y rebeldía contra el diseño divino. Cuando una persona se identifica como no binaria o adopta prácticas sexuales que distorsionan su identidad masculina o femenina, está renunciando a la legalidad espiritual de su diseño original y abriendo un pacto de ilegitimidad sobre su vida y su linaje.

— Necrofilia, Zoofilia y Coprofilia

Actos que involucran relaciones sexuales con cadáveres, animales o excremento no solo pervierten la sexualidad; profanan el altar del cuerpo humano, estableciendo pactos de abominación que atan al individuo a espíritus de muerte, suciedad y perversión. Estos actos no son simples desviaciones sexuales; son puertas a estructuras demoníacas que esclavizan el alma, la mente y el linaje.

— Sexo en contextos de drogas, alcohol o idolatría

El sexo practicado bajo el efecto de drogas, alcohol o en contextos de adoración a ídolos se convierte en una puerta legal a espíritus de brujería, control mental, perversión y confusión espiritual. Esos actos activan espíritus de locura, pérdida de discernimiento, control mental y dominio espiritual.

La restauración sexual, la sanidad interior y la verdadera libertad espiritual no se logran simplemente con voluntad humana o promesas de cambio, sino con un proceso legal, intencional y continuo. Si al cerrar este bloque identificas áreas más profundas que requieren sanidad o ves síntomas de fragmentación, emociones estancadas o vínculos persistentes, no ignores esa inquietud. Si aún luchas con pensamientos impuros, pornografía o masturbación que no has podido vencer, puedes ir más profundo. Este libro fue tu comienzo, pero he escrito otro material completamente enfocado en este tema, donde abordo espíritus sexuales, oraciones específicas, y estructuras que deben ser derribadas. Allí encontrarás guía, poder y claridad para romper con lo que por años has intentado dejar.

PACTOS SEXUALES DEL ALMA

***Hay quienes caminan entre nosotros con un silencio que grita. Mujeres valientes, hombres y niños que aprendieron a guardar el dolor bajo llaves invisibles, porque el mundo nunca supo escuchar sus lágrimas. Hay historias que jamás se contaron, miradas que se perdieron en el vacío, promesas rotas antes de que pudieran soñar. Ella –o él– aprendió desde pequeña que el mundo podía ser peligroso. Un adulto de confianza cruzó los límites, robó la inocencia y dejó una cicatriz que no se ve, pero que pesa cada día.*

Años después, aquel dolor no hablado se transformó en desconfianza. Amar se hizo difícil, abrazar fue imposible, y la vergüenza se volvió compañera de cada mañana. Las noches están llenas de recuerdos intrusivos, pesadillas, preguntas sin respuesta: "¿Por qué a mí? ¿Podré alguna vez ser limpia? ¿Seré suficiente para Dios y para alguien más?"
Ha buscado refugio en la religión, en el trabajo, en el olvido, pero hay heridas que el tiempo no cura. Hay abrazos que nunca se recibieron y palabras de perdón que nadie supo pronunciar.

A veces, en lo profundo de la noche, su alma llora por dentro. Quizás nadie lo nota, porque aprendió a sonreír para no preocupar a otros. Pero cada vez que ve una escena, escucha un comentario o huele aquel perfume, su corazón se encoge, como si volviera a tener miedo. La soledad se convierte en compañera y, aunque anhela ser amada, teme que alguien vea la parte rota, esa parte que fue violada, manoseada, rechazada o traicionada.

No es locura: es la herida invisible de quien lleva un pacto impuesto por la fuerza, una atadura que grita en silencio, una historia que necesita ser escrita en la luz para dejar de vivir en la oscuridad. Pero la historia no termina aquí. Hay una Voz que atraviesa la vergüenza, la culpa y el abandono. Una Voz que dice: "Nada de lo que te hicieron ha cambiado el valor de quien eres. Yo te vi, yo te he recogido de tus ruinas, yo soy quien puede restaurar lo que otros destruyeron."

Y así, aunque la herida parece imposible de sanar, el Espíritu Santo comienza a moverse entre los fragmentos del alma, llamando por nombre a cada parte herida, cubriéndola con ternura, verdad y dignidad nueva. ***

***Existen cicatrices que no dejan marcas en la piel, pero que sangran con cada recuerdo. El matrimonio, ese sueño compartido, ese pacto jurado frente a Dios y a los hombres, se quebró en un día cualquiera. Quizás fue una traición inesperada: mensajes ocultos, miradas con otros, mentiras repetidas hasta perder el sentido. O tal vez fue la lenta erosión del amor, la indiferencia, el frío entre las sábanas, el cansancio de luchar solo o sola mientras el otro ya había bajado los brazos.*

Hay quienes creyeron con todo el corazón, se entregaron por completo y recibieron a cambio rechazo, abandono, indiferencia o humillación. Puede que seas mujer, sintiendo el vacío de una casa ahora silenciosa, viendo a los hijos partir entre dos mundos, preguntándote si algún día el dolor se irá. Puede que seas hombre, cargando la culpa de errores, decisiones, pecados ocultos, o simplemente el dolor de ver cómo el amor se fue desgastando hasta desaparecer.

Ambos conocen las noches en vela, las preguntas sin respuesta, el llanto oculto en la ducha, el deseo de volver a empezar y el miedo de que todo se repita. Han sentido cómo el alma se fragmenta: una parte sigue amando, otra parte odia, otra simplemente quiere olvidar. A veces la rabia gana, otras el duelo, a veces la culpa, a veces la esperanza de que Dios aún pueda restaurar.

Pero lo cierto es que ni el divorcio, ni la traición, ni el abandono definen la última palabra sobre la vida. El dolor es real, pero también lo es la promesa de redención. Hay Uno que conoce la historia completa, que vio las lágrimas no lloradas y el grito de impotencia en el corazón. Él no juzga ni desprecia a quien fue traicionado, ni a quien falló y hoy desea restauración.

Él se acerca en el quebranto, recoge los pedazos y ofrece una oportunidad de sanar y reconstruir sobre la Roca. Donde el pacto humano fracasó, el pacto divino permanece: "No te dejaré, ni te desampararé. He aquí que hago nuevas todas las cosas." ***

Si te has visto en alguna de estas historias o en otras mas —si tu alma llora en silencio por el abuso, la traición, el abandono o el engaño—, este capítulo no es un simple texto para leer. Es un espacio sagrado para llorar, confrontar y comenzar el proceso de libertad y restitución. Aquí no estás sola, ni solo. Aquí el Espíritu de Dios toma tu mano y te invita a soltar el dolor, para que puedas volver a caminar con el corazón libre y restaurado.

Aunque este capítulo ha expuesto la profundidad de los pactos sexuales, es imposible separar su impacto del alma. La unión física activa una realidad espiritual, pero es el alma la que permanece enlazada, atrapada o afectada a largo plazo. Por eso, cuando se habla de pacto sexual, también se habla de pacto del alma. Y aunque ahora se aborda este tema desde su relación directa con la sexualidad, más adelante, en el Capítulo 6: Renunciando, cortando y sanando el alma, se desarrollará con mayor profundidad, específicamente en lo que concierne a la restauración, fragmentación y sanidad del alma herida. Si al terminar este capítulo se percibe la necesidad de avanzar más en esa dirección, allí se encuentra una guía completa.

El alma es la sede de las emociones, la voluntad, los pensamientos y la identidad emocional. En ella se almacenan los recuerdos, las decisiones pasadas, los afectos, los traumas y las asociaciones profundas que definen la manera como alguien se percibe y se conecta con el mundo. Cuando una persona se une íntimamente a otra —sea a través del sexo, de una relación intensa, o de una entrega emocional fuera del diseño divino— se produce un lazo invisible. La Biblia no lo llama "soul tie", pero lo describe en su dinámica espiritual: una parte del alma queda unida, fusionada, condicionada o sujeta a otra. Y esa sujeción, si no fue santificada por Dios, se convierte en un obstáculo silencioso para la libertad emocional y espiritual.

> **"Una parte del alma queda unida, fusionada, condicionada o sujeta a otra."**

Hay personas que dejaron físicamente a sus parejas hace años, pero nunca los dejaron emocionalmente. Hay quienes terminaron una relación, pero siguen soñando con esa persona, reaccionando con dolor, ira o deseo cada vez que algo les recuerda ese vínculo. Hay quienes fueron heridos por sus parejas, lastimados, recibieron una traición o un engaño. Hay quienes intentan avanzar en una nueva etapa de vida, pero se sienten fragmentados, como si parte de su ser estuviera en otro lugar, con otra persona, en otro tiempo. No es locura. Es una señal clara de que hay un lazo de alma no roto. Y ese lazo, aunque invisible, tiene fuerza espiritual real.

Los lazos de alma no son solamente un vínculo emocional entre dos personas, son un tipo de atadura espiritual que conecta profundamente las áreas más sensibles del ser: la mente, la voluntad y las emociones. Esta conexión puede ser tan poderosa que incluso después de terminar la relación, la persona permanece espiritualmente atada, emocionalmente dividida y mentalmente confundida. Lo que empezó como una relación intensa o una entrega aparentemente inocente, termina siendo una prisión emocional prolongada si no fue bendecida por Dios ni desarrollada dentro de su diseño. "Lo que no se confronta en el alma, se convierte en una prisión disfrazada de recuerdo."

En la Biblia se observa cómo el alma de Jonatán quedó ligada a la de David (1 Samuel 18:1), un ejemplo de un lazo de alma piadoso, basado en amor puro y propósito divino. Pero también están los lazos impíos, formados por deseo carnal, manipulación, control emocional o necesidad afectiva mal resuelta. Estos vínculos desvían, contaminan y esclavizan. La persona puede seguir con su vida, tener una nueva pareja, un nuevo propósito, pero algo en su alma permanece "enganchado" a alguien del pasado. Esa parte atada sigue reteniendo emociones, memorias y fragmentos de identidad que nunca fueron sanados ni restituidos.

Los lazos de alma impíos pueden surgir no solo de la fornicación, sino también de manipulaciones emocionales, pactos verbales ("serás mío para siempre"), dependencias codependientes, traumas compartidos, experiencias sexuales o afectivas no resueltas, incluso por hechicería o dominio espiritual dentro de relaciones ministeriales o de autoridad.

Son muchas las personas que se han sometido emocionalmente a líderes religiosos, pastores o figuras paternas, y han terminado cargando espíritus de lujuria, confusión, pasividad o miedo, porque lo que se generó no fue un lazo de cobertura espiritual, sino una atadura disfrazada de discipulado.

El alma dividida genera caos. La persona empieza a experimentar una desconexión interior. Su voluntad no logra alinearse con el espíritu, su mente se fragmenta entre recuerdos y sus emociones entran en ciclos repetitivos. Empieza a dudar de sí misma, a cuestionar sus decisiones, a vivir entre el deseo de avanzar y el anhelo de volver a lo que la marcó. Esa es la característica de los lazos impíos: siembran ambigüedad, retraen al pasado y obstaculizan el presente.

Hay quienes llevan años con una parte del alma retenida en alguien que ya ni siquiera forma parte de sus vidas. Hay quienes se casan, pero siguen emocionalmente conectados a su ex. Hay quienes oran, pero no logran concentrarse porque su alma aún responde al llamado emocional de una conexión rota. Estos síntomas no son debilidad mental, son evidencia de una transferencia espiritual que aún está activa.

La realidad más alarmante es que estos lazos también se convierten en canales de transferencia demoníaca. Así como un espíritu de sabiduría o de amor puede fluir por un lazo piadoso, los lazos impíos pueden transferir espíritus de lujuria, manipulación, idolatría, rechazo, miedo, codependencia, vergüenza o doble ánimo. Por eso una persona que antes era firme en su identidad espiritual, después de una relación, se siente confundida, débil o dominada por tentaciones que antes no tenía. Es una transferencia activa a través del alma.

Dios desea romper estos lazos. Y lo hará. Pero requiere que el alma quiera ser libre. No basta con decir "ya no estoy con esa persona". Es necesario revocar espiritualmente el lazo, renunciar al alma atada, quebrar toda promesa dicha, desactivar toda memoria conectada, perdonar, sanar, y reemplazar la atadura por un lazo con Cristo. Porque si esa alma no es liberada, quedará estancada. Y un alma estancada no puede caminar en propósito.

El alma necesita ser desatada, no solo sanada. Porque hay almas que ya no lloran, pero siguen sujetas. Ya no sangran, pero no avanzan. Ya no sienten rabia, pero tampoco pueden amar sin miedo. En ese estado de aparente calma, el enemigo mantiene secuestradas áreas claves del destino, escondidas bajo la quietud de la resignación. Porque no basta con cerrar el capítulo emocional: el pacto espiritual sigue vigente mientras no sea confrontado, renunciado y sustituido por la verdad de Cristo.

Cuando el alma se une fuera del propósito divino, no solo se daña el presente. Se bloquea el discernimiento, se contamina la memoria espiritual y se abre un archivo en el mundo invisible que reclama legalidad sobre la voluntad. Ese archivo tiene que ser cerrado. Y se cierra con arrepentimiento, renuncia, confesión y sustitución.

Lo que fue dicho debe ser desactivado. Lo que fue sentido debe ser sanado. Lo que fue ligado debe ser cortado.

No basta con conocer. Es hora de confrontar, cortar y avanzar.
A continuación se encuentra una oración de liberación y varias actividades diseñadas para identificar, confrontar y cortar los lazos de alma impíos que pueden estar activos, incluso si ya han pasado años. La verdad te hará libre. Y la sangre de Cristo sellará la libertad que hoy comienza.

RESUMEN DEL CAPÍTULO

Este capítulo ha sido una confrontación con estructuras espirituales que no siempre se ven, pero que constantemente hablan. Pactos que se formaron por generaciones, a través de palabras descuidadas, ritos familiares, entregas emocionales o relaciones sexuales que se vivieron como placer, pero se sellaron como alianza. Pactos que ataron la voluntad, contaminaron el cuerpo, fragmentaron el alma y desviaron el propósito. Pactos que quizás el lector no firmó con tinta, pero sí con actos, con sangre, con deseo, con miedo, con ignorancia.

En estas páginas el Espíritu Santo ha revelado que el enemigo no necesita destruir directamente, solo necesita legalidad. Y esa legalidad muchas veces se cede sin saberlo. Pero la buena noticia es que todo lo que fue pactado fuera del diseño, puede ser revocado en el tribunal del cielo. Todo lo que fue activado en altares impuros, puede ser confrontado con la sangre del pacto eterno. Todo lo que se ligó al alma o al cuerpo, puede ser cortado con la verdad y con el fuego del Espíritu.

Hemos aprendido que los pactos generacionales son transmisores de estructuras que esclavizan a través del tiempo. Que las palabras tienen poder legal, que la comida, la sangre y el sexo son puertas espirituales, que el alma puede quedar unida a personas, traumas o memorias, y que la libertad no llega por deseo, sino por decisión. Decisión de confrontar, de escribir, de orar, de romper, de renunciar. Decisión de elegir el diseño del cielo por encima del pasado.

ACTIVIDADES POR HACER

Antes de iniciar este recorrido de sanidad, te invito a ver cada paso como un acto sagrado en el tribunal del cielo. A medida que avances por cada bloque —ya sea pactos generacionales, palabras, sangre, comida o sexualidad—, no te limites a escribir, reflexionar o declarar en tu propia fuerza.

Puedes orar la gran oración final después de cada bloque, o al final de todo el proceso, o incluso varias veces a lo largo del camino. Deja que el Espíritu Santo te guíe cuándo y cómo proclamarla.

Recuerda: no es un ritual, sino un acto legal y espiritual. Cada vez que oras, estás ejecutando la sentencia divina sobre tu historia y sellando cada área bajo la Sangre de Cristo.

1. Sanando Pactos Generacionales
Antes de mirar tu presente, detente y honra la verdad de tu historia. Cada familia tiene +capítulos que no se cuentan, ciclos que se repiten y secretos que claman en silencio. Pídele al Espíritu Santo que revele a tu corazón los patrones, las luchas, las pérdidas, los dolores o tragedias que has visto repetirse generación tras generación: ruina financiera, enfermedades, divorcios, muertes prematuras, adicciones, traiciones, abusos, abortos, estancamiento, confusión espiritual, esterilidad, miedo, abandono.

Toma una hoja y escribe todo lo que descubras: nombres, historias, ciclos, recuerdos, palabras escuchadas ("en esta familia nadie prospera", "todos los hombres traicionan", "las mujeres de aquí nunca son felices"). Permite que los detalles salgan a la luz. Si hay fechas, lugares, sueños o sensaciones, anótalos.

Haz memoria: ¿Hubo pactos, ritos, consagraciones, alianzas, promesas o eventos donde se entregó el linaje a fuerzas que no eran de Dios? ¿Sientes que arrastras cargas que no comprendes?

Si en algún momento el Espíritu te muestra más nombres, eventos o palabras, escríbelos y ve sumando cada uno a tu proceso de liberación.

2. Rompiendo Pactos de Palabras
Las palabras nunca son inocentes: tienen vida, muerte y memoria. Haz memoria de frases que escuchaste en tu infancia, que te dijeron tus padres, abuelos, maestros, amigos o que tú mismo/a repetiste en momentos de dolor, ira, desesperanza o miedo: "Nunca serás feliz", "Siempre serás como tu padre", "Te odio", "Prefiero morir antes que...", "Nunca te dejaré", "Sin ti no soy nada", "Te maldigo", "Me muero si te vas".

Escribe todas esas frases en una hoja. No te detengas aunque te parezcan absurdas o exageradas. Cada palabra que marcó tu identidad o que todavía escuchas en tu mente puede estar sosteniendo un pacto legal en el mundo espiritual.

3. Cortando Pactos de Sangre
La sangre es vida, es pacto, es registro legal. Pregunta al Espíritu Santo si en tu vida, tu familia o tus relaciones hubo rituales, heridas compartidas, promesas hechas con sangre, autolesiones, abortos, violencia o sacrificios. ¿Hubo primeras relaciones sexuales marcadas por sangre? ¿Alguien consagró generaciones a entidades espirituales por medio de sangre derramada?
Toma nota detallada, sin temor. Lo que se confiesa se expone; lo que se expone se limpia. Renuncia con autoridad:

"Renuncio a todo pacto hecho con sangre que contaminó mi ADN espiritual y mi linaje. Declaro que la única sangre que gobierna mi vida es la Sangre del Cordero de Dios. Cancelo toda voz de sangre derramada que aún clama contra mí o mi descendencia."
Si tienes algún objeto, recuerdo, foto, prenda, carta o cualquier elemento físico asociado a ese pacto, destrúyelo como acto profético de cierre.

4. Rompiendo Pactos de Comida
Haz memoria: ¿alguna vez participaste en comidas, banquetes, rituales, celebraciones o festividades donde hubo promesas, alianzas, votos, consagraciones a santos, ídolos o personas ajenas a Dios? ¿Prometiste algo mientras comías o bebías? ¿Comiste algo sabiendo que estaba dedicado a fuerzas extrañas o fuera del diseño divino?

Escribe cada recuerdo, cada voto, cada pacto hecho en la mesa, la fiesta o la celebración. Ora así:

"Cancelo todo pacto hecho por medio de comida consagrada, alianzas tóxicas, fiestas de contaminación o alianzas con personas fuera del propósito de Dios. Rompo ese acuerdo invisible y declaro mi alimentación, mi comunión y mi linaje consagrados a Cristo."

Si el Espíritu te lo indica, dedica un día de ayuno como acto profético para separar tu alimentación y tus celebraciones al Señor.

5. Liberando Pactos Sexuales y del Alma

Esta es una de las áreas más profundas y sensibles. Respira hondo y permite que el Espíritu Santo te guíe con compasión y verdad.

Haz un listado de todas las personas con quienes has tenido relaciones sexuales fuera del pacto de Dios. Incluye también aquellos lazos de alma, vínculos emocionales o espirituales que percibes que aún te atan, aunque jamás hubo contacto físico.

Describe los actos realizados que no agradaron a Dios: fornicación, adulterio, pornografía, masturbación, fantasías, abuso, prácticas impuras, pactos sexuales de sangre, prostitución, traición, dominación, violencia, manipulación o cualquier forma de unión impía.

Anota qué frases, promesas o momentos activaron esos vínculos ("serás mío para siempre", "sin ti no soy nada", "te pertenezco", "nunca podrás dejarme").

Ora sobre cada nombre y cada acto, pidiendo al Espíritu Santo que te muestre las consecuencias emocionales, espirituales y físicas que surgieron: sueños, bloqueos, tristeza, vergüenza, atracción persistente, confusión, baja autoestima, aislamiento, rebeldía, adicción, miedo, dependencia. A continuación, sobre cada nombre, acto o palabra, haz una declaración de corte legal una por una o llévalas todas a la oración final y renuncia a todo allí:

"Hoy corto toda ligadura de alma y toda transferencia sexual con [nombre], renuncio a todo vínculo emocional, espiritual y mental, y declaro mi alma y mi cuerpo libres por la Sangre de Jesús."

Renuncia por escrito a todo lo que esas uniones marcaron: *"Renuncio al dolor, a la vergüenza, a la culpa, a la dependencia, a la impureza y a toda identidad que nació de esa relación. Recibo mi libertad, mi restauración y mi nueva identidad en Cristo."*

6. Oración Final y Acto Profético de Sellado

En el momento en que completes estas actividades, ora despacio, en voz alta y con fe la oración judicial de cierre incluida en este capítulo. Deja que cada palabra te atraviese, te limpie y te levante. Haz el acto profético que el Espíritu Santo te inspire (quema, rompe, destruye objetos, haz un ayuno, proclama en voz alta). Y no olvides llenar tu mente, tu boca y tu atmósfera con la verdad: proclama sobre ti la restauración, la identidad y el destino que Dios te regaló.

ORACIÓN FINAL

Padre Santo, Juez Supremo y Dueño de los destinos, hoy, en la solemnidad de Tu Corte Celestial, comparezco sin máscaras, sin defensas, sin excusas, con el alma expuesta y el corazón en tus manos. Vengo delante de Ti no como víctima de mi historia, sino como hijo/hija redimido/a, deseando caminar en la plenitud de la verdad y la libertad que Jesús compró para mí en la cruz. Hoy me postro, reconociendo que, aunque fui herido/a, abusado/a, traicionado/a, manipulado/a o entregado/a al dolor y al pecado, Tu voz es más fuerte que toda acusación, Tu Sangre es más poderosa que toda herida, y Tu misericordia es la única esperanza para restaurar lo que el enemigo y las circunstancias intentaron destruir.

Confieso, ante los testigos del cielo y los registros eternos, que por mucho tiempo he cargado cadenas y pactos que no entendía, arrastrando en mi cuerpo, mi alma, mi ADN y mi linaje la carga de generaciones que cayeron antes de mí, los pactos que sellé por ignorancia, por dolor o por rebeldía, y los lazos que abrí por miedo, desesperación o simple debilidad humana.

Reconozco que he pactado con personas, palabras, sangre, comida, promesas y silencios, y que cada una de esas ligaduras, muchas veces ocultas, operaron como documentos legales que daban acceso al enemigo para limitar, contaminar, humillar y retrasar mi propósito. Hoy, como el Espíritu Santo me revela, traigo a la luz cada nombre, cada rostro, cada acto, cada palabra, cada memoria que fue semilla de destrucción, cada vínculo sexual, emocional o espiritual que fue levantado fuera de Tu diseño, cada relación ilícita, cada promesa de posesión, cada acto impuro, cada experiencia de abuso, violación, abandono, traición o manipulación que dejó mi alma fragmentada, mi cuerpo contaminado, mi mente turbada y mi espíritu apagado.

Padre, presento ante ti ***esta lista***, visible o invisible, escrita o guardada en la memoria: los nombres de quienes se unieron a mi vida fuera de Tu pacto, las personas que abusaron de mí, que me dañaron, que violaron mi inocencia, que rompieron promesas, que declararon palabras de maldición o manipulación sobre mi identidad, mi sexualidad y mi destino.

Expongo cada acto sexual ilícito, cada contacto no permitido, cada participación en fantasías, pornografía, masturbación, prácticas impuras, fornicación, adulterio, incesto, relaciones homosexuales, promiscuidad, dominación, sadismo, masoquismo, anilingus, sexo oral, sexo anal, exhibicionismo, voyeurismo, abuso ritual, prostitución, pactos de sangre, comidas consagradas, alianzas en fiestas, juramentos en celebraciones, frases de poder, palabras pronunciadas en momentos de ira, miedo o deseo, votos de muerte, juramentos de posesión, amenazas de autodestrucción, deseos de muerte, maldiciones de boca propia o ajena, recuerdos de abuso, traumas no sanados y heridas jamás confesadas. No dejo nada oculto ante Tu presencia, porque sé que sólo lo que se expone puede ser sanado, sólo lo que se nombra puede ser roto, sólo lo que se trae a la luz puede ser redimido por el Cordero.

Hoy me arrepiento profundamente por todo lo que abrí, provoqué, permití o perpetué, ya sea por ignorancia, dolor, miedo o engaño. Te pido perdón no sólo por mis pecados, sino también por las iniquidades, transgresiones y rebeliones de mis padres, abuelos, antepasados y toda mi línea familiar, según está escrito: "Jehová… que guarda misericordia a millares, que perdona la iniquidad, la rebelión y el pecado… que visita la iniquidad de los padres sobre los hijos y sobre los hijos de los hijos hasta la tercera y cuarta generación" (Éxodo 34:7). Me arrepiento por las puertas que abrí y por las que heredé, por los votos de muerte, las palabras de maldición, las alianzas de sangre, las comidas consagradas, los altares familiares, los pactos con entidades espirituales, el abuso, el control, la manipulación, la pasividad, la codependencia, la idolatría y el abandono. Me duele haber entregado mi cuerpo, mi alma, mi voluntad, mi inocencia o mi sexualidad a quienes no tenían derecho; me duele haber contaminado mi linaje, mi herencia, mi simiente, mi ADN espiritual, haber dejado marcas, memorias, archivos, voces y cicatrices que aún claman por derecho, por restitución o por venganza en los tribunales del cielo.

Pero hoy, conforme a la legalidad de la Sangre de Jesús, presento cada pecado, cada nombre, cada acto, cada palabra, cada objeto, cada recuerdo, cada archivo y cada dolor ante Tu Trono. Solicito como compareciente legítimo en Tu corte que se abran los libros celestiales y los registros de las tinieblas, que se revise mi expediente, el de mi linaje y el de todos los involucrados, para que la Sangre del Cordero hable mejor que la sangre de Abel y silencie la voz de todo pacto, altar, acusación y herida. Confieso con mi boca que Jesús es el Mesías, el Abogado y el Cordero inmolado, y pido perdón por cada acto, cada palabra, cada alianza consciente o inconsciente, cada relación prohibida, cada transferencia espiritual, cada trauma sexual, cada abuso sufrido o perpetuado, cada espíritu recibido o transmitido, cada pecado confesado o callado, cada pensamiento, cada memoria y cada deseo que me ató a la muerte y al infierno.

Hoy renuncio a todo lo que el enemigo utilizó como argumento legal: a los pactos generacionales de mis padres, abuelos y antepasados, a las maldiciones pronunciadas en mi contra o por mi boca, a los pactos de palabras, sangre, comida, sexo, emociones, traumas, manipulación, dominación, dependencia, vergüenza, miedo, doble vida, secreto, ocultismo, adicción, trauma, lujuria, confusión, esterilidad, aborto, abuso, prostitución, homosexualidad, enfermedades mentales, traiciones, rechazos, abortos espirituales y físicos, abandono y toda estructura ancestral que clamaba por herencia y dominio en mi linaje. Renuncio a todo altar familiar, toda herencia de impureza, toda simiente contaminada, todo código genético espiritual deformado por el pecado, la iniquidad, la transgresión y el trauma, y solicito que el Espíritu Santo limpie mi ADN, mi memoria, mi alma, mi espíritu y mi cuerpo de toda mutación, toda atadura, toda huella y toda voz acusadora.

Declaro en la corte celestial que desde hoy, cada pacto de alma, cuerpo, sangre, comida o palabra que no venga del Espíritu de Dios queda anulado, revocado, destruido y sin efecto. Silencio la voz del acusador (Apocalipsis 12:10), proclamo el fallo de la cruz a mi favor, reclamo la sentencia de Daniel 7:10 —"los asientos fueron colocados, y los libros abiertos"—, solicito la ejecución y sellado del veredicto sobre mi vida, mi linaje y mi descendencia. Ordeno a los ángeles ejecutores y escribas que cierren toda causa, anulen toda acta y decreten mi libertad en el registro celestial. Revoco toda transferencia sexual, toda ligadura de alma, toda herencia impía y todo archivo demoníaco que clamaba derecho sobre mí. Pido que todo pacto de sangre sea sustituido por la Sangre de Cristo, toda palabra de muerte sea reemplazada por decreto de vida, todo objeto ligado al pasado sea destruido por fuego celestial, todo archivo sea borrado del registro, toda memoria sea lavada y todo trauma, abuso, vergüenza, humillación y fragmentación sean restaurados y consolados por el Espíritu Santo.

Ahora declaro y decreto solemnemente que mi cuerpo es templo exclusivo del Espíritu Santo, mi alma es libre de toda atadura y mi espíritu es uno con Cristo. Reclamo la restitución de mi pureza, mi dignidad, mi identidad, mi dominio propio, mi inocencia, mi sensibilidad, mi capacidad de amar, mi gozo, mi voluntad y mi fuego original. Reclamo la bendición sobre mi simiente, la legitimidad sobre mi linaje, la santidad sobre mi herencia y el blindaje espiritual sobre mis hijos, nietos y toda mi descendencia. Profetizo que lo que hoy cancelo, ellos no tendrán que cargar; lo que yo sano, ellos no repetirán; lo que Dios restaura en mi ADN, será el legado que ellos portarán para la gloria de Su Nombre.

Ato y echo fuera toda entidad demoníaca, toda sombra, toda influencia, toda maldición, toda memoria esclavizante, todo archivo de vergüenza, todo ciclo de abuso, toda acusación espiritual, toda transferencia sexual, toda voz de impureza, toda cadena de manipulación, toda atadura de abandono, toda marca de humillación, toda raíz de amargura, todo sello de culpa y todo espíritu contrario que clamaba derecho en mi vida. Los despojo de toda base legal y declaro "Queda registrado en los libros eternos: ¡este día, el juicio fue favorable, y la historia no puede ser revertida!"

Finalmente, levanto un altar de alabanza, gratitud y consagración, presentando mi vida, mi linaje, mi cuerpo, mi alma y mi espíritu como propiedad exclusiva de Jesús. Proclamo que mi historia cambia, mi atmósfera se limpia, mi herencia se santifica, mi ADN es restaurado, mi identidad es alineada al Edén, mi futuro es gobernado por el Espíritu, mi pasado es cubierto por la Sangre y mi destino está sellado por el amor y el poder de Cristo.

Declaro solemnemente ante la corte celestial:
¡Yo soy libre!
Yo soy redimido/a.
Yo soy restaurado/a.
Yo soy linaje escogido.
Yo soy santo/a.
Yo soy templo vivo del Espíritu Santo.
Yo soy altar de fuego puro.
Yo soy hijo/hija del Rey.

Yo camino bajo la bandera de la cruz y el sello eterno de la Sangre del Cordero.

Desde hoy y para siempre, la voz del enemigo queda silenciada, su acceso es cancelado, su estrategia frustrada y su archivo borrado bajo el decreto del Cielo. Sólo la voz del Espíritu Santo gobierna mi historia, y sólo los decretos del Reino se ejecutan sobre mi vida, mi familia y mi propósito.
Así lo decreto, así lo firmo, así lo sello en el tribunal celestial.

Que quede registrado para siempre, en el nombre que está sobre todo nombre: JESÚS. ¡Amén, amén y amén!

(Ahora realiza tu acto profético: rompe, quema o destruye la hoja, objeto o recuerdo atado al pasado, y declara tu libertad. Llena tu espacio interior con palabras de vida: proclama versículos, escribe tu nueva identidad, y permite que el Espíritu Santo te revele el futuro y la herencia restaurada que tienes en Cristo.)

Cada proceso de sanidad es único y personal. Permítete volver a estas actividades cuantas veces el Espíritu lo inspire. Cada vez que expongas, escribas, ores y proclames, estás reescribiendo tu historia y registrando tu libertad en los libros eternos del cielo. Lo que hoy cierras en la tierra, el tribunal del cielo lo declara cerrado para siempre

Si esta oración tocó áreas profundas de tu alma y deseas seguir avanzando en tu sanidad interior, te invito a explorar el libro **"Oraciones para desbloquear tu destino"**, donde encontrarás oraciones exclusivas y poderosas para cada capítulo.

CAPÍTULO 3

ALTOS LUGARES, ALTARES Y LEGALIDADES

ALTOS LUGARES, ALTARES Y LEGALIDADES

"Derribaréis sus altares, quebraréis sus estatuas... y borraréis su nombre de aquel lugar." Deuteronomio 12:3

ALTOS LUGARES, ALTARES NO DESTRUIDOS Y LA LEGALIDAD OCULTA

Desde la antigüedad, los altos lugares fueron zonas físicas donde las culturas levantaban altares para buscar el favor de dioses ajenos, pero en el Reino de Dios, todo altar que no está bajo Su gobierno representa una mezcla peligrosa de adoración. La Escritura deja claro que, aunque el pueblo de Israel a veces buscaba a Dios, la permanencia de estos lugares elevados mantenía abierta una puerta a la contaminación espiritual:

"Mas los lugares altos no fueron quitados; porque el pueblo aún sacrificaba y quemaba incienso en los lugares altos" (2 Crónicas 15:17).

Sin embargo, la mayor batalla hoy no se libra sobre montes físicos, sino en los territorios internos: los altos lugares del alma y la mente.

Actualmente, los altos lugares son estructuras invisibles en el interior de cada persona. No son meros espacios simbólicos, sino zonas elevadas del pensamiento, la emoción y la voluntad donde aún no gobierna el Espíritu Santo. Puede ser una forma de pensar que se resiste a la verdad y prefiere el argumento antes que la obediencia; un hábito que sigue robando la verdadera adoración, aunque la vida externa aparente piedad; una relación que se transformó en altar, donde las decisiones, emociones o afectos giran más alrededor de una persona que de Dios mismo; un trauma no sanado que se alza como fortaleza y sigue dictando reacciones, palabras y elecciones, incluso décadas después del dolor original. Igualmente, un patrón heredado —palabras, costumbres, actitudes familiares— puede operar como un altar secreto que determina decisiones, autosabotajes o actitudes defensivas sin que uno sea plenamente consciente.

Existen altares emocionales que mantienen el dolor como la voz dominante, negando la sanidad y perpetuando la identidad de víctima; altares mentales donde ciertas ideas, filosofías o creencias han tomado un lugar por encima de la Palabra de Dios, moldeando percepciones, miedos o expectativas; altares relacionales donde se concede a una figura —pareja, padre, amigo, líder— la autoridad suprema sobre la validación o el valor propio, desplazando a Dios del centro. Están también los altares de trauma, levantados por heridas pasadas, que condicionan todo el presente e imponen límites a la libertad interior; y los altares generacionales, donde estructuras heredadas —votos, frases, decretos familiares como "en esta familia nadie prospera", "todos los hombres son iguales", "siempre sufrimos igual"— funcionan como auténticas profecías autoincumplidas, repitiendo ciclos invisibles.

Todo esto opera a menudo desde lo más profundo del alma. A veces, incluso las prácticas aparentemente inocentes —palabras que se repiten, hábitos que no se cuestionan, emociones que se excusan como "carácter"— pueden mantener en pie altares ocultos que siguen hablando y alimentando la atmósfera espiritual personal y familiar. Mientras Dios no ocupe por completo esos lugares elevados del alma, siempre habrá una mezcla, una puerta abierta, un espacio donde el enemigo reclama derecho y perpetúa ciclos de confusión, ruina, soledad o estancamiento.

Por eso, el llamado no es solo a amar a Dios de labios para afuera, sino a rendir cada alto lugar interno, cada estructura emocional, mental, espiritual y relacional que aún esté en pie fuera de Su gobierno. No basta con limpiar la superficie o modificar el comportamiento visible; es necesario derribar las plataformas internas, las fortalezas donde aún hay mezcla, adoración dividida y pactos antiguos que no han sido confrontados. Porque solo cuando todos los altares ajenos han sido destruidos, el altar del Reino puede ocupar su lugar legítimo y el fuego santo puede descender sin mezcla ni oposición.

SEÑALES DE LUGARES ACTIVOS Y DIAGNOSTICO ESPIRITUAL

Aunque muchos buscan avanzar espiritualmente, frecuentemente se ven detenidos por fuerzas invisibles, ciclos que se repiten y cadenas que, aunque no pueden ver, sí experimentan. Detrás de cada uno de estos estancamientos, hay una estructura espiritual: un altar antiguo, un alto lugar que nunca fue confrontado ni destruido del todo. En la historia bíblica, incluso los reyes que amaban a

Dios y hacían reformas visibles, fallaron en erradicar los altos lugares, y por esa omisión, la influencia espiritual contraria permaneció activa:

"E hizo lo recto ante los ojos de Jehová... pero los lugares altos no se quitaron" (2 Reyes 14:3-4).

Así, el enemigo no necesita de nuestra adoración consciente, le basta con que el altar siga en pie y nadie lo haya revocado legalmente.

Estos altares no destruidos pueden operar durante generaciones, invisibles pero reales, y están asociados a emociones no sanadas, estructuras internas de miedo, trauma, orgullo, autosuficiencia o dependencia. Muchas veces no están sostenidos por acciones conscientes, sino por votos silenciosos ("nunca volveré a confiar", "siempre tengo que cuidarme solo", "no le debo nada a nadie"), frases heredadas, o hábitos repetidos que parecen inocuos, pero son combustible para una plataforma espiritual adversa. Cada vez que una parte de nuestra vida se rinde más al dolor, al miedo, a la costumbre o a la autosuficiencia que a la dirección del Espíritu Santo, en ese lugar hay un altar oculto, una legalidad que sigue alimentando el ciclo.

Un altar, en el ámbito espiritual, no es solo un recuerdo, es una plataforma activa. Mientras siga en pie, aunque no reciba sacrificios visibles, sigue emitiendo demandas, funcionando como base legal para que el enemigo reclame derecho sobre esa área. Por eso, muchos oran, ayunan, buscan consejería, pero no logran ver cambios

> **"Dios no comparte territorio, ni mezcla su fuego con estructuras impuras."**

profundos: porque el altar que sostiene el ciclo no ha sido derribado en el tribunal del cielo. Dios no comparte territorio, ni mezcla su fuego con estructuras impuras.

Las señales de que hay altos lugares activos en la vida son claras para quien decide mirar con honestidad. Si experimentas ciclos repetitivos de ruina, enfermedad, fracaso emocional o espiritual, probablemente hay una estructura espiritual alimentando ese patrón. Si existen pensamientos que dominan tu mente por encima de lo que Dios ha dicho —ideas como "siempre seré así", "esto nunca va a cambiar", "mi familia siempre fracasa"— entonces ese sistema mental opera como un altar desde donde el enemigo perpetúa la opresión.

Cuando las emociones incontrolables (miedo, ira, vergüenza, tristeza, rechazo) se imponen como respuesta dominante, es probable que haya un altar emocional alimentando el ciclo. Si sientes que tu alma está más apegada a una relación, a un líder, a una figura familiar o a un recuerdo doloroso que a Dios mismo, ese vínculo ha desplazado al Espíritu del trono y opera como altar relacional. Finalmente, si hay áreas donde no puedes soltar el control, donde "esto lo manejo yo", donde resistes rendición genuina, allí hay una fortaleza espiritual, un alto lugar de autosuficiencia o desobediencia.

Muchos altares están en pie por costumbre, por herencia, por miedo a confrontar la raíz, o por desconocimiento de su existencia. Pero el principio del Reino es claro: lo que no se confronta en la raíz, se reactiva en el fruto. El altar que no es destruido sigue emitiendo demandas, aunque nadie lo alimente conscientemente. Por eso, la verdadera libertad no viene solo de la emoción o el esfuerzo humano, sino de la confrontación legal, el arrepentimiento profundo, la renuncia consciente y la restitución del altar a su legítimo Dueño.

El Espíritu Santo no revela estas estructuras para avergonzar, sino para liberar. El propósito de identificar los altos lugares, sus señales y sus efectos, es abrir la puerta a la sanidad, la restitución y el establecimiento de un altar limpio, donde solo Dios reciba adoración y tenga la última palabra.

DERRIBO Y LA CONSTRUCCIÓN DE ALTARES VERDADEROS

Muchas personas piensan que si no están adorando a otros dioses conscientemente, entonces no tienen altares que derribar. Pero lo espiritual no se define solo por lo visible, sino por lo que ocupa el lugar más alto en el alma.

Un alto lugar no es solo una práctica externa. Es una estructura interna que recibe adoración: tu atención constante, tu dependencia emocional, tu obediencia automática. Y esa estructura puede estar activa en ti, incluso si ya eres cristiano, si oras, si sirves en la iglesia. Porque puedes amar a Dios, pero tener áreas del alma donde aún hay otro trono en pie.

"Puedes amar a Dios, pero tener áreas del alma donde aún hay otro trono en pie."

Aquí te comparto algunas señales de que podrías estar operando desde un alto lugar oculto:

— Ciclos repetitivos sin explicación

Si te encuentras luchando constantemente con las mismas batallas —ya sean emocionales, relacionales, espirituales o financieras—, es probable que haya un altar que sigue activo. La repetición revela una fuente que aún no ha sido confrontada.

— Pensamientos que dominan tu verdad

Si hay pensamientos que te gobiernan por encima de lo que Dios ya dijo de ti, ese sistema mental es un alto lugar. Ejemplos: *"Siempre fallas", "Nunca será suficiente", "No puedes confiar en nadie"*.

Estas frases funcionan como decretos silenciosos y sostienen altares de culpa, autosabotaje o temor.

— Emociones incontrolables que bloquean tu avance

Cuando el miedo, la ira, la vergüenza, la tristeza o el rechazo aparecen como respuestas dominantes, probablemente haya un altar emocional que necesita ser destruido. Recuerda: lo que más fácilmente gobierna tus emociones, revela tu altar.

— Vínculos del alma más fuertes que tu rendición

Si hay relaciones o figuras a las que no puedes soltar, incluso cuando sabes que no son sanas, podrías estar rindiéndote a un altar relacional: un trono que desplazó a Dios en tu afecto y obediencia.

— Áreas donde no puedes entregarte completamente a Dios

Cuando hay zonas de tu vida donde no puedes soltar el control, o donde siempre dices: *"Esto lo manejo yo"*, estás ante un altar de autosuficiencia. Aunque suene funcional, es una fortaleza espiritual que impide que el Espíritu Santo tome el gobierno completo.

— Espacios donde Dios no tiene la última palabra

Si sabes que el Espíritu Santo ha hablado de algo, pero tú sigues "negociando" con esa instrucción o postergando lo que te pide, puede que estés delante de un altar de desobediencia encubierta.

Identificar los altos lugares no es para condenarte, sino para liberarte. El Espíritu Santo te mostrará con amor pero con precisión. Porque solo lo que se revela, puede ser removido.
Y cada altar derribado es un lugar que vuelve a ser ocupado por la gloria.

El proceso de derribo

Dios no solo quiere que identifiques los altos lugares. Él quiere que los destruyas. No basta con saber que algo te gobierna. Tienes que quitarle el trono. Y eso no se logra solo con una oración emocional. Se logra con confrontación, con verdad, con fuego y con autoridad.

En el Antiguo Testamento, los verdaderos reformadores no eran los que hacían ajustes religiosos. Eran los que derribaban los altares, cortaban los ídolos, quemaban las imágenes, y levantaban nuevos altares consagrados al Señor.

"Y quitó los lugares altos, y quebró las imágenes, y cortó los símbolos de Asera..." (2 Crónicas 14:3)

"Derribaréis sus altares, quebraréis sus estatuas, y destruiréis sus imágenes..." (Éxodo 34:13)

Ese principio no ha cambiado. Dios no comparte altar. Y si algo más ocupa ese lugar, no lo negocia: lo confronta. Pero, ¿Cómo derribar un alto lugar en tu vida? Este es el proceso espiritual:

1. Nombra el altar
El enemigo se esconde en lo no nombrado. Mientras lo llames "mi carácter", "mi forma de ser", "mi estilo", o "mi debilidad", lo estás tolerando.

Pero cuando dices: *"Esto es orgullo", "esto es dependencia", "esto es temor disfrazado", "esto es un ídolo emocional"*, entonces el altar empieza a temblar. Lo que se nombra con verdad, se desactiva con luz.

2. Confronta lo que lo alimenta
Todo altar necesita combustible. Puede ser una práctica, un pensamiento, una relación, un secreto, un deseo no rendido, un sistema de defensa. Pregúntate: *"¿Qué estoy haciendo, pensando o permitiendo que mantiene este altar encendido?"*

Cuando dejas de alimentar el altar, empieza a apagarse.

3. Corta con el pacto que lo sostiene
Todo altar fue levantado sobre un acuerdo: una herencia familiar, una experiencia pasada, una palabra maldicha, un voto interno.

Debes ir en oración, espiritualmente y con autoridad, y decir:
"Hoy cancelo todo pacto que di consentimiento, consciente o inconsciente. Rompo la legalidad que este altar tuvo sobre mi vida. Y declaro que ya no tiene derecho de operar en mi alma."

4. Haz un acto profético de renuncia
El derribo es espiritual, pero también profético. Puedes escribir lo que has descubierto, romperlo como símbolo. Quemarlo. Cancelarlo verbalmente. Hacer una oración de juicio santo.

Porque lo que representas visiblemente, el cielo lo respalda espiritualmente.

5. Levanta un nuevo altar
Dios no deja vacíos. El altar derribado debe ser reemplazado con uno nuevo. Uno santo, uno consagrado, uno que proclame:
"Aquí solo gobierna el Espíritu Santo."

Ese nuevo altar se levanta con:
Adoración sincera
Palabra viva
Rendición diaria
Decisiones nuevas
Obediencia valiente

Recuerda: el altar que levantas hoy, sostendrá tu destino mañana. Y si es un altar santo, firme, de fuego limpio, entonces tu vida será una plataforma para manifestar el Reino donde antes había ruinas.

"Recuerda: el altar que levantas hoy, sostendrá tu destino mañana."

Construir lo santo

El Reino de Dios no solo nos llama a derribar lo que no es de Él. Nos llama a edificar lo que sí lo representa. Porque cuando un altar caído se destruye, hay que levantar uno nuevo. Uno que esté alineado con la verdad, sostenido por la obediencia y encendido por la adoración.

Dios no busca templos de piedra. Él busca altares vivos.
Corazones que ardan con su fuego.
Voluntades rendidas a su voz.
Almas dispuestas a renunciar al pasado para abrazar el diseño eterno.

Un altar verdadero es aquel que se levanta desde un lugar limpio, con materiales de obediencia, y con fuego santo que no se apaga.

"Edificó Abraham allí un altar a Jehová, quien se le había aparecido." (Génesis 12:7)

"Entonces edificó Moisés un altar, y llamó su nombre Jehová-nisi." (Éxodo 17:15)

"Y edificó Elías un altar en el nombre de Jehová... y cayó fuego de Jehová..." (1 Reyes 18:32, 38)

El patrón es claro: los grandes momentos de manifestación divina estuvieron precedidos por altares verdaderos. Altares levantados con intención, con entrega y con fe. Hoy no necesitas

> **"Tu altar es tu decisión diaria, tu consagración interior, tu espacio de rendición intencional."**

piedras ni un monte físico. Tu altar es tu decisión diaria, tu consagración interior, tu espacio de rendición intencional.

¿Cómo se levanta un altar verdadero?

— 1. Con verdad
El altar no se levanta desde la culpa, sino desde la revelación. Es el lugar donde vienes como eres, sin máscaras, y te rindes tal como estás.

— 2. Con obediencia
Dios no honra el sacrificio si no viene con obediencia. No se trata de hacer más cosas, sino de hacer lo que Él pidió, en el tiempo que Él pidió, como Él lo pidió.

— 3. Con fuego santo
No cualquier fuego. No fuego emocional. No fuego humano. El fuego del altar verdadero desciende desde el cielo, como ocurrió con Elías. Y ese fuego viene cuando el altar está listo, limpio, en orden, sin mezcla.

— 4. Con permanencia
Un altar verdadero no es una emoción del momento. Es una plataforma continua. Es donde decides: *"Aquí oro. Aquí obedezco. Aquí muero a mí mismo. Aquí vivo para Él."*

Construir un altar santo es decirle a Dios:

"Toma este lugar. Aquí gobiernas solo Tú.
Nadie más tendrá el trono.
Aquí no hay mezcla.
Aquí no hay memoria del pasado.
Solo hay una voz, una verdad, un Señor."

Y cuando un altar santo es levantado el fuego desciende, la gloria se manifiesta, y el propósito se activa.

RESUMEN DEL CAPÍTULO

Este capítulo te ha llevado a reconocer una verdad crucial: no puedes avanzar en tu destino si hay altares antiguos aún en pie. Aunque muchos han renunciado verbalmente a su pasado, las estructuras espirituales permanecen activas si no se han confrontado legalmente. Y esas estructuras, conocidas como "altos lugares", son zonas del alma, de la mente o de la conducta que siguen rindiendo adoración a algo que no es Dios.

Aprendiste que:

- Un alto lugar es cualquier pensamiento, emoción, patrón o relación que ocupa el trono que le pertenece solo a Dios.
- Los altares antiguos pueden estar activos aunque hayan sido olvidados, y se alimentan de emociones, hábitos y memorias.
- Si hay legalidad espiritual, el enemigo tiene acceso, aunque ya no haya pecado activo.

Para derribar un altar, debes: nombrarlo, confrontarlo, cortar el pacto que lo sostiene, hacer un acto profético de ruptura y levantar un nuevo altar verdadero. No basta con destruir. Debes construir un altar legítimo, uno de obediencia, verdad, fuego santo y permanencia.

Este capítulo no solo fue revelación. Fue una llamada urgente a actuar. Porque lo que no derribas, te domina. Y lo que no consagras, te contamina.

ACTIVIDADES POR HACER

1. Nombra el altar

Toma un tiempo de oración y reflexión profunda. Pídele al Espíritu Santo que te muestre cuáles son los altos lugares que aún están activos en tu vida. Escríbelos con nombre claro. Sé específico/a: miedo al rechazo, dependencia emocional, autosuficiencia, orgullo, trauma no sanado, idolatría oculta, etc. *Lo que se nombra con verdad, pierde el poder de operar en las sombras.*

2. Confronta lo que lo alimenta
Haz una lista de hábitos, pensamientos, emociones, relaciones o patrones que han mantenido ese altar en pie. Pregúntate: *¿Qué sigo haciendo que lo sostiene? ¿Qué tolero, justifico o ignoro?* Sé honesto/a con Dios. Luego, escribe una oración personal de confrontación en la que declares tu decisión de detener todo combustible espiritual a ese altar.

3. Acto profético de corte
Toma una hoja y escribe el nombre del altar, el pacto o la frase que le dio legalidad (ej. "Siempre estaré solo", "No me puedo equivocar", "Dependo de él/ella para sentirme valioso/a"). Luego, haz un acto profético de juicio: rómpela, quémala o entiérrala simbólicamente. Declara en voz alta: *"Este altar es destruido hoy en el nombre de Jesús."*

4. Levanta un nuevo altar santo
Escoge un lugar de tu casa donde decidirás levantar un altar al Señor: un espacio físico o simbólico donde adorarás, orarás, leerás la Palabra y declararás sus promesas. Hazlo con intención. Escríbele una carta a Dios donde digas: *"Aquí solo Tú gobiernas. Este es tu trono. Todo otro altar ha sido removido."*

5. Proclama fuego nuevo
Escribe una lista de verdades bíblicas y proféticas que sostendrán tu nuevo altar. Decláralas por 7 días seguidos. Ejemplos:
"Mi mente está gobernada por la verdad."
"No hay trono más alto que el de Cristo en mi vida."
"El fuego que arde en mí es santo, eterno y no se apaga."
"Mi vida es altar vivo. Aquí solo Dios reina."

ORACIÓN FINAL

Padre Santo, hoy me presento ante Ti como quien comparece en un tribunal eterno, trayendo ante Tu presencia no solo las palabras, sino la verdadera rendición de mi corazón. Ilumina con Tu Espíritu cada pensamiento, cada emoción, cada estructura profunda de mi ser, porque sé que no puedo avanzar hacia el destino que has escrito para mí si aún hay altares antiguos levantados en mi alma. No vengo a pedirte cosas externas, vengo a entregarte lo más interno, sabiendo que la transformación verdadera inicia en los tronos ocultos del corazón.

He escuchado tu llamado y he entendido la urgencia de este momento. Hoy vengo a responder, rindiendo mi voluntad, mis razones, mis temores y todo lugar alto donde tu gloria aún no gobierna por completo. Esta rendición no es solo de palabras, es una entrega real de tronos internos. Me dispongo a vaciar, de una vez por todas, los lugares altos que durante años oculté bajo argumentos, miedos o autodefensas. Hoy me determino a derribar, con la autoridad de tu Palabra, todo lo que aún compite con tu gloria y a sacar del altar de mi vida todo lo que no eres Tú.

Padre, te presento los altares que he descubierto en mi alma. Reconozco con humildad que son lugares elevados que me avergüenza aceptar, pero sé que sólo al nombrarlos pueden ser juzgados y derribados.

- Te presento el orgullo que me hacía resistir tu voz.
- El miedo que se disfrazó de prudencia.
- La dependencia emocional que sustituía tu abrazo.
- La necesidad de tener el control, que impedía tu gobierno.
- La idolatría disfrazada de amor.
- El trauma disfrazado de fortaleza.
- El pensamiento constante de fracaso que gobernaba mis decisiones.
- Las heridas que aún determinaban cómo reaccionaba.

Hoy nombro cada uno de estos altares con autoridad (puedes decirlos en voz alta), los saco del silencio y los traigo a juicio, porque he comprendido que lo que no se nombra se esconde, y lo que se esconde gobierna, pero lo que se nombra se libera.

Espíritu Santo, te pido que me muestres todo lo que sostenía estos altares:

• Mis frases internas: "Así soy", "No puedo", "Siempre me dejan", "Nadie me cuida", "Nunca cambio".
• Mis decisiones diarias que reforzaban lo mismo: ceder, temer, evitar, callar.
• Mis hábitos emocionales: reaccionar, controlar, manipular, silenciar.
• Las prácticas espirituales sin fuego, las oraciones sin rendición, la obediencia a medias.

Hoy corto el flujo que alimentaba estos altares, desconecto mi alma de todo combustible que los mantenía activos. Lo que pensé que me protegía, en realidad me esclavizaba. Por eso, declaro que lo desactivo ahora mismo con tu Palabra viva. En el nombre de Jesús, cancelo toda legalidad espiritual que el enemigo haya tenido sobre mi vida a través de estos altares ocultos y declaro que ya no tienen poder.
Rompo, en la autoridad de Cristo:

• Pactos antiguos, conscientes o inconscientes.
• Votos silenciosos hechos en la niñez, en el dolor, en el abandono.
• Declaraciones heredadas de mis generaciones.
• Repeticiones culturales que establecieron estructuras internas.
• Pactos emocionales con personas que me alejaron de tu gobierno.

Revoco todo permiso, cancelo todo contrato, renuncio a todo sistema de adoración desviada. Declaro con mi boca: "Estos altares ya no tienen lugar. Estos tronos ya no tienen derecho. Estos dioses falsos ya no tienen altar en mí." Ahora, con la autoridad delegada por Cristo, declaro juicio sobre todo alto lugar, afirmando que se derrumba, se apaga y se silencia. Profetizo que sus cimientos tiemblan, que los altares son quebrados, dispersados y reducidos a nada, que el fuego extraño que allí ardía es consumido por tu fuego santo, y que todo altar falso es clausurado por el Reino de los cielos.
Profetizo sobre mi vida con convicción:

• Este ciclo termina aquí.
• Este sistema cae ahora.

- Este altar no será reconstruido.
- Este lugar será ocupado solo por Dios.

Y sello con mi voz: "Nunca más levantaré lo que el Reino ha derribado." Padre, no quiero dejar mi alma vacía, sino llena de tu presencia. Por eso, levanto hoy un nuevo altar:

- Un altar de verdad, donde no hay más máscaras.
- Un altar de obediencia, donde mi voluntad se rinde.
- Un altar de fuego, donde solo tú enciendes la llama.
- Un altar de pureza, donde ya no hay mezcla ni doblez.
- Un altar de adoración, donde solo se escucha una voz: la tuya.

Y sobre este altar nuevo decreto:

- Que mi vida es territorio exclusivo del Espíritu Santo.
- Que mi mente será gobernada por la Palabra.
- Que mis emociones serán instrumento de adoración.
- Que mi historia será plataforma para tu gloria.

No deseo regresar a lo viejo, ni cicatrizar sobre estructuras rotas, ni levantar altares a medias. Hoy firmo con mi voz:

- Aquí solo gobiernas Tú.
- Aquí solo arde tu fuego.
- Aquí solo reina tu verdad.

Este altar es tuyo, mi alma es tuya, mi futuro es tuyo. Lo sello con la Sangre de Jesús, con el fuego del Espíritu y con el decreto del cielo: todo alto lugar ha sido destruido, todo altar falso ha sido silenciado, y el único altar que permanece en pie es el altar del Reino.

¡Amén, amén y amén!

CAPÍTULO 4

PALABRAS QUE AMARRAN EL ALMA

PALABRAS QUE AMARRAN EL ALMA

"La muerte y la vida están en poder de la lengua, y el que la ama comerá de sus frutos." Proverbios 18:21

EL ALMA PROGRAMADA POR PALABRAS

El ser humano no solo vive según lo que experimenta, sino según lo que interpreta. Y toda interpretación comienza por el lenguaje que ha recibido. Desde la infancia, las palabras que se repiten con fuerza emocional o autoridad se convierten en estructuras narrativas. No todas esas narrativas son verdad, pero si no se confrontan, terminan operando como leyes. No gobierna lo que fue dicho, sino lo que fue creído.

Este fenómeno no es metafórico: es espiritual. Las palabras no son solo información; son herramientas de codificación del alma. Una sentencia dicha por un padre, un líder espiritual, un maestro, o incluso por uno mismo, puede abrir una compuerta emocional y convertirse en una instrucción estructural. Frases como "tú no sirves", "nunca lo lograrás", "eres una carga", "todo lo haces mal", "así somos todos en esta familia" o "yo no nací para eso" no desaparecen con el tiempo. Permanecen incrustadas en el sistema de creencias, actuando como software espiritual desde donde el alma intenta ejecutar su vida.

Muchos desean avanzar y alcanzar su propósito, pero lo intentan desde una base interior llena de contradicciones. El alma quiere ir hacia adelante, pero una palabra antigua sigue gritando desde el fondo: "tú no puedes". Esa contradicción agota, frustra y sabotea, no por falta de fe, sino porque el alma sigue condicionada a obedecer decretos viejos. Mientras esas palabras no se reconozcan y se confronten, seguirán teniendo peso legal sobre la vida, aunque todo el entorno cambie.

El alma no distingue entre la verdad de Dios y la repetición de la herida si no se ha pasado por un proceso de reprogramación espiritual. Esto no se trata de pensamiento positivo, sino de justicia espiritual. Cada palabra sembrada como decreto tiene un eco. Si ese eco no se ha silenciado, el alma responde como si aún fuese una instrucción vigente. De ahí que muchas personas repitan patrones, se autosaboteen justo al umbral del cambio, o no logren sostener una transformación profunda.

Las palabras tienen un sistema de gobierno. Si una frase ha sido creída por años, deja de ser una idea y se vuelve ley. La única forma de desactivar una ley espiritual es enfrentándola con una autoridad mayor. La Palabra de Dios no entra a competir con lo que el alma ya validó como cierto: entra a reemplazarlo. Pero para que eso ocurra, primero es necesario identificar qué palabra gobierna internamente. ¿Quién habló sobre ti con autoridad que sigue resonando dentro de ti? ¿Qué frases heredaste que se volvieron ley no escrita? ¿Qué palabras dijiste sobre ti que te siguen atando, aunque ya no las repitas?

El alma debe ser liberada no solo de demonios, sino de declaraciones. Hay frases que funcionan como maldiciones operativas, aunque no hayan sido pronunciadas con odio. Basta con que hayan sido repetidas desde el miedo, el juicio, la frustración o la ignorancia, y el alma las haya creído. El resultado es el mismo: cadenas invisibles con nombre, tono y fecha, que no se rompen con emoción, sino con corte legal.

Cómo cortar palabras vivas, muertas y envenenadas

No todas las palabras que atan el alma tienen el mismo origen ni la misma operación espiritual. Algunas fueron pronunciadas hace años, otras siguen vivas en el sistema de pensamiento, y otras continúan repitiéndose en el lenguaje cotidiano. Identificarlas es necesario, cortarlas es urgente.

Una palabra viva es aquella que sigue teniendo efecto emocional o espiritual cuando se recuerda. No importa si fue dicha hace décadas: si todavía genera dolor, culpa, inseguridad o miedo al evocarla, no está muerta, sigue operando. Su poder no reside solo en quién la dijo, sino en el lugar que ocupó al ser recibida.

"Una palabra viva es aquella que sigue teniendo efecto emocional o espiritual cuando se recuerda."

Mientras no se revoquen, mantienen una estructura que puede condicionar decisiones, sabotear relaciones y limitar la percepción de uno mismo.

Por otro lado, hay palabras muertas, frases que ya no resuenan con fuerza emocional, pero que siguen incrustadas como comandos pasivos en la mente. No generan dolor directo, pero han formado parte del sistema narrativo tanto tiempo que se han vuelto parte del "fondo" del alma. No se notan, pero se obedecen. Condicionan frases automáticas como "yo no soy bueno para esto", "mejor no espero nada", "siempre pasa lo mismo". No necesitan emoción para funcionar: actúan como rutinas mentales que se activan sin necesidad de conciencia.

Las palabras envenenadas, por su parte, son las que hoy se siguen usando, voluntaria o involuntariamente, y siguen sembrando programación destructiva. Frases heredadas o aprendidas que forman parte del estilo de comunicación y alimentan el ciclo de derrota, muchas veces camufladas de humor, ironía o "realismo", pero que transmiten muerte. Declaraciones como "yo soy un desastre", "soy una carga", "yo no nací para eso", "seguro todo sale mal" renuevan un pacto con una estructura verbal que sabotea el avance espiritual.

Para cortar con estas palabras no basta con dejar de repetirlas; es necesario revocar su legalidad. Las palabras funcionan como contratos: lo que se declara con convicción, se firma, y lo que se firma, queda vigente hasta que se anula. El alma no olvida lo que firmó en trauma o debilidad. Por eso, la ruptura debe involucrar:

— Nombrar con claridad cada palabra detectada. No basta con sentir que algo duele; hay que identificarlo con precisión.
— Revocar el pacto con esa palabra, declarando con autoridad en Cristo que esa frase ya no tiene derecho a operar.
— Renunciar al sistema de creencias que sostenía esa palabra. No sirve cancelar el fruto si la raíz queda intacta.
— Sustituir la estructura verbal. Cada palabra cortada debe ser reemplazada por una verdad establecida por Dios. Dejar un vacío

en el lenguaje interno solo genera confusión y abre puertas a la repetición.

Este proceso no se realiza desde la emoción ni desde la voluntad natural, sino desde el espíritu, con la ayuda del Espíritu Santo. No es ejercicio de pensamiento positivo, es una reconfiguración espiritual y legal del alma, tratada con la misma seriedad que una herencia, un contrato o una sentencia judicial.

Hablar distinto no es suficiente: es necesario hablar desde otra fuente. Y eso solo ocurre cuando el alma es limpiada de los ecos antiguos que sostenían la mentira.

MALDICIONES VERBALES, VOTOS INTERNOS Y DECRETOS FAMILIARES

Existen palabras que no fueron olvidadas por el alma, aunque el cuerpo haya crecido y la mente racional intente ignorarlas. Palabras que se pronunciaron en un momento crítico, que salieron de bocas con autoridad emocional, y que desde entonces se volvieron fundamentos invisibles del sistema interior. Lo más peligroso de estas palabras es que, una vez aceptadas, comienzan a tener el mismo efecto que una maldición: delimitan, condicionan, atrapan, imponen.

Una maldición verbal no requiere brujería. Basta con que alguien que tiene peso emocional sobre la vida de otro, declare algo destructivo con convicción. Y si la persona lo recibe —consciente o inconscientemente— el alma lo registra como un decreto espiritual. Las frases lanzadas desde la ira, la frustración, la ignorancia o incluso la sobreprotección, pueden volverse ataduras profundas. Cuando una madre dice "nunca vas a lograr nada sin mí", o un padre dice "si tú no fueras así, yo no estaría sufriendo", el alma del hijo no solo escucha: se somete. Y si esa palabra no se confronta, se convierte en una sentencia que puede repetirse por generaciones.

Pero no son solo las palabras ajenas las que atan el alma. También están los votos internos: esas frases que uno mismo se dice, en silencio, para protegerse de una experiencia dolorosa. Frases como "nunca más me enamoraré", "no volveré a confiar en nadie", "mejor estar solo que ser herido", "nunca mostraré debilidad", pueden parecer mecanismos de defensa pero en realidad son compromisos espirituales. Cada voto crea una atmósfera en la que el alma ya no puede operar desde la libertad, sino desde una estructura de autoprotección. Esas estructuras, con el tiempo, se convierten en cárceles.

A lo anterior se suman los decretos familiares, aquellas frases heredadas de generación en generación que, aunque no fueron impuestas con maldad, funcionan como narrativas espirituales que sostienen iniquidades. "Así somos nosotros", "en esta familia todos fracasamos", "aquí nadie es feliz en el amor", "los hombres de esta casa siempre abandonan", "en esta familia se sobrevive, no se sueña", son palabras que se convierten en cultura. Y toda cultura que no ha sido redimida por la verdad de Dios, opera como un gobierno espiritual oculto.

El gran problema de las palabras no confrontadas es que se normalizan. La persona que vive bajo ellas empieza a diseñar su vida en función de lo que esas frases permiten. Y eso significa que su destino queda condicionado por un marco lingüístico. Su libertad, su crecimiento, su identidad se filtran por un lenguaje heredado o construido desde el trauma. Y lo más doloroso: muchas veces esas personas oran, ayunan, sirven, aman a Dios pero su alma sigue respondiendo a la frase no confrontada.

> **"El gran problema de las palabras no confrontadas es que se normalizan."**

Por eso es necesario entrar en el alma como quien entra a una bóveda: a abrir, revisar, identificar y cortar. Es hora de cancelar los decretos que nunca debieron ser pronunciados. De renunciar a las palabras que, aunque fueron dichas en momentos de dolor, han venido funcionando como maldiciones legales. Y de romper los votos internos que se crearon desde el dolor pero que ya no representan la verdad del Reino.

El lenguaje no puede seguir siendo un instrumento del pasado. Debe convertirse en una herramienta de libertad. Pero para hablar desde el cielo, primero hay que callar las voces que hablan desde las heridas.

> **"El lenguaje no puede seguir siendo un instrumento del pasado. Debe convertirse en una herramienta de libertad."**

EL LENGUAJE COMO INSTRUMENTO DE AUTORIDAD ESPIRITUAL

En el mundo espiritual, las palabras no son neutras. Tampoco son simples expresiones de la emoción. Las palabras, desde una perspectiva bíblica y legal, son instrumentos de transferencia, activación y gobierno. Con ellas se abre o se cierra una atmósfera; se decreta vida o se establece muerte; se construyen pactos o se rompen contratos; se activa una herencia o se perpetúa una maldición.

El lenguaje no solo expresa lo que está en el alma, sino que ejecuta lo que el espíritu autoriza o tolera. Es por eso que la Escritura es tan clara al declarar que:

"la vida y la muerte están en poder de la lengua"
(Proverbios 18:21).

No es una metáfora. Es una realidad jurídica. Las palabras son herramientas de creación, de gobierno y de jurisdicción. Cuando alguien habla con convicción desde una posición de autoridad (espiritual, emocional o estructural), lo que dice se establece como una ley. Y si no es confrontado por una verdad superior, sigue operando.

El enemigo sabe esto. Por eso no necesita aparecer con fuerza demoníaca visible si logra instalar un sistema de pensamiento a través del lenguaje. Una palabra cargada de mentira, pero dicha con emoción y repetida por años, puede generar más daño que una maldición directa. Porque la persona la asume como una verdad funcional. Y el alma se acomoda a ese lenguaje, hasta que comienza a pensar, sentir, decidir y vivir conforme a lo que se ha dicho.

Por esa razón, uno de los actos más importantes de liberación interior no es solo callar las voces externas, sino recuperar la voz interna. El lenguaje espiritual del creyente no puede seguir siendo una repetición inconsciente de decretos ajenos. Debe convertirse en un instrumento activo de autoridad, alineado con la Palabra de Dios, afirmado en la verdad y sostenido por la fe.

Cuando Jesús enfrentó la tentación en el desierto, no usó emociones, ni experiencias pasadas, ni argumentos humanos. Usó la Palabra. Y no la pensó: la habló. Declaró:

"Escrito está..." (Mateo 4:4).

Él entendía que el mundo espiritual responde a códigos. Y el lenguaje es el canal de activación. Lo mismo hizo Dios en la creación: habló, y fue hecho. No imaginó, no deseó. Habló. Y el universo obedeció.

Tu vida responderá a la voz que más escuches. Pero tu alma responderá a la voz que más repitas. Por eso, si no reemplazas el sistema de lenguaje interno que se formó con heridas, miedo, cultura o iniquidad, tu alma seguirá respondiendo al tono equivocado. Es necesario volver a hablar desde el diseño.

> **"Tu vida responderá a la voz que más escuches. Pero tu alma responderá a la voz que más repitas."**

Desde el pacto eterno. Desde la revelación. Desde la verdad.
Hablar con autoridad espiritual no es repetir frases motivacionales. Es desactivar códigos viejos y reemplazarlos con verdades que gobiernan. Es hablarle al alma, no desde el trauma, sino desde la redención. Es decirle a la mente: "ya no eres esclava de lo que se dijo. Ahora serás instrumento de lo que fue escrito en el cielo sobre mí."

> **"Quien no sana su lenguaje, no puede sostener su liberación."**

Quien no sana su lenguaje, no puede sostener su liberación.
Y quien no alinea su voz con la del Espíritu, terminará repitiendo lo que el infierno le enseñó a pronunciar. Por eso, una de las claves más poderosas del Reino es gobernar con palabras.

No palabras emocionales. No palabras prestadas. Palabras ungidas, con fundamento, nacidas en oración y cargadas de verdad. Porque cuando el alma empieza a hablar conforme al diseño, el alma también empieza a caminar conforme al destino.

Señales de un alma amarrada por palabras

No siempre es evidente que un alma esté atada por palabras. De hecho, uno de los mayores engaños del lenguaje espiritual es su capacidad para operar en silencio. Las cadenas verbales no hacen ruido, pero condicionan cada paso. Y una de las razones por las que muchas personas no logran avanzar, aunque oran, ayunan y buscan a Dios con sinceridad, es porque en su interior aún existe una estructura invisible de lenguaje que se convirtió en prisión.

Estas prisiones no se construyen con barrotes, sino con frases. Frases que, aunque no se repiten en voz alta, siguen actuando como límites internos. Por eso, el alma atada por palabras no siempre se ve en caos externo, pero sí experimenta ciertos síntomas específicos que revelan que hay un decreto no confrontado operando en el fondo.

Una de las señales más claras es el autosabotaje espiritual y emocional. La persona se prepara para avanzar, pero al llegar al umbral de una nueva etapa, algo en su interior activa el freno. Y ese "algo" muchas veces es una frase no dicha, pero presente: "no soy suficiente", "no me lo merezco", "esto no es para mí". Estas palabras no necesariamente fueron pronunciadas por otros. A veces, fueron declaradas internamente, desde una decepción, desde un fracaso anterior, o desde una cultura familiar marcada por la resignación.

Otra señal común es la incapacidad para sostener el avance espiritual. El alma comienza a experimentar libertad, gozo, revelación… pero después de un tiempo regresa al mismo patrón emocional. No es que haya pecado o rebelión. Es que hay una palabra no anulada. Y mientras esa palabra tenga peso legal sobre el sistema interior, todo intento de crecimiento quedará limitado por esa estructura.
También aparece la mentalidad de esclavitud, ese lenguaje interno que siempre condiciona, que no permite celebrar los logros, que genera culpa cuando hay avance, y que sospecha del gozo porque no lo considera legítimo. Es la voz que repite: "esto no va a durar", "algo malo va a pasar", "no te ilusiones". Esta programación no viene del Espíritu. Viene de la herida no sanada que aún habla.

Hay quienes presentan un síntoma más sutil: resistencia a la afirmación verbal. Personas que no saben recibir palabras de honra, bendición o aliento, y que las descartan con frases como "eso no es para mí", "no es para tanto", "no digas eso, me da pena". Esto puede parecer humildad, pero muchas veces es evidencia de una estructura verbal interna que se resiste a recibir verdad, porque el alma fue entrenada para vivir desde el juicio, no desde la bendición.

También es común que aparezca confusión en la identidad. Cuando una persona ha recibido muchos mensajes contradictorios sobre quién es —desde sus padres, líderes, parejas o incluso desde sí misma—, el alma entra en un estado de contradicción permanente. Esto produce indecisión crónica, miedo al rechazo, necesidad de aprobación, y dificultad para tomar decisiones con claridad. En muchos casos, esta confusión no viene de falta de fe, sino de exceso de voces. Y muchas de esas voces fueron palabras nunca confrontadas.

Finalmente, otra señal poderosa es la repetición de frases internas negativas sin notarlo. La persona, sin darse cuenta, vive repitiendo sentencias como: "soy muy tonto", "yo no sirvo para esto", "ya sabía que me iba a pasar", "todo lo que hago me sale mal". Estas frases no son solo pensamientos: son instrucciones. Y si no son canceladas, seguirán condicionando la forma en que el alma se ve a sí misma, y por ende, cómo se mueve en la vida.

Identificar estas señales no es una condena. Es una invitación al corte. Es una alerta espiritual que dice: "este altar sigue encendido, aunque ya no lo nombras". Porque mientras la palabra no sea cortada en su raíz, seguirá emitiendo instrucciones al alma. Y nadie puede caminar en libertad si aún obedece a una voz que nació en la esclavitud.

REESCRIBIENDO TU PROGRAMACIÓN ESPIRITUAL CON PALABRAS DE VIDA

Después del corte viene el reemplazo. Esa es una ley tanto espiritual como psicológica: si lo viejo se elimina y no se sustituye por lo nuevo, el alma queda expuesta, vulnerable, en un vacío legal y emocional que puede volver a llenarse con la misma estructura anterior. Por eso, reeducar el lenguaje del alma es tan importante como identificar y cortar las palabras que la amarraban.

La voz interior del ser humano no se forma por decreto puntual, sino por repetición. Si alguien ha creído durante años que "no sirve para nada", no basta con decir una vez "soy valioso en Cristo" para contrarrestarlo. La mente y el alma funcionan con rutas internas que se fortalecen o debilitan por uso. Cada vez que se repite una verdad divina, esa nueva ruta se afianza. Cada vez que se cae en el antiguo patrón verbal, la programación anterior se refuerza.

Por eso, reprogramar el alma implica cultivar un nuevo lenguaje interno basado en la Palabra de Dios, pero también ajustado a la identidad específica de cada persona. No se trata de memorizar versículos mecánicamente, sino de reconocer qué verdades fueron escritas sobre uno desde la eternidad, y hacerlas parte del sistema narrativo cotidiano.

Hablar vida no es un acto emocional. Es una estrategia de gobierno. Quien aprende a hablar desde la verdad del Reino, transforma su atmósfera, disciplina su mente y alinea sus decisiones. El lenguaje deja de ser una reacción y se convierte en una herramienta de edificación. El alma comienza a operar desde otro nivel de convicción. Y cuando el lenguaje cambia, la realidad responde.

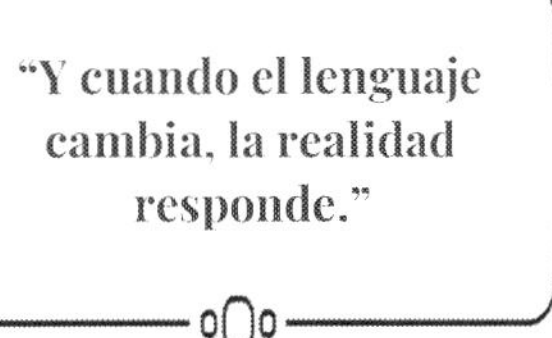

Esto no es una fórmula. Es un proceso de renovación. Es declarar diariamente lo que el cielo ya ha escrito, hasta que el alma deje de pelear con la mentira y comience a fluir con la verdad. Es establecer frases nuevas que reemplacen las viejas, no con ideas prestadas, sino con afirmaciones nacidas de la intimidad con Dios.

Algunas personas necesitan declarar que son amadas, porque vivieron bajo rechazo. Otras necesitan afirmar que tienen voz, porque vivieron silenciadas. Algunas deben proclamar que su tiempo no ha terminado, que su historia no está perdida, que su herencia es legítima. Cada frase es un ladrillo. Y cada ladrillo construye una nueva habitación en el alma.

Hablar vida no es solo profetizar lo que vendrá. Es honrar lo que ya fue redimido. Es declarar con fe lo que el alma aún no siente, pero que el espíritu ya sabe. Es asumir que el gobierno de Cristo también pasa por el lenguaje, y que el Reino avanza cuando el creyente deja de repetir lo que el infierno enseñó, y comienza a proclamar lo que el cielo determinó.

Reeducar el lenguaje interior no es opcional. Es parte del proceso de liberación profunda. Porque quien no aprende a hablar conforme a su nueva identidad, terminará regresando a la antigua.

RESUMEN DEL CAPÍTULO

Este capítulo te llevó a descubrir una dimensión silenciosa pero poderosa de las ataduras espirituales: el lenguaje. No el lenguaje externo solamente, sino el interno. Esa voz que repite frases heredadas, heridas o aprendidas, y que termina estableciendo límites invisibles en la mente, las emociones y las decisiones.

A lo largo de estas páginas aprendiste que:

- Las palabras funcionan como códigos espirituales que programan la identidad. No desaparecen con el tiempo: quedan alojadas como verdades si no son confrontadas.
- Existen maldiciones verbales, votos internos y decretos familiares que operan como sistemas de control espiritual, incluso si ya no se recuerdan en voz alta.
- El lenguaje tiene una función de gobierno en el alma. Por eso, no se puede caminar en libertad con un sistema verbal formado por el miedo, el trauma o la cultura caída.
- Identificaste señales concretas de un alma amarrada por palabras: sabotaje emocional, dificultad para recibir afirmación, programación negativa automática, contradicciones internas que frenan el avance.
- El corte de estas palabras no es emocional ni simbólico. Es legal, espiritual y estructural. Debe hacerse desde la autoridad en Cristo y con reemplazo activo de verdad.
- Hablar vida no es repetir versículos como mantras. Es reprogramar el lenguaje interior desde la convicción, la intimidad con Dios y la identidad redimida.

Este capítulo no fue solo un diagnóstico. Fue una operación espiritual para cortar el eco de voces viejas y restaurar el diseño de la voz interior que Dios sembró en ti.

A partir de ahora, no basta con callar. Es tiempo de hablar desde el diseño.
De declarar lo que Dios dice, hasta que el alma lo recuerde.
Y de sostener la libertad con la verdad que se pronuncia.

ACTIVIDADES POR HACER

1. Lista de frases heredadas, aprendidas o repetidas: Haz un listado detallado de frases que escuchaste en tu infancia, adolescencia o adultez que marcaron tu forma de pensar o vivir. No importa si las recuerdas como tonterías o si fueron dichas "en broma". Si se te vienen a la mente, escríbelas.

Ejemplo: "Eres muy difícil de amar", "Así somos todos en esta casa", "Nunca lograrás nada sin ayuda", "Calla, tú no sabes".

2. Votos internos y frases de autoprotección: Escribe las frases que tú mismo/a declaraste sobre ti desde el dolor, la frustración o la necesidad de defenderte. Identifícalas con claridad.

Ejemplo: "Nunca más me voy a enamorar", "Siempre estaré solo", "Mejor no espero nada de nadie", "No voy a confiar en nadie jamás".

3. Diagnóstico verbal actual: Por un día completo, anota o registra todas las frases negativas que te dices sin darte cuenta.

Ejemplos: "Soy tonto", "Qué torpe soy", "Yo sabía que iba a pasar", "Me pasa por confiar". Al final del día, revisa tu lenguaje automático y subráyalo como programación activa.

4. Anulación y revocación verbal: Toma una hoja y escribe: "Hoy revoco todo decreto verbal que haya codificado mi alma fuera del diseño de Dios." Luego, debajo, escribe una por una las frases que has detectado y, al lado de cada una, responde con una verdad del Reino.

Ejemplo:
"Nunca harás nada bien" → "Todo lo puedo en Cristo que me fortalece."
"Nadie se queda contigo" → "He sido aceptado y adoptado por el Padre eterno."

5. Reescribir tu narrativa espiritual: Crea una página de declaraciones nuevas basadas en tu identidad redimida. Escríbelas en primera persona, como un manifiesto espiritual.
Ejemplo:
"Dios ha hablado bien de mí."
"Mi historia está en sus manos, no en mis heridas."
"Yo hablo conforme a la verdad y mi alma me obedece."

Léelas por 7 días consecutivos en voz alta como parte de tu renovación espiritual.

ORACIÓN FINAL

Padre eterno, fuente de verdad, hoy vengo ante tu trono en el nombre de Jesucristo, tu Hijo, no solo como alguien que ha sido herido por palabras, sino como alguien que hoy decide someter cada declaración que alguna vez creyó a la luz de tu Palabra.

Vengo a presentarte mi voz, pero no solo la que uso para orar, sino la que susurra dentro de mí cada día. Esa voz que aprendió a hablar desde la herida, desde el miedo, desde la vergüenza. Vengo con los ecos que he repetido durante años, consciente o inconscientemente. Vengo con los nombres que acepté, con las frases que me definieron, con las estructuras verbales que me limitaron.

Hoy, Señor, no me escondo detrás del lenguaje. Lo expongo. Expongo cada frase que pronuncié contra mí mismo. Cada sentencia que acepté como verdad.
Cada juramento silencioso que hice para protegerme del dolor.

Yo, ____________________ (di tu nombre), declaro con integridad y arrepentimiento que muchas veces me hablé desde el juicio. Dije de mí cosas que Tú nunca dijiste. Creí frases que Tú jamás pronunciaste. Permití que voces ajenas modelaran mi forma de pensar. Y por ignorancia, por resignación o por temor, le di legalidad a palabras que ahora reconozco como cadenas.

Hoy traigo delante de Ti, Dios justo, cada palabra que aún resuena en mi interior y que no viene de Ti.
Palabras dichas por otros:
"Eres un problema."
"Nunca lo lograrás."
"Siempre serás así."
"A nadie le importas."
"No vales nada."
Palabras dichas por mí:
"No sirvo."
"No merezco."
"Siempre fallo."
"Estoy roto."
"Nadie me va a querer como soy."

Y también palabras que heredé:

"En mi familia nunca se avanza."
"Todos sufrimos igual."
"Así somos los de este apellido."
"Lo bueno nunca dura."
"Callarse es mejor que mostrar debilidad."

Señor, reconozco que estas palabras no fueron simples opiniones: fueron decretos que cerraron puertas, semillas que produjeron raíces de temor, amargura o resignación, y estructuras internas que saboteaban mi fe aún cuando trataba de avanzar. Por eso, hoy, en el nombre de Jesús, cancelo su efecto legal. Revoco cada decreto verbal que fue sembrado en mi alma y aceptado como verdad, y rompo toda maldición hablada, todo pacto verbal heredado y cada voto interno hecho desde el dolor. Renuncio con mi voz a todo lo que limitó mi identidad y al lenguaje heredado por generaciones que validó la tristeza, la pobreza emocional, la culpa, el rechazo o la autosuficiencia. Renuncio a hablar como víctima, a repetir el guion del infierno, y decreto que mi voz será, a partir de hoy, instrumento de redención y libertad.

Espíritu Santo, entra en mi lenguaje interior, restaura mi narrativa, purifica mi manera de nombrarme, de pensarme, de definirme. Hazme consciente de mis frases automáticas, desactiva los comandos antiguos que repetía sin entender su peso y reeduca mi lenguaje para que esté en perfecta armonía con el cielo. Hoy entrego mi boca y mi pensamiento como instrumentos sagrados; no deseo que mis palabras contradigan lo que tú dices ni que mis frases saboteen lo que tu Espíritu está edificando. No quiero sembrar muerte con una lengua que fue creada para profetizar vida.

Yo declaro que desde hoy:
Mis palabras serán semillas de honra, identidad y redención.
Mi voz será plataforma de restauración.
Mi lenguaje interior será territorio gobernado por la verdad.
Mi historia será hablada desde la redención, no desde la herida.
Mi atmósfera será transformada por lo que profetizo, no por lo que temo.

Sello ahora mi boca con la Palabra, mi mente con el pacto eterno, mi espíritu con el lenguaje del Reino, y decreto que lo que hoy cancelo, no volverá a operar. Toda frase que me encadenó ha sido anulada. Toda estructura verbal heredada ha sido cortada. Todo decreto de juicio ha sido sustituido por una proclamación de justicia. Y ahora, con mi voz redimida, declaro con autoridad y gratitud: "Yo soy quien Dios dice que soy. Hablo como el cielo habla. Y vivo como el Reino me diseñó para vivir." Todo esto lo hago y lo recibo en el nombre que tiene toda autoridad, el que redime cada palabra, el que silencia el infierno y abre los cielos: Jesucristo, mi Verdad viva.

Amén, amén y amén.

CAPÍTULO 5

LOS TRIBUNALES CELESTIALES

LOS TRIBUNALES CELESTIALES

"Y el Juez se sentó, y los libros fueron abiertos." Daniel 7:10

CÓMO FUNCIONAN LOS TRIBUNALES ESPIRITUALES

A lo largo de la historia bíblica, Dios se ha revelado no solo como Padre o Salvador, sino como Legislador, Juez y Gobernante supremo. Esta faceta jurídica del carácter divino no es secundaria ni simbólica; es una dimensión esencial de Su gobierno eterno. El Reino de los cielos no funciona como una estructura religiosa emocional ni como un sistema simbólico, sino como un gobierno espiritual plenamente organizado, con leyes, protocolos, principios judiciales, veredictos y audiencias legales en las que se juzgan personas, naciones, los destinos, tiempos generaciones y estructuras invisibles que influyen sobre la vida de los creyentes. La dimensión espiritual opera con legalidad perfecta. Isaías 33:22 lo establece de forma contundente:

"La dimensión espiritual opera con legalidad perfecta."

"Porque Jehová es nuestro juez, Jehová es nuestro legislador, Jehová es nuestro rey; él mismo nos salvará."

La Biblia presenta a Dios sentado en un trono fundado sobre justicia y juicio, no solo sobre misericordia. El Salmo 89:14 declara:

"Justicia y juicio son el cimiento de tu trono; misericordia y verdad van delante de tu rostro."

Estos versículos no son poéticos, son judiciales. Esto revela que toda operación espiritual —salvación, redención, liberación o restitución— está sustentada en principios judiciales que no pueden ser ignorados . Porque lo que no se trata legalmente en el cielo, no se puede sostener espiritualmente en la tierra.

"Lo que no se trata legalmente en el cielo, no se puede sostener espiritualmente en la tierra."

En Daniel 7:9-10 se nos revela una de las escenas judiciales más contundentes de toda la Escritura:

"Estuve mirando hasta que fueron puestos tronos, y se sentó un Anciano de Días... el Juez se sentó, y los libros fueron abiertos."

La Escritura proporciona numerosas referencias a la existencia de este tribunal. Uno de los pasajes más claros es Daniel 7:10, donde se describe una escena celestial con tronos, libros abiertos y un Anciano de Días sentado para emitir juicio. Esta no es una escena apocalíptica únicamente, la imagen es clara: un tribunal, un Juez, libros judiciales y un proceso de juzgamiento. Estos libros no son simbólicos. Son registros espirituales, reales, donde constan los diseños proféticos de cada ser humano.

"Tus ojos vieron mi cuerpo en gestación; todo estaba ya escrito en tu libro; todos mis días se estaban diseñando, aunque no existía uno solo de ellos." (Salmo 139:16)

También se registran los actos de justicia y obediencia de los hombres, como lo confirma Malaquías 3:16

"Entonces los que temían a Jehová hablaron cada uno a su compañero; y Jehová escuchó y oyó, y fue escrito libro de memoria delante de él para los que temen a Jehová y para los que piensan en su nombre."

Este versículo representa una dimensión operativa del Reino donde se juzgan causas, se cierran ciclos y se determinan destinos. En Zacarías 3, por ejemplo, el sumo sacerdote Josué es presentado delante del Señor, vestido con ropas viles, mientras Satanás lo acusa. En esa audiencia, Dios lo reprende, lo limpia y le otorga un cambio de vestiduras. Lo que ocurre allí no es solo una restauración profética, es una audiencia judicial donde se cancela el derecho del acusador y se restituye la posición espiritual de Josué.

Por eso, cuando el enemigo actúa, no lo hace como un simple atacante, sino como un acusador legal, con argumentos reales. Apocalipsis 12:10 dice:

"... el acusador de nuestros hermanos, el que los acusaba delante de nuestro Dios día y noche..."

> **"El sistema espiritual en el que vive el creyente está regulado por códigos invisibles."**

El sistema espiritual en el que vive el creyente está regulado por códigos invisibles. Todo acto, palabra, voto, pecado, trauma, herencia o pacto, tiene un peso legal en el mundo espiritual. Cuando una persona peca, no solo rompe una relación emocional con Dios, sino que activa una legalidad

que puede ser usada en su contra en el tribunal celestial. De igual manera, cuando una persona ha sido víctima de abuso, injusticia o manipulación, pero no presenta su caso ante el Juez, ese dolor puede seguir abierto como una puerta espiritual que otros pueden usar en su contra. El tribunal celestial no es una metáfora. Es una realidad activa donde se llevan los asuntos espirituales más profundos, y donde Jesús opera como nuestro Abogado intercesor, no de manera simbólica, sino jurídica.
Proverbios 28:13 confirma esta dinámica espiritual:

"El que encubre sus pecados no prosperará; mas el que los confiesa y se aparta alcanzará misericordia."

Comparecer ante el tribunal celestial no es una opción: es una necesidad espiritual si deseamos vivir en verdadera libertad. No basta con aceptar la redención emocionalmente; es necesario presentarse legalmente para cerrar causas abiertas, cancelar derechos de acceso del enemigo y activar los decretos de restitución escritos a nuestro favor. Hebreos 4:16 nos exhorta:

"Acerquémonos, pues, confiadamente al trono de la gracia, para alcanzar misericordia y hallar gracia para el oportuno socorro."

Aquí es donde muchos confunden consuelo con justicia. Dios consuela desde su amor, pero actúa desde su trono. Y si el creyente no presenta su caso ante el Juez, no basta con sentirse arrepentido. La causa queda abierta. El cielo no responde a emociones, responde a principios. Es por eso que Jesús no solo es Salvador: es Abogado

"Hijitos míos, estas cosas os escribo para que no pequéis; y si alguno hubiere pecado, abogado tenemos para con el Padre, a Jesucristo el justo." (1 Juan 2:1).

Además, Su sangre no solo limpia: también testifica y es evidencia legal. Hebreos 12:24 declara:

"...y a la sangre rociada que habla mejor que la de Abel."

El Espíritu no solo guía, convence de pecado y prepara al alma para el juicio (Juan 16:8).
Cuando un creyente no entiende esto, ora como víctima. Pero cuando lo comprende, ora como heredero. No solo clama por ayuda: compara legalidades, presenta verdad, y exige justicia con reverencia. Esta es la diferencia entre la guerra espiritual emocional, y la verdadera liberación judicial. Porque el Reino no responde solo a quienes claman fuerte, sino a quienes saben presentarse correctamente.

Entender esta dimensión legal del Reino es clave para la vida espiritual madura. Muchas de las batallas que los creyentes libran en oración, intercesión o guerra espiritual no tienen resultado porque están enfrentando problemas legales con herramientas emocionales. Se intenta obtener libertad mediante declaraciones positivas o actos de fe que, si bien son válidos, no sustituyen el juicio legal del Reino. Dios no ignora la legalidad. Él no responde a la necesidad emocional por encima del orden. Su trono, como lo expresa el Salmo 89:14, está fundamentado en la justicia y el juicio. Esto significa que, si no hay juicio, no puede

"Entender esta dimensión legal del Reino es clave para la vida espiritual madura."

haber liberación verdadera; y si no hay orden judicial, el enemigo tiene derecho a permanecer operando.

Esta misma dinámica sigue activa para los creyentes hoy. El tribunal celestial es el lugar donde el alma herida puede comparecer para ser sanada, pero también donde el alma culpable puede confesar y recibir juicio legal. No se trata de repetir frases vacías ni de luchar con el enemigo con fuerza de voluntad, sino de presentarse ante Dios como Juez, reconociendo las evidencias, confesando lo que debe ser tratado, y dejando que la sangre de Jesús hable como testigo eterno a favor del creyente.

El tribunal celestial se convierte así en el espacio donde la justicia de Dios es aplicada a la vida del creyente de forma operativa. Es donde se quitan legalidades, se anulan contratos espirituales, se confrontan raíces antiguas, se expone la actividad del acusador y se activa la restitución del diseño original. Es en ese lugar donde Dios no solo consuela: juzga. Y cuando juzga a favor del creyente, el enemigo pierde el derecho legal de continuar operando.

Por esta razón, el pueblo de Dios necesita urgentemente desarrollar conciencia jurídica espiritual. No basta con tener devoción; hay que aprender a presentarse. No basta con orar; hay que saber cómo emitir evidencia. No basta con declarar libertad; hay que cerrar el caso. Y no basta con pedir; hay que comparecer como herederos conscientes, sabiendo que el Reino no responde solo a emociones, sino a leyes eternas. Este entendimiento es lo que diferencia una liberación emocional de una verdadera restauración judicial del alma.

Cómo funcionan los tribunales celestiales

El Reino de Dios no solo opera en el plano espiritual como fuerza mística o como experiencia emocional. Opera legalmente bajo principios eternos de justicia, juicio y verdad. Cada acción, palabra o pensamiento de los hombres genera consecuencias que son registradas en el ámbito espiritual. Vivimos inmersos en un sistema de gobierno celestial donde el tribunal de Dios funciona de forma permanente, vigilando, evaluando y juzgando las causas que afectan la vida de los seres humanos y sus generaciones.

A nivel espiritual, cada acto cometido en la Tierra genera registros paralelos en dimensiones invisibles. Vivimos en mundos que corren simultáneamente: lo que ocurre en el plano físico impacta directamente los registros celestiales. Cada vez que actuamos, hablamos o decidimos algo, no solo queda registrado en nuestra conciencia o en la memoria humana: queda consignado en libros espirituales. Estos registros no son simbólicos ni abstractos. Son documentos reales que contienen evidencias que pueden ser usadas tanto a favor como en contra de nosotros en los tribunales celestiales.

La Biblia enseña que existen ángeles escribas asignados por Dios que registran las palabras, las obras, las decisiones y los pactos de los hombres. Malaquías 3:16 lo describe así:

"Entonces los que temían a Jehová hablaron cada uno a su compañero; y Jehová escuchó y oyó, y fue escrito libro de memoria delante de él para los que temen a Jehová y para los que piensan en su nombre."

Cada conversación, cada decisión temerosa de Dios, cada palabra justa queda registrada en un libro de memoria ante el trono celestial.

> **"Cada conversación, cada decisión, cada palabra justa queda registrada en un libro de memoria ante el trono celestial."**

Paralelamente, en el reino de las tinieblas, también existen espíritus registradores que consignan los actos de pecado, las palabras impías, las acciones contaminadas y las iniquidades no confesadas. Estos registros, aunque no son libros inspirados por Dios, son usados como evidencia en contra del creyente. El enemigo, Satanás, como acusador legal, accede a estos documentos oscuros para levantar causas judiciales en los tribunales del cielo. Apocalipsis 12:10 confirma esta operación:

"El acusador de nuestros hermanos, el que los acusaba delante de nuestro Dios día y noche, ha sido lanzado fuera."

Cuando el creyente comete actos de injusticia, transgresión o pecado y no los presenta ante Dios para ser tratados judicialmente a través de la sangre de Jesús, esos registros permanecen activos. Satanás los consulta, los compila y los presenta en cortes específicas para solicitar derecho de acceso, opresión, ruina o destrucción. Zacarías 3:1-2 ilustra esta dinámica:

"Me mostró al sumo sacerdote Josué, el cual estaba delante del ángel de Jehová, y Satanás estaba a su mano derecha para acusarle."

Incluso líderes, sacerdotes y hombres de pacto son objeto de acusaciones cuando existen causas abiertas. De allí la importancia de entender que los tribunales celestiales no solo existen, sino que operan diariamente basándose en evidencia real. No se juzga a los hombres por lo que desean ser, sino por lo que han hecho, hablado, omitido o consentido.

Existen diversos tipos de libros mencionados en la Escritura, cada uno con funciones específicas dentro del orden judicial del Reino. A continuación, los principales:

- — El Libro de la Vida (Éxodo 32:32-33; Apocalipsis 20:12; Apocalipsis 21:27): donde se registran los nombres de aquellos que han sido redimidos.
- — El Libro de las Obras o Libro de Memorias (Malaquías 3:16): donde se anotan las acciones de obediencia y reverencia a Dios.
- — El Libro de los Destinos o de los Días (Salmo 139:16): que contiene el diseño profético original de cada ser humano.
- — El Libro de la Guerra del Señor (Números 21:14): donde se registran las batallas y victorias espirituales asignadas.
- — Los Libros de Juicio (Daniel 7:10): donde constan las causas abiertas y las sentencias que deben ser emitidas.
- — El Libro de la Verdad (Daniel 10:21): donde está escrita la revelación plena del destino de las naciones y los tiempos.
- — El Registro de Palabras Habladas (Mateo 12:36):
  "Mas yo os digo que de toda palabra ociosa que hablen los hombres, de ella darán cuenta en el día del juicio."
- — Libros de Pactos (Deuteronomio 29:20-21, inferido): registros de pactos generacionales válidos ante Dios.

— Documentos de acusación infernales (Zacarías 3:1, Apocalipsis 12:10): evidencias compiladas por el enemigo para presentar casos judiciales en contra de los creyentes.

El hecho de que existan libros celestiales no implica que todo registro nos sea favorable. Si no tratamos nuestras transgresiones conforme al protocolo judicial del Reino —es decir, confesando, renunciando, aplicando la sangre, restaurando lo dañado y cancelando pactos ilícitos—, el enemigo tiene base legal para operar en nuestras vidas, familias y generaciones. Colosenses 2:14 revela el poder de la sangre para cancelar registros negativos:

"Anulando el acta de los decretos que había contra nosotros, que nos era contraria, quitándola de en medio y clavándola en la cruz."

Cada vez que confesamos con verdad y presentamos la sangre como evidencia, los registros de acusación son anulados, las actas de maldición son destruidas, y los derechos del enemigo son revocados. Comprender que vivimos en mundos paralelos —el físico y el espiritual— cambia radicalmente nuestra manera de caminar con Dios.

Cada decisión, cada palabra, cada pacto, cada pensamiento tiene repercusión en los libros judiciales. Cada acción está sembrando documentos que serán utilizados a favor o en contra en los tribunales del cielo. Deuteronomio 30:19 nos recuerda esta responsabilidad:

"A los cielos y a la tierra llamo por testigos hoy contra vosotros, que os he puesto delante la vida y la muerte, la

bendición y la maldición; escoge, pues, la vida, para que vivas tú y tu descendencia."

El creyente que camina consciente de esta realidad judicial no vive de manera ligera ni improvisada. Sabe que cada acto cuenta. Sabe que cada palabra será evaluada. Sabe que cada decisión tiene eco eterno. Por eso no solo ora, sino que comparece. No solo intercede, sino que presenta evidencia. No solo clama, sino que cancela acusaciones.

Así funcionan los tribunales celestiales: como una dimensión judicial viva, donde todo está registrado, donde cada acto pesa, y donde cada redención debe ser ejecutada legalmente. La pregunta que el creyente debe hacerse hoy no es: ¿Dios me ama? (eso es innegable). La pregunta clave es: ¿qué hay registrado sobre mi vida en los libros celestiales y en los archivos del enemigo? ¿Estoy operando desde veredictos de justicia o desde causas abiertas no juzgadas?.

La sangre de Jesús sigue teniendo poder para limpiar, restaurar y posicionar, pero debe ser activada legalmente con confesión, verdad y renuncia. Solo entonces el cielo responde, el tribunal actúa, y el enemigo es silenciado de manera definitiva.

CÓMO PRESENTARTE ANTE ELLOS

La Biblia revela que Dios es un Juez justo, que gobierna no solo desde un trono de misericordia, sino desde un tribunal de justicia. El Reino de Dios opera como un sistema judicial real, donde causas son presentadas, evidencias son evaluadas y sentencias son dictadas conforme a verdad eterna. Daniel 7:10 describe esta escena claramente:

"Un río de fuego procedía y salía de delante de él; millares de millares le servían, y millones de millones asistían delante de él; el Juez se sentó, y los libros fueron abiertos."

"Cada acción cometida en la tierra tiene repercusión en los registros celestiales."

Cada acción cometida en la tierra tiene repercusión en los registros celestiales. Cada palabra, cada acto de obediencia o transgresión queda asentado en archivos espirituales que pueden ser usados tanto a favor como en contra del creyente en el día de su comparecencia. En los tribunales celestiales no se juzga desde las emociones humanas, sino desde principios inquebrantables de justicia y verdad.

Cada vez que un creyente o el enemigo presenta un caso, los tribunales del cielo son activados formalmente. Esta apertura no es simbólica: es una realidad espiritual viva donde el Juez se sienta para juzgar, los libros son abiertos, y se inicia un proceso formal de deliberación. Salmo 89:14 establece la atmósfera que rige el tribunal celestial:

"Justicia y juicio son el cimiento de tu trono; misericordia y verdad van delante de tu rostro."

La apertura de la Corte implica que:

— Se colocan los asientos espirituales para los jueces y participantes (Daniel 7:9).
— Se abren los libros de registros espirituales pertinentes al caso.

— Se convoca a los asistentes espirituales: ángeles, testigos y espíritus observadores.

En este ambiente, todo acto espiritual tiene peso eterno. Cada palabra, cada evidencia, cada confesión será evaluada con justicia perfecta. No existe soborno, favoritismo ni manipulación emocional posible.

Los Participantes en la Audiencia Celestial

Una vez abierta la Corte, cada participante ocupa su lugar asignado conforme a su función espiritual:

— 1. El Juez – Dios Padre

El Juez de toda la tierra se sienta para juzgar conforme a Su justicia eterna. Génesis 18:25 declara:

"¿El Juez de toda la tierra no ha de hacer lo que es justo?"

Su juicio es perfecto, equilibrado entre misericordia y verdad. Él no se deja influenciar por emociones humanas ni por acusaciones demoniacas sin fundamento. Cada causa es juzgada conforme a evidencias presentadas y principios establecidos en Su Palabra.

— 2. El Abogado Defensor – Jesucristo

Jesús no solo murió para redimirnos: también vive para interceder continuamente como nuestro Abogado ante el Padre. 1 Juan 2:1 declara:

"Hijitos míos, estas cosas os escribo para que no pequéis; y si alguno hubiere pecado, abogado tenemos para con el Padre, a Jesucristo el justo."

Su sangre es la evidencia viva que testifica a favor de los redimidos. Cada vez que un creyente confiesa su pecado y renuncia a sus causas abiertas, Jesús interviene legalmente como defensor, aplicando la evidencia de la cruz.

— 3. El Acusador – Satanás

El enemigo de nuestras almas no necesita atacar con fuerza física: su arma más poderosa es la acusación legal basada en pecados no confesados, pactos ilícitos no cancelados o heridas emocionales abiertas. Apocalipsis 12:10 describe su operación:

"El acusador de nuestros hermanos, el que los acusaba delante de nuestro Dios día y noche."

Satanás actúa como un fiscal que revisa los libros de registros espirituales buscando cualquier derecho legal que le permita acceder, oprimir o destruir.

— 4. El Espíritu Santo – Testigo de la Verdad

El Espíritu Santo opera como testigo interior y como guía de verdad. Él revela las causas ocultas, convence de pecado, y dirige al creyente en el proceso de confesión y renuncia. Juan 16:13 lo afirma:

"Pero cuando venga el Espíritu de verdad, él os guiará a toda la verdad."

El Espíritu Santo también actúa como inspirador para que el creyente se alinee con la voluntad de Dios y no entre en defensa emocional sino en rendición verdadera.

— 5. Los Testigos – Libros, ángeles y registros espirituales

Los libros judiciales se abren para mostrar los registros:

Libros de vida (Apocalipsis 20:12).
Libros de memorias (Malaquías 3:16).
Libros de palabras habladas (Mateo 12:36).
Ángeles observadores y testigos espirituales también están presentes (Hebreos 12:1), observando el desarrollo de las causas.

El Procedimiento de la Audiencia Espiritual

Una vez abiertos los libros y reunidos los participantes, el proceso de audiencia judicial comienza de manera ordenada. Cada paso tiene un propósito espiritual que puede determinar la liberación o la opresión futura del creyente.

— A. Presentación de la Causa

El acusador, Satanás, presenta la causa en contra del creyente.
Él no opera basado en rumores o suposiciones, sino en evidencias espirituales reales: actos cometidos, palabras dichas, pecados ocultos, pactos no rotos o heridas no sanadas.
Cada acusación debe estar respaldada por registros espirituales válidos. Job 1:9-11 muestra este principio cuando Satanás presenta un argumento contra Job basado en su conducta.

Aquí se activa el derecho espiritual: si existe evidencia no tratada, el enemigo puede reclamar acceso.

— B. Exposición de Evidencias

Los libros espirituales son abiertos y las evidencias son presentadas:
Actos de obediencia.
Actos de desobediencia.
Palabras habladas.
Pactos formados.

Mateo 12:36 advierte:

"Mas yo os digo que de toda palabra ociosa que hablen los hombres, de ella darán cuenta en el día del juicio."

Todo lo que no ha sido tratado bajo el protocolo de la sangre de Jesús permanece activo como evidencia contra el creyente.

— C. Defensa del Creyente a través de Jesús
El creyente, guiado por el Espíritu Santo, debe:
Confesar la verdad sin excusas.
Renunciar a pactos ilícitos o palabras impías.
Invocar la sangre de Jesús como evidencia de redención.

La sangre habla más fuerte que cualquier acusación: Hebreos 12:24 declara:

"...y a la sangre rociada que habla mejor que la de Abel."

Jesucristo presenta entonces la defensa perfecta basada en su obra en la cruz, anulando las actas de decretos que estaban en contra del creyente (Colosenses 2:14).

— D. Sentencia y Veredicto
Después de evaluar las evidencias, la confesión, y la aplicación de la sangre, el Juez dicta sentencia:

- Si el caso es cerrado correctamente, la acusación es anulada, los derechos del enemigo son cancelados, y la herencia espiritual del creyente es restaurada.
- Si el caso no es tratado con verdad, la acusación puede mantenerse activa, otorgando legalidad al enemigo para operar.

Salmo 103:6 afirma:

"Jehová es el que hace justicia y derecho a todos los que padecen violencia."

Una sentencia de absolución libera, restaura y reactiva el propósito original escrito en los libros de destino.

— E. El Cierre de la Audiencia

Una vez emitido el veredicto:

Los libros son sellados.

El tribunal es cerrado.

El cumplimiento de la sentencia comienza a ejecutarse en la dimensión terrenal.

El creyente debe entonces caminar conforme al nuevo decreto:

- Renunciando a los hábitos antiguos.
- Protegiendo su atmósfera espiritual.
- Reforzando su posición como heredero legítimo.
- No basta con recibir una sentencia favorable: hay que caminar bajo la autoridad que dicha sentencia activa.

La Sabiduría de Comparecer Correctamente

Comparecer en los tribunales celestiales no es un acto religioso: es un ejercicio de gobierno espiritual. El creyente que entiende cómo funcionan estas audiencias:

— Deja de llorar emocionalmente y comienza a comparecer legalmente.

— Deja de pelear con armas carnales y presenta su caso con verdad espiritual.

— Deja de ser víctima de ciclos ocultos y se convierte en un heredero que gobierna su territorio espiritual.

Hebreos 4:16 nos recuerda:

"Acerquémonos, pues, confiadamente al trono de la gracia, para alcanzar misericordia y hallar gracia para el oportuno socorro."

Cada día que vivimos bajo esta verdad, nuestros libros espirituales son actualizados con actos de justicia, obediencia y fe que fortalecen nuestra posición ante los tribunales del cielo.
Quien aprende a comparecer, gobierna.
Quien gobierna, hereda.
Y quien hereda, expande el Reino de Dios sobre la tierra.

Cada día que vivimos bajo la luz de esta revelación, los registros espirituales se actualizan con actos de obediencia, pactos de fidelidad y palabras que alinean nuestra vida con el diseño eterno escrito por Dios. Comprender y operar dentro de esta realidad judicial no solo nos libera de cargas pasadas, sino que también consolida nuestra posición como herederos legítimos del Reino.

Comparecer en los tribunales celestiales, presentar nuestra causa bajo la cobertura de la sangre, confesar con verdad y renunciar a toda legalidad del enemigo, nos permite activar veredictos favorables que restauran propósito, identidad y herencia. Sin embargo, el proceso no culmina solamente con la emisión de una sentencia de absolución o restauración. El creyente sabio, entendido en la dinámica espiritual, debe también solicitar ante el tribunal celestial una orden de restricción divina, un mandato judicial que impida al enemigo levantar acusaciones futuras o intentar reabrir casos ya juzgados.

Esta orden de restricción no es un acto de presunción, sino un derecho legal basado en la justicia eterna del Reino. El profeta Isaías lo anticipó al declarar:

> *"Ninguna arma forjada contra ti prosperará, y condenarás toda lengua que se levante contra ti en juicio. Esta es la herencia de los siervos de Jehová, y su salvación de mí vendrá, dijo Jehová." (Isaías 54:17).*

Al solicitar esta orden, el creyente asegura que todo lo que fue juzgado, limpiado y restaurado en la audiencia celestial quede protegido bajo decreto divino. La orden de restricción cierra las puertas de acceso, bloquea intentos de represalia espiritual, y sella las áreas vulnerables que fueron expuestas durante el proceso judicial. El caminar del creyente no termina en el juicio: comienza en el gobierno.

Una vez liberados y reposicionados por el tribunal del cielo, debemos caminar como herederos legítimos, protegiendo con santidad lo que ha sido recuperado, extendiendo los límites de nuestra herencia espiritual, y guardando nuestros registros limpios para futuras generaciones.

La sangre habla, los libros son sellados, la sentencia es ejecutada, y la restricción es activada. Así, quienes aprenden a comparecer correctamente no solo experimentan liberación momentánea, sino que establecen victoria continua y legado eterno

Preparando tu causa: la actitud correcta ante los tribunales celestiales

El Reino de Dios no solo opera en justicia, sino también exige que aquellos que desean presentarse ante Su trono lo hagan conforme a principios espirituales de pureza, verdad y humildad. Comparecer ante los tribunales celestiales no es un acto trivial ni automático: requiere una preparación previa consciente, un alistamiento del corazón y una reverencia plena a la santidad del ambiente judicial donde se emiten veredictos eternos.

> **"No todo el que desea comparecer está preparado para hacerlo correctamente."**

No todo el que desea comparecer está preparado para hacerlo correctamente. Así como en la tierra una audiencia legal exige preparación, respeto, documentación y conducta adecuada, mucho más en los tribunales del cielo es necesario presentarse de manera digna, consciente y bajo los protocolos establecidos por Dios.
Salmo 24:3-4 plantea esta condición espiritual fundamental:

"¿Quién subirá al monte de Jehová? ¿Y quién estará en su lugar santo? El limpio de manos y puro de corazón, el que no ha elevado su alma a cosas vanas ni jurado con engaño."

No basta con desear justicia: es necesario entrar con la actitud, la mente y el espíritu correctamente alineados para que la comparecencia sea legítima, escuchada y respaldada.

— La actitud interior correcta: una puerta de acceso segura

Presentarse en los tribunales celestiales demanda una actitud de reverencia absoluta. No se comparece desde la autosuficiencia ni desde la desesperación emocional, sino desde un entendimiento reverente de que el Juez eterno escucha causas basadas en verdad, no en manipulación. Hebreos 12:28 enseña este principio:

"Así que, recibiendo nosotros un reino inconmovible, tengamos gratitud, y mediante ella sirvamos a Dios agradándole con temor y reverencia."

La actitud correcta incluye:

- Reverencia: Reconocer la majestad del trono ante el cual nos presentamos.
- Humildad: No justificar nuestras acciones ni defendernos emocionalmente, sino rendirnos a la verdad.
- Confianza en la sangre: No en nuestras obras o justificaciones, sino en la defensa de Jesucristo.
- Presentarse con arrogancia, superficialidad o emocionalismo puede provocar que la causa no sea aceptada, o que se perpetúen ciclos espirituales abiertos por falta de alineación con los principios del Reino.

— La preparación espiritual previa: examina tu causa antes de presentarla

Antes de comparecer ante el tribunal celestial, el creyente debe realizar un examen profundo de su vida, sus palabras, sus obras y sus pactos. No todo pecado es consciente; muchas veces hay causas ocultas que necesitan ser iluminadas por el Espíritu Santo antes de ser presentadas. David oró sabiamente pidiendo esta revelación espiritual:

"Examíname, oh Dios, y conoce mi corazón; pruébame y conoce mis pensamientos; y ve si hay en mí camino de perversidad, y guíame en el camino eterno." (Salmo 139:23-24).

El creyente debe:

- Orar pidiendo discernimiento espiritual.
- Anotar pactos ilícitos, heridas emocionales, pecados no confesados o actos de injusticia.
- Renunciar internamente a todo aquello que ha generado legalidad para el acusador.
- Preparar evidencia bíblica (versículos) que respalde su derecho de redención y restitución.

Comparecer sin haber limpiado primero las raíces interiores es como intentar presentar una defensa en una corte natural mientras escondes documentos incriminatorios: tarde o temprano, serán expuestos.

— La presentación de la evidencia: no es un acto emocional, es un acto legal

Una vez realizada la preparación espiritual previa, el creyente debe presentarse ante el tribunal no como alguien que ruega por misericordia emocional, sino como un hijo que viene a litigar conforme a derechos adquiridos a través de la sangre de Jesucristo.

Colosenses 2:14 declara el fundamento legal que sostiene nuestra defensa:

"Anulando el acta de los decretos que había contra nosotros, que nos era contraria, quitándola de en medio y clavándola en la cruz."

La evidencia debe presentarse de la siguiente manera:

- Aplicando la sangre de Jesús conscientemente sobre cada acusación o pacto ilícito identificado.
- Presentando versículos bíblicos como "archivos judiciales" que demuestran el derecho de redención.
- Declarando la renuncia explícita a todo acto, palabra o herencia que haya abierto puertas al enemigo.

No se pelea en la audiencia celestial con gritos, lágrimas o emociones exaltadas. Se litiga con verdad, con evidencia legal, y con una actitud de completa dependencia de la justicia eterna del Juez Supremo.

— Ceder la defensa a Jesucristo: el acto de mayor sabiduría espiritual

Una vez expuesta la evidencia y renunciada toda causa ilícita, el creyente debe dar un paso crucial: ceder su defensa completamente a Jesucristo. No podemos defendernos ante el tribunal celestial por nuestra propia justicia o conocimiento; nuestra defensa legítima y perfecta descansa únicamente en Aquel que es justo. 1 Juan 2:1 afirma esta verdad incuestionable:

"Hijitos míos, estas cosas os escribo para que no pequéis; y si alguno hubiere pecado, abogado tenemos para con el Padre, a Jesucristo el justo."

Ceder la defensa a Jesús implica:

- Renunciar al deseo de justificar nuestras fallas.
- Dejar de argumentar emocionalmente en nuestro interior.
- Depositar nuestra confianza en el poder de Su sangre como única evidencia válida.
- Permitir que el Abogado hable en nuestro favor mientras nosotros guardamos silencio reverente.

Cuando el creyente calla, Cristo habla.
Cuando el creyente se rinde, el Abogado toma el caso.
Cuando el creyente deja de excusarse, el veredicto de justicia puede ser pronunciado.

— Escuchar y recibir la sentencia: la importancia de discernir el dictamen celestial

Después de la exposición de evidencias y la intervención del Abogado, el tribunal dicta sentencia. Esta sentencia puede ser percibida en el espíritu a través de señales, paz profunda, visiones proféticas, impresiones internas o revelaciones específicas en la Palabra.
Juan 10:27 recuerda el principio de discernimiento espiritual:

"Mis ovejas oyen mi voz, y yo las conozco, y me siguen."

Es crucial que el creyente:

- Espere en silencio espiritual la respuesta del tribunal.
- No apresure la salida de la audiencia sin recibir la sentencia.
- Esté atento a las instrucciones específicas posteriores a la liberación.

Muchos pierden el cumplimiento de su victoria porque, al salir emocionalmente de la comparecencia, no esperan la dirección final que consolida la ejecución del veredicto.

El protocolo correcto garantiza herencia establecida

Prepararse adecuadamente para comparecer ante los tribunales celestiales no solo asegura la liberación temporal, sino que establece bases sólidas para un gobierno espiritual continuo.

Cada vez que nos presentamos correctamente:

- Las puertas antiguas de opresión son cerradas.
- Los derechos de acceso del enemigo son revocados.
- Nuestra herencia espiritual es asegurada bajo decreto celestial.

Más allá de buscar solo una respuesta a nuestras súplicas, debemos aspirar a ser gobernantes conscientes de la dimensión judicial del Reino. La comparecencia correcta no solo nos libera: nos posiciona.

Romanos 8:37 declara con poder:

"Antes, en todas estas cosas somos más que vencedores por medio de aquel que nos amó."

El creyente que prepara su causa, presenta su evidencia, confía en su Abogado y espera la sentencia, no solo sobrevive espiritualmente: gobierna.
Gobierna su vida, su atmósfera, su territorio espiritual y sus generaciones.

Y así, el Reino de Dios se establece a través de aquellos que aprendieron no solo a pelear batallas, sino a ganar juicios.

CÓMO CERRAR CASOS ABIERTOS EN EL MUNDO ESPIRITUAL

En el mundo espiritual, cerrar una causa abierta no es un acto automático que ocurre al recibir liberación o victoria en un área específica. La liberación genuina es apenas el primer paso; la consolidación de esa libertad requiere acciones espirituales concretas que garanticen el cierre completo de toda legalidad que el enemigo podría utilizar en el futuro.

Muchos creyentes experimentan momentos de libertad, sanidad o restauración en su vida espiritual, pero con el paso del tiempo observan retrocesos, ataques renovados o viejos patrones de esclavitud que parecían haber sido vencidos. Esto sucede porque la causa judicial espiritual que dio origen a esas ataduras nunca fue cerrada formalmente ante el tribunal celestial. Mateo 12:43-45 nos advierte este principio con fuerza:

"Cuando el espíritu inmundo sale del hombre, anda por lugares secos, buscando reposo y no lo halla. Entonces dice: Volveré a mi casa de donde salí; y cuando llega, la halla desocupada, barrida y adornada. Entonces va, y toma consigo otros siete espíritus peores que él, y entrados, moran allí; y el postrer estado de aquel hombre viene a ser peor que el primero."

Cerrar una causa no solo consiste en ser liberado: implica sellar el acceso, revocar toda base legal, restaurar la herencia afectada y emitir órdenes judiciales que impidan la reactivación del caso en el futuro.

— Revocación de pactos, palabras, herencias contaminadas, maldiciones o lo que vayas a presentar:

Así como se expuso en capítulos anteriores no basta con confesar pecados genéricamente. El tribunal celestial espera una renuncia formal, consciente y específica a aquellas alianzas o declaraciones que abrieron brechas en el diseño original de Dios para nuestra vida. Isaías 28:18 lo describe así:

"Y será anulado vuestro pacto con la muerte, y vuestro convenio con el Seol no será firme; cuando pase el azote del turbión, seréis de él pisoteados."

La revocación espiritual implica:

- Nombrar específicamente los pactos, votos, maldiciones o herencias contaminadas que se renuncian.
- Declarar verbalmente la cancelación y anulación de su poder sobre nuestra vida, familia y generaciones.

- Aplicar la sangre de Jesús sobre esas áreas para limpiar los registros y desactivar los argumentos del acusador.

Durante este proceso, es clave entender que cada herencia negativa, cada palabra de maldición, cada acto de pacto ilícito registrado en los libros espirituales debe ser confrontado, renunciado y revocado formalmente ante la Corte del Cielo.

Las puertas abiertas no se cierran con buenas intenciones: se cierran con acciones legales espirituales fundamentadas en confesión, renuncia y aplicación de la sangre de Jesús.

— Declaración de restitución espiritual:
Cerrar una causa no solo implica cancelar las acusaciones, sino también reclamar restitución de todo lo que fue robado, contaminado o perdido durante el tiempo en que el enemigo operó con acceso legal sobre nuestra vida.
La restitución es un principio legal establecido en las Escrituras. Proverbios 6:31 lo afirma:

"Pero si es sorprendido, pagará siete veces; dará todo el haber de su casa."

Así como en el mundo natural un ladrón debe devolver lo robado multiplicadamente, en el ámbito espiritual el enemigo debe restituir aquello que usurpó ilegalmente:

- Tiempos perdidos.
- Relaciones dañadas.
- Recursos robados.
- Herencias espirituales detenidas.

El creyente que cierra correctamente su causa no solo cancela el acceso del enemigo, sino que también se presenta ante el tribunal para reclamar el derecho de restitución divina, exigiendo que todo lo perdido sea restaurado conforme al pacto de la cruz.

Este acto de reclamación debe hacerse:

- Invocando versículos que respalden el derecho de restitución.
- Declarando la restitución específica de lo robado.
- Alineando la vida para recibir y administrar la herencia restaurada.

Dios es un Dios de restitución. La sangre no solo limpia: también redime y restituye lo que fue dañado.

— Activación de la orden de sellado espiritual: Una vez que la causa ha sido cerrada y la restitución reclamada, el creyente debe solicitar formalmente una orden de sellado espiritual. Este es un mandato judicial que establece:

- Que el caso ha sido cerrado de forma definitiva.
- Que las puertas espirituales son selladas bajo decreto celestial.
- Que ninguna acusación futura sobre ese caso será recibida nuevamente.

Isaías 22:22 respalda este principio de sellado espiritual:

"Y pondré la llave de la casa de David sobre su hombro; y abrirá, y nadie cerrará; cerrará, y nadie abrirá."

El sellado espiritual garantiza que:

- El enemigo no pueda presentar el mismo caso en el futuro.
- La atmósfera espiritual sea blindada.
- El creyente pueda caminar en libertad sin ser perseguido por causas resueltas.

Sin el sellado formal, aunque la liberación haya ocurrido, el enemigo podría intentar operar a través de grietas emocionales, recuerdos, heridas antiguas o trampas sutiles.
Solicitar la orden de sellado no es un acto emocional: es un acto de gobierno espiritual consciente, basado en el derecho legal adquirido en el tribunal del Cielo.

— La importancia de caminar bajo el veredicto sellado:

Una vez sellada la causa y restaurada la herencia, el creyente tiene la responsabilidad de caminar a la altura del veredicto recibido. Esto implica:

- Mantenerse en santidad para no abrir nuevas causas.
- Vigilar la atmósfera espiritual para no dar acceso al enemigo.
- Administrar sabiamente la herencia restaurada.

2 Corintios 7:1 exhorta:

"Así que, amados, puesto que tenemos tales promesas, limpiémonos de toda contaminación de carne y de espíritu, perfeccionando la santidad en el temor de Dios."

El veredicto del tribunal celestial no es solo un acto de liberación: es un nuevo nivel de responsabilidad. Quien ha sido liberado y sellado debe caminar como heredero legítimo del Reino, vigilante de su herencia espiritual y celoso de su libertad.

Cómo caminar después de la sentencia: protegiendo tu herencia espiritual

Recibir una sentencia favorable en los tribunales celestiales no marca el final del proceso espiritual, sino el inicio de una nueva etapa de gobierno, responsabilidad y expansión de la herencia restaurada.

El veredicto divino establece la posición de libertad, restitución y restauración, pero el mantener esa posición depende de la sabiduría, vigilancia y fidelidad del creyente en su caminar diario.
Gálatas 5:1 nos exhorta claramente:

"Estad, pues, firmes en la libertad con que Cristo nos hizo libres, y no estéis otra vez sujetos al yugo de esclavitud."

Muchos creyentes, después de recibir liberación o restitución, relajan su guardia espiritual, abren puertas nuevamente a través de descuidos emocionales, tentaciones no resistidas o ambientes contaminados, y sin darse cuenta permiten que el enemigo reclame derechos que ya habían sido revocados judicialmente.

El mantenimiento de la libertad espiritual requiere acción continua, no solo emoción momentánea. Quien hereda una victoria debe aprender a custodiarla como un tesoro precioso.

— La necesidad de vigilar tu atmósfera espiritual diariamente

La atmósfera espiritual que rodea a cada creyente es como un campo de gobierno invisible.

Cuando un veredicto judicial es emitido en el cielo, limpia el territorio espiritual afectado, restableciendo el orden, la paz y la santidad sobre esa área de vida. Sin embargo, esa atmósfera debe ser protegida conscientemente cada día. 1 Pedro 5:8 nos advierte:

"Sed sobrios, y velad; porque vuestro adversario el diablo, como león rugiente, anda alrededor buscando a quien devorar."

El enemigo no puede operar si la atmósfera espiritual permanece cerrada y blindada.

Pero si el creyente:

- Permite pensamientos impuros o de derrota
- Habla palabras de queja, maldición o incredulidad
- Se asocia con ambientes tóxicos, de pecado o rebelión
- Abre puertas invisibles que el enemigo puede usar para reactivar viejas legalidades o para sembrar nuevas acusaciones.

Proteger la atmósfera implica:

- Mantener pensamientos alineados a la Palabra (Filipenses 4:8).
- Guardar los labios de palabras impías (Proverbios 18:21).

- Cuidar las alianzas, amistades y ambientes donde se mueve el alma.

El territorio conquistado debe ser vigilado como una ciudad recién liberada: las murallas deben ser reconstruidas, los accesos vigilados, los porteros puestos en sus puestos de guardia

— Mantenerte alineado a la Palabra: el secreto para permanecer bajo el veredicto de justicia

Después de recibir una sentencia favorable en los tribunales celestiales, el creyente no puede caminar guiado por emociones o impulsos carnales. Debe caminar alineado estrictamente a la Palabra de Dios, que es el fundamento eterno sobre el cual se sustentan todas las sentencias celestiales. Salmos 119:105 declara:

"Lámpara es a mis pies tu palabra, y lumbrera a mi camino."

Alinear la vida a la Palabra implica:

- Obedecer los principios de santidad, perdón, generosidad y pureza.
- Renovar diariamente la mente con las Escrituras.
- Confesar promesas bíblicas que refuercen el nuevo estatus de libertad.
- Vivir consciente de la posición espiritual recibida, y no cediendo ante sentimientos de culpa, inferioridad o condenación.

Cuando el creyente permanece en obediencia, verdad y fidelidad a la Palabra, el enemigo no encuentra argumentos válidos para levantar nuevas acusaciones o intentar reabrir casos cerrados.

— Cuidar tu territorio espiritual: no dar lugar al enemigo

Efesios 4:27 exhorta de forma tajante:

"Ni deis lugar al diablo."

Cada área de vida conquistada en el tribunal celestial debe ser protegida como un territorio sagrado. La negligencia, el descuido espiritual o la tolerancia a pequeñas transgresiones son grietas que, con el tiempo, pueden permitir la infiltración del enemigo.

Proteger tu territorio implica:

- No consentir pequeños pecados "inofensivos" (cultura de tolerancia al error).
- No participar en conversaciones, ambientes o actitudes que contristen al Espíritu Santo.
- No abrir puertas emocionales a través de heridas no sanadas, enojos retenidos o ofensas no tratadas.
- Romper inmediatamente con alianzas, costumbres o hábitos que violen principios de santidad.

Así como un ejército no abandona las ciudades conquistadas a merced de los saqueadores, el creyente no debe abandonar la vigilancia de las áreas restauradas.

Cada puerta cerrada debe mantenerse bajo llave espiritual; cada derecho legal anulado debe ser protegido con una vida de integridad y vigilancia continua.

— Construir nuevas fortalezas espirituales: la clave de la consolidación

Después de haber sido restaurado judicialmente, no basta solo con protegerse: hay que edificar nuevas fortalezas espirituales que aseguren la permanencia del gobierno del Reino en nuestra vida. 2 Corintios 10:4-5 enseña:

"Porque las armas de nuestra milicia no son carnales, sino poderosas en Dios para la destrucción de fortalezas; derribando argumentos y toda altivez que se levanta contra el conocimiento de Dios, y llevando cautivo todo pensamiento a la obediencia a Cristo."

Construir fortalezas espirituales implica:

- Tener una vida de oración constante y disciplinada.
- Confesar diariamente promesas de la Palabra.
- Caminar en comunión continua con el Espíritu Santo.
- Rodearte de una comunidad de fe que fortalezca tu atmósfera.
- Desarrollar una mente renovada que resista ataques y tentaciones.

No basta con derribar fortalezas de pecado: hay que construir fortalezas de fe, de obediencia, de santidad y de justicia.
Solo así el veredicto emitido en el cielo se traduce en una vida de libertad práctica, de victoria diaria, y de herencia consolidada para generaciones futuras.

Herederos que gobiernan sobre su libertad

La verdadera herencia espiritual no es otorgada a quienes luchan solo por momentos, sino a quienes gobiernan consistentemente sobre los territorios restaurados.
Después de recibir la sentencia favorable, el creyente debe vivir como un heredero legítimo: vigilante, firme, prudente y agradecido. Romanos 8:37 declara con autoridad:

"Antes, en todas estas cosas somos más que vencedores por medio de aquel que nos amó."

Caminar bajo la libertad judicial otorgada por Dios es un acto de honra, de madurez espiritual y de responsabilidad eterna.

Quienes protegen su herencia, expanden el Reino. Quienes cuidan sus territorios, establecen generaciones libres. Y quienes permanecen fieles bajo la sentencia de justicia, vivirán no solo como liberados, sino como verdaderos gobernadores en la dimensión espiritual

Aquellos que entienden y practican esta dimensión judicial vivirán en libertad establecida, caminarán como verdaderos herederos y serán instrumentos de justicia en manos de Dios para liberar generaciones enteras.

Testimonio

Durante un periodo oscuro, en la finca donde mis padres viven, comenzaron a ocurrir sucesos alarmantes que escapaban a toda lógica natural. Los animales más valiosos empezaron a morir misteriosamente, uno tras otro, siempre en la noche, siempre bajo un mismo patrón:

cada animal era hallado muerto con un diminuto hueco cerca de la pierna derecha, como si algo les hubiera succionado la vida misma.

Al principio, todo parecía extraño pero manejable. Sin embargo, la frecuencia de las muertes aumentó, los cultivos dejaron de prosperar, las pérdidas económicas se acumularon, y una atmósfera pesada, opresiva, comenzó a envolver toda la propiedad. Había algo más profundo operando — algo que la vista natural no podía explicar.

Buscando dirección en oración, el Espíritu Santo comenzó a revelar una realidad que jamás habría imaginado: el terreno sobre el cual estaba asentada la finca había sido, siglos atrás, un lugar de ritos indígenas donde se ofrecieron sacrificios humanos y de animales. La sangre derramada en aquellos tiempos había abierto legalidades ancestrales que aún clamaban justicia.

Más tarde, descubrimos que un antiguo dueño de la finca había practicado brujería intensamente, estableciendo pactos satánicos con la tierra misma, marcando lugares específicos, realizando rituales que consagraban territorios al reino de las tinieblas.

El enemigo, astuto y legalista, había utilizado esas puertas abiertas — algunas con más de quinientos años de antigüedad — para reclamar derechos sobre la tierra y las generaciones que la habitaran.

Cada muerte de animal, cada pérdida, cada esterilidad en la tierra era el fruto de legalidades antiguas no rotas. El Señor me mostró que este tipo de contaminación espiritual no se resuelve solo con oración superficial: debía presentarme en los tribunales celestiales, llevando causa tras causa conforme el Espíritu Santo me fuera revelando la raíz de cada opresión.

Así comenzó un proceso profundo de comparecencias judiciales. Cada vez que el Espíritu iluminaba una nueva legalidad — una muerte ancestral, un pacto oscuro, un ritual oculto —yo me presentaba de nuevo ante el Tribunal del Cielo:
Confesaba en nombre de mis antepasados.

- Renunciaba formalmente a todo pacto satánico.
- Declaraba nulo todo sacrificio antiguo con el poder de la sangre de Jesucristo.
- Solicitaba sentencia de cancelación de derechos para el enemigo.
- Pedía restitución de la tierra, la vida, y la herencia perdida.

No fue un proceso de una sola comparecencia. Fueron varias sesiones de profunda entrega, de quebrantamiento, de aplicación de la Palabra, y de invocación de la justicia divina. Con cada audiencia en los tribunales, algo iba cambiando: la atmósfera espiritual empezaba a aligerarse, las muertes se detuvieron, la producción agrícola empezó a restablecerse, y la paz volvió progresivamente a la finca.

Lo que había sido un campo de muerte y maldición fue transformado en territorio de vida y bendición, no por fuerza humana, sino por la intervención legal del Tribunal Supremo del Cielo. El enemigo fue despojado de su acceso ancestral. Las puertas antiguas fueron cerradas. La herencia fue restaurada.

Esta experiencia me marcó profundamente y me enseñó una verdad que ahora sé con convicción:

muchas batallas que vemos en la tierra tienen raíces profundas en legalidades espirituales no tratadas, y solo presentándonos correctamente ante el Tribunal Celestial, bajo la sangre de Jesús, podemos verdaderamente romper esas cadenas y liberar territorios, familias y generaciones.

RESUMEN DEL CAPÍTULO

Los tribunales celestiales son una dimensión real y activa del Reino de Dios, donde las causas espirituales son presentadas, juzgadas y sentenciadas conforme a la justicia eterna. Cada creyente debe aprender a comparecer correctamente ante el Juez Supremo, entendiendo que no basta con orar o clamar emocionalmente, sino que se requiere una preparación consciente: examinar causas ocultas, renunciar a pactos ilícitos, invocar la sangre de Jesús como evidencia, y confiar en Su defensa como Abogado. Durante la audiencia, el Espíritu Santo guía en verdad, los libros espirituales son abiertos, y el enemigo es confrontado y silenciado a través de procesos judiciales legítimos.

Recibir una sentencia favorable es solo el inicio: el creyente debe cerrar toda causa abierta, solicitar orden de restricción divina, reclamar restitución espiritual, y caminar diariamente bajo el gobierno del veredicto recibido. La verdadera victoria no consiste solo en ser liberado, sino en proteger, expandir y establecer la herencia recuperada. Así, quienes aprenden a operar en los tribunales celestiales no solo vencen acusaciones, sino que aseguran generaciones redimidas y territorios conquistados para la gloria de Dios.

ACTIVIDADES POR HACER

Antes de avanzar hacia nuevas dimensiones en tu caminar espiritual, toma tiempo para aplicar con seriedad todo lo aprendido en este capítulo. Los tribunales celestiales no son un concepto teórico: son una realidad donde tu destino, tu herencia y tus generaciones se consolidan o se pierden.

Dedica un momento a hacer lo siguiente:

1. Examina tu vida en oración profunda.
Ora como David en el Salmo 139:23-24. Pide al Espíritu Santo que te revele pecados ocultos, pactos ilegítimos, palabras malditas, heridas no tratadas o cualquier causa abierta que pueda estar afectando tu herencia espiritual.

2. Haz un inventario espiritual.
Escribe en un cuaderno todo lo que el Espíritu te revele: actos, palabras, alianzas, traumas. No juzgues, no ocultes, no minimices. Sé honesto delante de Dios.

3. Presenta tu causa ante el tribunal celestial.
En oración guiada, confiesa cada causa, renuncia formalmente a todo derecho del enemigo, y presenta la sangre de Jesús como tu defensa viva. Lleva versículos que respalden tu derecho de redención y libertad.

4. Solicita sentencia, restitución y orden de restricción.
Pide al Juez Supremo que no solo cierre tu caso, sino que ordene restitución de todo lo perdido y emita un decreto de restricción contra futuras acusaciones.

5. Establece hábitos de protección espiritual.
Comprométete hoy a vivir vigilante: protegiendo tu mente, tus palabras, tus relaciones y tu atmósfera espiritual. Decide caminar bajo el veredicto recibido, como heredero legítimo del Reino.

Recuerda: quien comparece correctamente, hereda. Y quien protege su herencia, establece generaciones libres para la gloria de Dios.

ORACIÓN FINAL

La siguiente oración es una guía que puedes usar para presentar tus casos, es incluida como una oración protocolo que puedes usar cuando necesites ir a los tribunales y que debes ajustar dependiendo tu solicitud:

Padre Eterno, me presento hoy ante el Tribunal Supremo del Cielo, donde Tu trono se establece sobre justicia y juicio eterno (Salmo 89:14), donde millares de millares sirven delante de Ti, y los libros son abiertos para juicio (Daniel 7:10).

Convoco conforme a Tu Palabra:
A los testigos celestiales, la gran nube de testigos (Hebreos 12:1).
A los ángeles escribas asignados a registrar toda obra y palabra de los hombres (Malaquías 3:16).
A los espíritus de los justos perfeccionados (Hebreos 12:23).
A toda corte espiritual que administra los veredictos de Tu justicia.
Convoco también, conforme a protocolo celestial, al acusador de los hermanos (Apocalipsis 12:10), para que sea expuesto conforme a Tu verdad.

Hoy, Señor, solicito la apertura de los libros:
Que se abra el Libro de la Vida donde mi nombre está registrado por la sangre de Jesús (Apocalipsis 20:12).
Que se abran los libros de las obras, donde constan mis actos, mis palabras, mis pensamientos.
Y también que sean traídos, bajo autorización divina, los registros infernales, donde el enemigo ha compilado acusaciones contra mí.

Espíritu Santo, escudriña los libros junto conmigo.
Pido ser confrontado con la verdad, sin velo, sin engaño.

Ante Tu Tribunal:
Reconozco y confieso toda obra impura, toda palabra vana, toda acción fuera de Tu voluntad (Mateo 12:36). (aquí puedes hablar tu caso especifico)

Pido perdón, Señor, no sólo por actos conscientes, sino también por omisiones, silencios, pactos no rotos, heridas no tratadas.

Confieso toda maldad que haya manchado los registros de mi historia.
Te ruego, Dios de misericordia, conforme a Salmo 51:1-2:
"Ten piedad de mí, oh Dios, conforme a Tu misericordia; borra mis rebeliones."
Que por la sangre de Jesucristo, los pecados registrados en los libros celestiales sean borrados (Isaías 43:25).
Que todo decreto de acusación escrito en mi contra sea anulado y clavado en la cruz (Colosenses 2:14).

Pido ahora, solemnemente:
Que se comparen los registros infernales con los libros celestiales.
Que toda evidencia diabólica quede desestimada por falta de fundamento legal, debido a la sangre del Cordero.

Solicito que los testigos celestiales hablen a mi favor:
Que testifiquen de mi fe en Jesucristo,
De mi arrepentimiento sincero,
De mi renuncia a toda obra de las tinieblas,
Y de mi alineación voluntaria al gobierno del Reino.
Pido que el fiscal infernal sea silenciado conforme a Tu Palabra en Zacarías 3:2: *"Jehová reprenda al acusador; ¿no es este un tizón arrebatado del incendio?"*

Padre Santo, en esta audiencia, renuncio y revoco formalmente (trae todo lo que quieras renunciar):
Todo pacto generacional de maldad.
Toda palabra maldita que haya dado derecho de acceso al enemigo.
Toda transferencia de dolor, de ruina, de enfermedad, de esclavitud.

Invoco la sangre de Jesús como mi defensa activa, viva y eterna.
Declaro que es la sangre la que habla por mí mejor que cualquier acusación (Hebreos 12:24).

Solicito que se emita ahora:
Una sentencia de absolución plena.
Una orden de restitución conforme a Proverbios 6:31, donde todo lo robado sea restaurado siete veces.

Una orden de restricción judicial, prohibiendo toda reactivación de acusaciones canceladas.
Un sellado espiritual que blinde mis puertas, mi herencia y mis generaciones bajo decreto celestial.

Declaro, conforme a Isaías 22:22, que toda puerta abierta por el enemigo es cerrada, y lo que Tú cierras, nadie puede abrir.

Recibo la restitución de:
Mi identidad como hijo del Reino.
Mi herencia espiritual legítima.
Mi propósito eterno diseñado en Tu libro (Salmo 139:16).
Mis generaciones restauradas y bendecidas.

Prometo caminar bajo el veredicto recibido:
Guardando mis caminos en santidad (2 Corintios 7:1).
Vigilando mi atmósfera espiritual cada día.
Extendiéndome hacia el propósito que has destinado para mí.
Administrando mi herencia como verdadero gobernador en Tu Reino.

Te exalto, Padre, porque solo Tú eres el Juez fiel, el Abogado perfecto, el Defensor eterno, y el Restaurador de destinos.

Hoy, bajo esta sentencia emitida en Tu Corte Celestial, declaro que mi vida queda sellada bajo Tu gobierno, mi territorio es asegurado,
y mi propósito es liberado para manifestar Tu gloria.

Todo esto lo oro, lo presento y lo recibo, en el nombre supremo de Jesucristo.

Amén y Amén.

Oración Adicional de Protección y Ejecución Judicial

Padre Santo, en este acto final de audiencia ante Tu Tribunal Celestial, declaro que toda sentencia favorable, toda restitución concedida, y toda restricción emitida queda sellada bajo Tu autoridad suprema.

Solicito ahora que, conforme al acta emitida en esta sesión judicial, sean despachados ángeles ejecutores, guerreros de Tu ejército celestial, para capturar y neutralizar todo espíritu, entidad, decreto, palabra maldita, pacto o asignación enviada contra mi vida, mi familia, mis generaciones, mi propósito, mi herencia, en el pasado, en el presente y en el futuro.

Pido en el nombre de Jesús:
Que todo lo que haya sido enviado con la misión de detenerme, oponerse, desviar, robar o destruir, sea ahora mismo arrestado, inmovilizado y llevado al abismo, sin retorno, sin reemplazo, y sin posibilidad de reorganización o represalia (Lucas 10:19).

Declaro que toda oposición queda neutralizada bajo el decreto del tribunal del Cielo.
Toda obra de las tinieblas queda disuelta y sin efecto.
Toda puerta abierta queda cerrada bajo el sello del Espíritu Santo (Isaías 22:22).

Y establezco solemnemente que el veredicto de esta audiencia:
Es sellado,
Es irrevocable,
Es ejecutado,
Y será plenamente manifestado en la tierra como en el Cielo.
Hecho está.
Consumado es. En el nombre del Señor Jesucristo, Amén y Amén.

Nota Final para el Lector

Si deseas profundizar aún más en la revelación sobre los tribunales celestiales, entender en mayor detalle los protocolos judiciales del Reino, y aprender cómo operar estratégicamente en las cortes del Cielo para liberar tu destino y herencia espiritual, te invito a buscar el libro complementario: "Tribunales del Cielo: Manual de Gobierno Espiritual" (de esta misma autora).

Además, en el Libro de Oraciones: Desbloqueando tu Destino en los Tribunales Celestiales, encontrarás oraciones extensas, guiadas y poderosas diseñadas específicamente para cada fase del proceso judicial celestial: desde la preparación de tu causa, la comparecencia formal, la solicitud de restitución, hasta el sellado y blindaje de tu herencia.

Estas herramientas adicionales te ayudarán a caminar con mayor claridad, legalidad espiritual y victoria en el Reino de Dios.

CAPÍTULO 6

RENUNCIANDO, CORTANDO Y SANANDO EL ALMA

RENUNCIANDO, CORTANDO Y SANANDO EL ALMA

“"Él restaura mi alma; me guía por sendas de justicia por amor de su nombre." Salmo 23:3

¿QUÉ ES EL ALMA Y CÓMO SE FRAGMENTA?

Para comprender por qué muchas personas no logran avanzar, a pesar de amar a Dios y tener un deseo genuino de obedecerle, es necesario entender qué es realmente el alma. El alma no es solo el asiento de las emociones, ni simplemente una “parte interna” abstracta.

“El cuerpo nos conecta con el mundo físico; el espíritu nos conecta con Dios; pero el alma es el puente entre ambos.”

Bíblicamente, el ser humano está compuesto de tres partes: espíritu, alma y cuerpo (1 Tesalonicenses 5:23). El cuerpo nos conecta con el mundo físico; el espíritu nos conecta con Dios; pero el alma es el puente entre ambos. Por eso es tan vulnerable al conflicto, tan sensible a las heridas y tan crucial en el proceso de restauración.

El alma tiene tres funciones fundamentales: la mente, la voluntad y las emociones.

— La mente es la sede del pensamiento, la memoria y la imaginación.

— La voluntad es el centro de las decisiones, la fuerza interior para accionar o resistir.
— Las emociones son la parte sensible que responde a los estímulos y experiencias de la vida.

Cuando estas tres áreas no están alineadas con el espíritu —es decir, cuando no están sujetas al diseño de Dios— el alma se convierte en un terreno caótico. Es como un sistema nervioso espiritual que ha perdido la conexión con su fuente y empieza a responder desde la herida, el miedo, el pecado o el trauma.
La Biblia habla de la restauración del alma.

"La ley de Jehová es perfecta, que convierte el alma"
(Salmo 19:7).

La palabra hebrea allí usada es shuwb, que significa restaurar, volver al estado original, reposicionar lo que ha sido desplazado. Esto nos da la clave: el alma fue diseñada para estar completa. El término griego holokleros (1 Tes. 5:23) significa "completo en todas sus partes, sin fragmentación". Y justamente eso es lo que el enemigo ha intentado destruir desde el principio: la integridad del alma.

La única parte del ser humano que puede ser fragmentada es el alma. No el espíritu, porque ha sido sellado por Dios. No el cuerpo, que puede enfermarse, pero no divide su esencia. Solo el alma puede romperse internamente y dejar parte de sí misma atrapada en experiencias pasadas, relaciones tóxicas, pactos emocionales, traumas, rechazos o dolores no sanados.

Esta fragmentación ocurre especialmente en la mujer. Estudios demuestran que las mujeres procesan el 66% de su mundo desde las emociones, mientras que los hombres lo hacen solo en un 33%. El cerebro de la mujer está diseñado para sentir con más profundidad, retener más emociones y recordar con mayor intensidad. Es por eso que el enemigo lanza ataques dirigidos a la estructura emocional femenina: pensamientos envenenados que contaminan las emociones, emociones contaminadas que enferman el cuerpo, y un alma dividida que ya no responde al Espíritu Santo, sino al dolor acumulado.

Cuando una emoción negativa entra —por ejemplo, el rechazo, la traición, el abandono, la culpa— y no se procesa con Dios, se convierte en una raíz de legalidad espiritual. Esa raíz se conecta con la mente (a través del pensamiento repetitivo), con las emociones (a través del descontrol emocional), y con la voluntad (a través de la pasividad o la reacción desmedida).

Esa raíz permite entonces que opere un espíritu inmundo. Primero entra el trauma, después la atadura, y por último el demonio. Así se construye una fortaleza desde dentro.

El alma fragmentada se convierte entonces en una estructura disfuncional. El pensamiento espiritual ya no se procesa con claridad. Las decisiones no se toman por dirección divina, sino por reacción emocional. Las emociones se desbordan, y las heridas se convierten en filtro para ver el mundo. En ese estado, la persona sigue funcionando externamente, pero internamente está fragmentada, disociada, desconectada de sí misma. Y lo peor: desconectada del gobierno del Espíritu.

Por eso este capítulo no es solo una lección emocional. Es una intervención espiritual. Porque si el alma no vuelve a su diseño original, seguirá saboteando todo lo que el espíritu intenta activar.

IDENTIFICANDO LAS SEÑALES, LOS DERECHOS Y EL TERRENO DE LA BATALLA

Muchas personas caminan por la vida sin saber que están cargando una parte de su alma fuera de lugar. No porque hayan tomado una decisión consciente de dividirse, sino porque en algún punto de su historia algo golpeó el alma con tanta fuerza —un trauma, una traición, un rechazo, un abandono— que parte de ella quedó anclada a ese momento.

Y aunque el tiempo pasó, aunque hubo nuevas etapas, aunque llegó incluso el perdón, el alma siguió respondiendo desde esa herida no resuelta. Esa es una de las manifestaciones más comunes de la fragmentación del alma: cuando una parte del alma está anclada al pasado, mientras el cuerpo sigue presente en el ahora.

¿Cómo se puede detectar? Hay síntomas claros. Personas que no pueden recordar con claridad partes de su historia. Otras que reaccionan con emociones desproporcionadas ante situaciones mínimas. Vidas que viven con ciclos repetitivos de tristeza sin explicación, miedo paralizante, pasividad espiritual, atracción hacia relaciones destructivas, apatía emocional o dobles perfiles emocionales: por fuera fuerte, por dentro quebrada.

Todo eso revela un alma fragmentada, un alma gobernada por una raíz invisible que sigue ejerciendo influencia desde adentro.

Y aquí es donde entra una de las revelaciones más poderosas: el alma puede ser un terreno de derecho legal espiritual. Esto quiere decir que si una emoción no fue sanada, el enemigo puede usarla como una pista de aterrizaje. Y desde ahí, reclamar legalidad para entrar, influenciar y oprimir. No necesitas haber hecho un pacto satánico para estar bajo ataque: solo basta con que no hayas perdonado, que no hayas confrontado, o que no hayas sanado. La omisión espiritual también es un derecho abierto.

"La omisión espiritual también es un derecho abierto."

Por eso, una persona puede vivir espiritualmente activa —servir, adorar, predicar— pero seguir siendo oprimida emocionalmente, porque hay una parte de su alma que no está bajo el gobierno del Espíritu Santo, sino bajo la influencia de un trauma no sanado. Esa parte del alma se convierte en receptor espiritual. Se describe claramente asi: el enemigo no opera solo como emisor, sino que necesita receptores. Y el alma herida funciona como uno. Es como una antena que capta la señal que le corresponde. Si hay un área de tu alma marcada por la mentira, el espíritu de mentira encontrará cómo entrar. Si hay una herida de rechazo, el espíritu de rechazo no necesitará puerta: encontrará un canal abierto.

Esto también puede ocurrir desde antes del nacimiento. El alma puede ser afectada desde el momento de la concepción, si alguno de los padres tenía heridas abiertas o ligaduras activas. Lo que no fue tratado espiritualmente en los padres, se transfiere como receptor espiritual al hijo. Y así nacen generaciones enteras predispuestas a batallas que no entienden, porque fueron sembradas desde el vientre.

Por eso, el alma es el campo de batalla real del Reino. No solo porque ahí se decide si se obedece a Dios o a la carne, sino porque el alma herida se vuelve inestable, y una casa dividida no puede permanecer. Cuando la mente piensa desde el miedo, cuando la voluntad reacciona desde el trauma, cuando las emociones responden desde la herida, el alma se convierte en un agente doble: por fuera dice "sí" al Espíritu, pero por dentro aún pertenece al pasado. Y así, muchos aman a Dios, pero siguen atados. Quieren avanzar, pero viven frenados. Buscan liberación, pero su alma aún pertenece a los acuerdos del ayer.

> **"Lo que fue dividido puede ser restaurado, y lo que fue contaminado puede ser limpiado."**

Pero la buena noticia es esta: lo que fue dividido puede ser restaurado, y lo que fue contaminado puede ser limpiado. Pero no ocurre solo por desearlo. Ocurre cuando el alma es confrontada, cuando se nombra lo que aún tiene acceso, cuando se remueven los receptores, cuando se cancela el derecho legal y se cede totalmente el gobierno del alma al Espíritu Santo.

ADN espiritual y herencia generacional

No todo lo que enfrentamos comenzó con nosotros. Hay batallas que no se explican por lo vivido, sino por lo heredado. Y en el mundo espiritual, así como existe una carga genética biológica, también hay un

ADN espiritual que transmite legalidades, estructuras y asignaciones familiares a través del linaje.

Cuando hablamos de "herencia genética espiritual", nos referimos a patrones de iniquidad y maldición que se transfieren en el alma a través del linaje familiar. Así como se hereda el color de ojos o una condición médica, también se puede heredar una inclinación hacia la adicción, la rebeldía, la promiscuidad, el ocultismo, el rechazo o el abandono. Estas herencias no son visibles, pero se manifiestan en conductas repetitivas, emociones incontrolables y bloqueos persistentes que no tienen explicación lógica, así como hemos visto en capítulos anteriores.

El alma puede estar cargando instrucciones antiguas inscritas en su "código espiritual": voces que no comenzaron contigo, pero que te hablan como si fueran tuyas. Frases internas como "no puedo avanzar", "siempre me pasa lo mismo", "esto viene de familia", "no sé por qué reacciono así", suelen ser evidencia de un ADN espiritual alterado.

La Biblia habla de estas herencias cuando dice:

"Nuestros padres pecaron, y han muerto; y nosotros llevamos su castigo." (Lamentaciones 5:7)

"Visito la maldad de los padres sobre los hijos hasta la tercera y cuarta generación..." (Éxodo 20:5)

No se trata de un castigo arbitrario, sino de principios legales del mundo espiritual. Si hay una deuda abierta, una puerta no cerrada, una línea sin redención, el enemigo tiene derecho a seguir operando. Por eso, aunque ames a Dios, si no has identificado y confrontado tu herencia espiritual, puede que sigas caminando bajo instrucciones que no son tuyas.

Cuando el alma recibe la influencia de un ADN espiritual contaminado, empieza a desarrollar comportamientos que repiten ciclos, aún sin desearlo. Eso no significa que estás condenado, significa que hay un derecho que debe ser revocado y un linaje que debe ser redimido.

Jesús no solo murió por tus pecados personales. Murió para redimir tu historia completa, tu linaje, tu ADN. Por eso, la cruz tiene el poder no solo de salvarte, sino de cambiar tu código espiritual, anular los pactos familiares, limpiar la memoria del linaje, y restaurar el propósito original de tu sangre.

Hay cosas que no comenzaron contigo, pero terminarán contigo.

> **"Hay cosas que no comenzaron contigo, pero terminarán contigo."**

Tú puedes ser el eslabón que corta la cadena.
Tú puedes ser el que diga: "conmigo se rompe esto."
Tú puedes ser el redentor de tu casa.
Y tu alma será el terreno donde esa victoria comience.

Los personajes que el alma crea para sobrevivir

Cuando el alma no ha sido sanada, no se queda pasiva. Se adapta. Se defiende. Y para sobrevivir, se fragmenta.

Esa fragmentación no es aleatoria ni casual. Ocurre en momentos de trauma, abandono, abuso, vergüenza o dolor profundo, cuando la experiencia es tan fuerte que la mente no puede procesarla y el alma decide aislarla para no colapsar.

Esa parte del alma queda atrapada emocionalmente en ese instante y, con el paso del tiempo, se convierte en un "rol" que la persona asume como parte de su personalidad.

Pero no es personalidad. Es supervivencia.

Así surgen los "personajes del alma", versiones de ti mismo/a que no fueron diseñadas por Dios, sino construidas por la herida. No son demonios, son estructuras de protección. Máscaras. Capas. Muros.

Y aunque parecen ayudarte, en realidad te desconectan de tu diseño original. Estos son algunos ejemplos:

— La fuerte que no llora: aprendió que mostrar dolor es peligroso, así que lo esconde todo bajo dureza, autosuficiencia o control.
— El complaciente: se olvidó de sí mismo para evitar el rechazo. Dice "sí" a todo porque teme no ser amado si pone límites.
— La espiritual perfecta: se refugia en la religión para evitar enfrentarse a su humanidad rota. Está siempre ocupada "haciendo cosas para Dios", pero por dentro está vacía o triste.
— El que se aísla: aprendió que estar cerca es igual a ser lastimado, así que vive con una barrera invisible de desconfianza constante.
— La manipuladora emocional: utiliza el control, el drama o el silencio para retener vínculos, porque tiene miedo de ser abandonada.

Cada uno de estos personajes tiene su origen en un punto de quiebre del alma. Ese punto fue real, profundo y doloroso, pero no define tu identidad. Define el momento donde parte de tu alma quedó anclada, y desde allí empezaste a responder a la vida. Dios no te diseñó para actuar desde tu dolor, sino desde tu diseño.

> **"Dios no te diseñó para actuar desde tu dolor, sino desde tu diseño."**

El problema es que mientras estos personajes estén activos, el alma sigue funcionando desde el trauma, no desde la redención. Sigues viviendo como esclavo de una emoción antigua. Y aunque por fuera te veas estable, incluso espiritual o funcional, por dentro estás dividida/o.

Y aquí hay una verdad espiritual clave:

— Dios no puede sanar lo que sigues escondiendo detrás de tu personaje.

— Él no unge máscaras. No unge roles de supervivencia. Él unge la verdad.

Por eso, parte del proceso de restauración del alma es quitar las capas, dejar caer el disfraz emocional, y permitir que el Espíritu Santo toque la parte real, frágil, original de ti. Esa que no supo cómo sobrevivir sin romperse, pero que Dios quiere redimir para levantar.

El propósito eterno no puede manifestarse desde una versión alterada de ti. Solo puede fluir cuando el alma se alinea al diseño original.

RESTARURACION, REEDUCANDO Y LLENURA

La sanidad del alma no se completa solo con cortar las ligaduras o cerrar las puertas del pasado. Es necesario reeducar el alma.

¿Por qué? Porque el alma ha aprendido a sobrevivir desde estructuras disfuncionales. Ha vivido por años bajo pensamientos, emociones y decisiones formadas desde la herida. Si no se reentrena, volverá a operar en automático, activando los viejos programas que el enemigo dejó instalados.

Una vez que el alma es liberada y restaurada, debe ser enseñada a caminar desde la verdad, no desde la emoción; desde el diseño, no desde la costumbre; desde el Espíritu, no desde la carne.

El alma necesita ser discipulada. Y eso ocurre cuando conscientemente se activan tres disciplinas restauradoras:

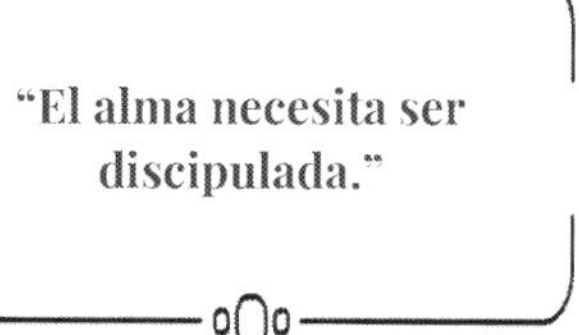

— Reeducar la mente: pensamientos que sanan
La mente es la entrada de todo. Si la mente no se renueva, la sanidad se pierde. Por eso la Biblia dice:

"Transformaos por medio de la renovación de vuestro entendimiento." (Romanos 12:2)

Debes aprender a identificar los pensamientos que venían del viejo sistema y reemplazarlos con la

Palabra. No basta con dejar de pensar mal: hay que pensar lo que Dios piensa.

Crea una lista de verdades bíblicas sobre tu identidad, tu valor, tu herencia y tu propósito. Léelas en voz alta cada mañana. Escríbelas donde puedas verlas. Cada vez que el pensamiento antiguo intente volver, responde con la verdad escrita.

— Restaurar la voluntad: decisiones que liberan

Tu voluntad fue usada muchas veces para elegir lo que te destruía, o para ceder ante lo que no venía de Dios. Ahora debe ser reposicionada como fuerza espiritual que te conecta con el propósito. Dile a tu voluntad: "Ya no eres esclava de mis emociones, ahora eres aliada del Espíritu."

Empieza con decisiones pequeñas pero firmes:

- Poner límites donde antes cedías.
- Elegir el silencio cuando antes reaccionabas.
- Levantarte temprano a orar cuando antes postergabas.
- Decidir perdonar cada día, aunque no sientas ganas.
- La voluntad restaurada no se mueve por lo que siente, sino por lo que cree.

— Redirigir las emociones: sentir desde el diseño

Dios no quiere que suprimas tus emociones, sino que las redimas.

Tus emociones fueron creadas para adorar, para discernir, para disfrutar lo bueno y resistir lo malo. Pero el trauma las contaminó.

Ahora, tras la sanidad, debes enseñar a tu alma a sentir otra vez, pero desde el Espíritu.

- Permítete llorar delante de Dios. Permítete celebrar la libertad.
- No niegues lo que sientes, pero no lo conviertas en tu dirección.
- Las emociones deben ser escuchadas, pero el Espíritu debe tener la última palabra.
- El alma debe ser gobernada, no ignorada.

La restauración completa ocurre cuando el alma se somete al gobierno del Espíritu, pero también se forma con disciplina espiritual. Leer la Palabra, hacer ejercicios de identidad, declarar con la boca, escribir lo que estás sintiendo y alinearlo con la verdad: todo eso es parte del discipulado del alma.

Dios no quiere que seas fuerte por defensa. Quiere que seas fuerte por convicción. Y eso solo se logra cuando el alma es nutrida, guiada y reformada bajo la verdad eterna.

La sanidad del alma es un milagro, pero la reeducación del alma es un entrenamiento. Y tú puedes comenzarlo hoy.

Corte, restauración y llenura

La sanidad del alma no es solo una experiencia emocional. Es una transacción legal en el mundo espiritual. Porque así como el enemigo entra por puertas abiertas a través de heridas, traumas o palabras maldichas, también opera por derechos legales que se le han cedido. Por eso, para que el alma sea verdaderamente restaurada, no basta con pedir perdón. Es necesario ir a la raíz, revocar el permiso, cortar la ligadura, y sellar la puerta.

Cada vez que una parte del alma se fragmenta, esa zona queda vulnerable. Si no es sanada, el enemigo lo toma como terreno disponible. A esto se le llama "derecho legal". Puede entrar porque no ha sido desalojado. Puede operar porque nadie lo ha enfrentado. Por eso muchas personas, aunque oran, siguen atadas a ciclos que no logran romper. No es falta de fe, es falta de corte legal. Aún hay algo que no ha sido renunciado, algo que no ha sido confrontado con verdad.

La restauración del alma comienza cuando uno reconoce la raíz de esa atadura, la presenta ante Dios como evidencia, y declara con autoridad: "Hoy se revoca todo permiso. Hoy se corta todo derecho. Hoy mi alma vuelve a su dueño original." Este acto de corte no es psicológico, es espiritual. Es un acto de juicio santo en los Tribunales del Cielo, donde se cierra el caso y se anula la acusación.

"La restauración del alma comienza cuando uno reconoce la raíz de esa atadura."

Pero luego del corte, viene una segunda etapa crucial: la restauración. Porque una vez que el enemigo se va, deja un vacío. Un espacio que antes gobernaba y que ahora está disponible. Si no se llena con la verdad, con la presencia, con la Palabra, el enemigo puede regresar con más fuerza. Por eso la Biblia dice:

"Y cuando regresa, si la casa está barrida y vacía..."
(Mateo 12:44).

La clave no es solo barrer, es llenar.

Aquí entra el principio espiritual de sustitución: lo malo se reemplaza con lo bueno; lo contaminado, con lo santo; lo oscuro, con la luz. Cuando Jesús te liberta, no te deja vacío: te llena con Su Espíritu, Su Palabra, Su paz. Y tú debes asumir esa parte del proceso. Debes llenar tu mente con verdad, tu voluntad con convicción, tus emociones con adoración. El alma no puede quedar en blanco. Debe ser reprogramada con la frecuencia del cielo.

El alma restaurada es un alma que ha sido devuelta a su propósito original. Un alma que vuelve a ser aliada del espíritu, no instrumento del enemigo. Una alma que ya no responde desde el dolor, sino desde la redención. Una mente que ya no teme, sino que discierne. Una voluntad que ya no se rinde ante el pecado, sino que se activa por la fe. Una emoción que ya no se desborda, sino que adora.

Por eso este proceso no termina en una oración. Comienza con una decisión: renunciar, cortar, restaurar y llenar. Esa es la ruta bíblica. Esa es la ruta segura. Y ese es el llamado para quien quiera vivir libre no solo de palabra, sino de verdad.

"Por eso este proceso no termina en una oración. Comienza con una decisión."

Oración legal, restitución y activación.

Una vez que la verdad ha sido revelada, la autoridad debe ser ejercida. El alma no puede quedarse solo con diagnóstico. Tiene que pasar al juicio santo, al corte legal donde todo espíritu, emoción o pensamiento que había tomado control es presentado ante el Juez de toda la tierra y removido con fundamento. Lo que no se confronta legalmente, sigue operando espiritualmente.

Cuando se cortan las ligaduras y se revocan los derechos del enemigo, se activa la restitución. Porque no solo estamos llamados a deshacernos del dolor, sino a recuperar lo que se perdió. El enemigo robó paz, claridad, dignidad, identidad, y parte del propósito. Pero todo lo que fue retenido ilegalmente en el alma debe volver al diseño original. Y eso comienza con una oración. No una oración emocional, sino una comparecencia en el Tribunal del Cielo.

Este capítulo ha sido un inicio poderoso en el proceso de restauración interior. Pero si sientes que necesitas ir más allá, quiero invitarte a explorar el libro Sanidad del alma: un camino de restitución y verdad, donde abordamos con mayor profundidad las heridas emocionales, las estructuras internas, y las estrategias del Reino para restaurar completamente la mente, la voluntad y las emociones. Si este capítulo te habló, ese libro fue escrito para ti.

RESUMEN DEL CAPÍTULO

Este capítulo ha sido una cirugía espiritual para el alma. No una terapia emocional, sino un proceso de restitución legal, una reestructuración del diseño, un regreso al propósito. La sanidad del alma no comienza en las emociones, comienza en la verdad. Porque mientras el alma esté gobernada por el dolor, la voluntad seguirá sujeta a lo que el enemigo sembró. Pero cuando el alma vuelve a ser gobernada por el Espíritu, todo comienza a alinearse con el cielo.

Aprendimos que el alma fue diseñada con mente, voluntad y emociones, y que cada una de estas áreas puede ser fragmentada si no están sujetas al espíritu. Que el alma se divide cuando las heridas no se procesan con Dios, y que el enemigo utiliza esas fracturas como puntos de acceso para establecer dominio, opresión y confusión. Vimos cómo los traumas, abusos, abandonos, pactos, traiciones y hasta frases pronunciadas desde el dolor pueden abrir legalidades espirituales profundas.

Pero también aprendimos a identificar esas zonas, a nombrarlas, a revocar el permiso del enemigo, a cortar con autoridad, y a llenar con la Palabra, la verdad y la presencia del Espíritu Santo. Porque el alma vacía es una casa disponible. Pero el alma llena de luz, de orden y de propósito se convierte en una fortaleza celestial.

Este capítulo te ha dado herramientas para:

- Entender tu diseño interior
- Diagnosticar tus zonas de fragmentación
- Cortar las ligaduras que aún gobernaban tu voluntad
- Activar tu restitución como hijo o hija de propósito

Y lo más importante: te ha devuelto las llaves para que camines no desde la herida, sino desde la verdad.

ACTIVIDADES POR HACER

1. Identificación de fragmentos del alma
Haz una lista de momentos, personas o experiencias donde sentiste que una parte de tu alma quedó atrapada. Pregunta al Espíritu Santo: "¿Qué parte de mí se quedó allí? ¿Qué debo recuperar hoy?" Escribe con sinceridad.

2. Frases internas que debes cancelar
Anota frases que hayas dicho o repetido interiormente que revelan una estructura emocional dañada. Ejemplos: "No volveré a confiar", "Siempre me dejan", "No puedo", "Todo lo arruino." Luego, escríbelas en un papel aparte y haz un acto profético de corte: rómpelo o quémalo como símbolo de libertad.

3. Escritura legal
Redacta una declaración espiritual personal en la que cortes toda ligadura emocional, mental y espiritual con lo que te mantenía atado/a.
Ejemplo: "Hoy corto con la tristeza heredada, con el miedo que me paraliza, con las memorias que me detienen. Hoy declaro que mi alma vuelve a mí, restaurada y llena de gloria."

4. Llenura dirigida
Luego de cada oración de corte o liberación, escribe una lista de verdades bíblicas que afirmarás cada mañana. Declaralas por 7 días seguidos.
Ejemplo: "Tengo la mente de Cristo", "Soy completo/a en Él", "Dios me ha dado dominio propio", "No soy rehén del pasado, soy herencia viva del Reino."

5. Espacios de sanidad con Dios
Aparta 15 minutos diarios para estar a solas con Dios y escribir lo que Él te revela sobre tu alma.
Pregúntale: "¿Qué debo sanar aún? ¿Qué áreas no te he entregado? ¿Dónde sigo actuando desde la herida y no desde la verdad?"

ORACIÓN FINAL

Padre Santo, Dios Justo, hoy vengo ante Tu Tribunal como hija/hijo que ha sido llamado al destino eterno que escribiste sobre mí desde antes de que existiera el tiempo. No vengo desde mi fuerza ni mi justicia, sino cubierto/a por la Sangre de Jesús, quien es mi abogado, mi restaurador y mi defensor fiel.

Hoy me presento para clamar por sanidad y restitución total del alma. Reconozco que por años he vivido con partes de mí atrapadas en el pasado, en el dolor, en palabras que me marcaron, en vínculos que me fragmentaron, en traumas que no pude entender. Confieso que mi alma fue golpeada, dividida, desalineada y que, desde esa herida, construí personajes para sobrevivir.

Pero hoy ya no quiero sobrevivir. Quiero ser restaurado/a.
Renuncio a toda estructura emocional, mental y espiritual que no fue diseñada por Ti.

Renuncio a los personajes que construí para protegerme: la fuerte que no llora, el complaciente que dice "sí" por miedo, la autosuficiente que nunca pide ayuda, el aislado que no confía, el espiritual que oculta su vacío con actividad. Hoy decido dejar caer esas máscaras. Hoy dejo de actuar desde la defensa y me entrego a la redención.

Renuncio también a toda emoción contaminada que mantuvo abierta una puerta:

- Renuncio al miedo, al rechazo, a la tristeza escondida, a la ira no resuelta, al silencio del alma.
- Renuncio al pensamiento repetitivo, a la mentalidad de víctima, a la voz que me decía que no valgo, que no puedo, que siempre voy a fracasar.

Hoy desactivo todo receptor espiritual instalado por el enemigo.
Declaro que mi alma ya no es terreno de operación del reino de las tinieblas.
Declaro que mi alma vuelve a ser gobernada por el Espíritu Santo.

Ahora, en el nombre de Jesús, corto toda ligadura emocional, mental y espiritual con personas, momentos, palabras, experiencias y estructuras que mantuvieron parte de mi alma cautiva.

Rompo con memorias activas que generaban dolor, confusión, tristeza o deseo de retroceso.
Yo, ________________ (di tu nombre), declaro:
Que toda parte de mi alma que quedó en el pasado, vuelve a mí ahora mismo.

Que todo fragmento que fue atrapado por un trauma, una relación, una herida o un miedo, regresa a mí restaurado y cubierto por la sangre de Jesús.
Que todo pacto emocional, verbal o espiritual hecho desde la necesidad, el deseo o el abandono, queda roto y sin efecto legal.

Ahora me presento delante de Ti, Dios de justicia, y reclamo la restitución de mi ADN espiritual.
Cancelo toda línea de iniquidad heredada, toda programación del alma transmitida por generaciones, todo código de fracaso, desviación, trauma, confusión, adicción o autodestrucción.

Declaro que mi código espiritual es reescrito hoy con la tinta de la Sangre del Cordero.
Mi alma ya no está bajo la influencia de mi linaje humano caído, sino bajo el diseño del Reino eterno.
Padre, restaura ahora mi voluntad.
Devuélveme la capacidad de decidir desde la libertad.
Devuélveme el gozo de obedecer sin miedo.
Devuélveme la fuerza para decir no, para resistir, para avanzar.
Restaura mi mente.
Que mis pensamientos ahora sean instruidos por la Palabra.
Que mi imaginación sea consagrada al Reino.
Que todo pensamiento de derrota sea expulsado.
Restaura mis emociones.
Que ya no respondan desde la herida, sino desde la adoración.
Que ya no me saboteen, sino que me impulsen a amar, a construir, a creer.

Y ahora, llena mi alma con Tu presencia.
No quiero una casa vacía.
No quiero una alma barrida pero sin propósito.
Quiero ser lleno/a del Espíritu Santo.
Quiero ser entrenado/a por Tu verdad.

Quiero caminar no desde el pasado, sino desde el propósito.

Por eso decreto con mi boca y desde mi espíritu:
Soy completo/a.
Soy restaurado/a.
Soy reposicionado/a.
Mi alma ya no responde al dolor, sino al Espíritu.
Mi mente ya no repite el trauma, sino la verdad.
Mi voluntad ya no cede a la carne, sino que obedece al diseño.
Mis emociones ya no se derraman en heridas, sino en gloria.

Y ahora declaro una nueva temporada sobre mi vida:
Desde hoy, mi alma será nutrida, no manipulada.
Será gobernada, no confundida.
Será aliada del Espíritu, no esclava del pasado.
Y caminaré en mi propósito eterno como hijo/hija de Reino.

En el nombre de Jesús, lo oro, lo decreto, y lo sello.
¡Amén, amén y amén!

CAPÍTULO 7

LIBERANDO TU GENERACIÓN Y TU LINAJE

LIBERANDO TU GENERACIÓN Y TU LINAJE

"El que rescata del hoyo tu vida, el que te corona de favores y misericordias." Salmo 103:4

INTERCESIÓN GENERACIONAL

La historia bíblica revela una verdad espiritual contundente: las generaciones están espiritualmente conectadas. Las acciones, pactos, pecados, iniquidades y actos de fe cometidos por una generación no mueren con ella, sino que abren portales de bendición o maldición que afectan a sus descendientes. Esta dimensión del Reino espiritual exige que el creyente maduro comprenda su responsabilidad no solo sobre su propia vida, sino también sobre las líneas de sangre de las cuales procede y las generaciones que le sucederán.

La intercesión generacional no es una opción para quienes desean cortar los ciclos de destrucción y abrir herencias de propósito eterno. Es una demanda espiritual basada en el principio de representación legal ante el Tribunal Celestial. Así como el pecado de Adán afectó a toda la humanidad (Romanos 5:12), y como la obediencia de Cristo trajo redención a todos los que creen (Romanos 5:19), también nuestras acciones espirituales tienen el poder de perpetuar o interrumpir patrones espirituales heredados.

Éxodo 20:5 lo declara claramente:

"No te inclinarás a ellas ni las honrarás; porque yo soy Jehová tu Dios, fuerte, celoso, que visito la maldad de los padres sobre los hijos hasta la tercera y cuarta generación de los que me aborrecen."

Este principio espiritual demuestra que el pecado no confesado y no tratado crea un registro legal que autoriza al enemigo a operar en las generaciones futuras. No se trata solo de genética física; se trata de genética espiritual: de legados de inequidad, de palabras malditas, de votos satánicos, de sangre derramada injustamente.

La intercesión generacional, entonces, actúa como un acto de representación legal en los tribunales del Reino. El intercesor se presenta no solo para pedir bendición para su vida personal, sino para confesar, renunciar, cancelar y reconstruir líneas enteras de herencia. Tal como hizo Daniel, quien confesó los pecados de su pueblo como propios para obtener misericordia colectiva (Daniel 9:4-19).

Lamentaciones 5:7 resume esta herencia espiritual negativa cuando declara:

"Nuestros padres pecaron, y han muerto; y nosotros llevamos su castigo."

Esta es la razón profunda por la cual oraciones emocionales superficiales no rompen ciclos generacionales: porque el enemigo opera sobre bases legales que deben ser revocadas judicialmente. No basta pedir bendición. Es necesario confrontar las iniquidades ancestrales, cancelar las transgresiones heredadas y purificar las atmósferas espirituales que cargan peso de generaciones pasadas.

Cada familia tiene una historia espiritual: pactos antiguos, prácticas ocultas, injusticias no resueltas, abortos, abusos, idolatrías, alianzas impuras. Muchos creyentes ignoran que su presente está condicionado por esas realidades espirituales que no fueron confrontadas. Como dice Proverbios 26:2:

"Como el gorrión en su vagar, y como la golondrina en su vuelo, así la maldición nunca vendrá sin causa."

Esto significa que toda maldición activa tiene un origen legal que debe ser detectado y anulado.

Cuando una persona se levanta en intercesión generacional estratégica, actúa como un abogado de su familia espiritual ante el Trono de Justicia.

> **"Cuando una persona se levanta, actúa como un abogado de su familia ante el Trono de Justicia."**

Presenta confesión, presenta renuncia, presenta evidencia de la sangre de Cristo, y reclama sentencias de liberación, restitución y bendición para su linaje.

La Escritura ofrece ejemplos poderosos de transformación generacional:

- — Noé fue el intercesor de su generación, salvando su familia del juicio universal (Génesis 7:1).
- — Abraham intercedió por generaciones, asegurando herencias que no vería en vida pero que se manifestarían siglos después (Génesis 17:7-8).

— Job ofrecía sacrificios e intercesión continua por sus hijos, temiendo que hubieran pecado en sus corazones (Job 1:5).

Estos ejemplos revelan que el futuro espiritual de una familia no es inevitable: puede ser reescrito por un intercesor consciente de su autoridad espiritual.

La intercesión generacional no es solo un acto de súplica: es un acto de guerra legal, de representación espiritual, de reconstrucción de destinos. Cuando un creyente intercede judicialmente por su generación, no está simplemente pidiendo misericordia; está reescribiendo la historia espiritual de su linaje ante el tribunal del Juez Supremo.
Ezequiel 22:30 revela el dolor de Dios cuando no encuentra intercesores que levanten vallado por su tierra:

"Y busqué entre ellos hombre que hiciese vallado y que se pusiese en la brecha delante de mí a favor de la tierra, para que yo no la destruyese; y no lo hallé."

Esta es una de las razones por las cuales muchas familias se desmoronan generación tras generación: porque nadie se levanta en la brecha para cerrar legalidades, para levantar un vallado de justicia, para interceptar el ciclo de destrucción.

La intercesión generacional no solo limpia el pasado, sino que asegura el futuro. Es la forma de transferir una herencia de bendición a los hijos y nietos, conforme a la promesa dada a Abraham:

"Y en tu simiente serán benditas todas las familias de la tierra." (Génesis 12:3)

Un intercesor generacional eficaz comprende que:

- — Cada confesión rompe ataduras invisibles.
- — Cada acto de renuncia cancela un derecho de operación del enemigo.
- — Cada aplicación de la sangre de Cristo limpia archivos espirituales antiguos.
- — Cada decreto profético construye caminos de bendición para la descendencia.

Interceder generacionalmente implica también actuar con revelación espiritual. No todas las herencias son visibles a simple vista. Muchas veces el Espíritu Santo debe revelar, en tiempo de oración profunda, las raíces ocultas: pactos realizados en generaciones anteriores, cultos idolátricos secretos, actos de injusticia, pactos de sangre, asesinatos, violencias, perversiones que, aunque olvidados por los hombres, permanecen vigentes en los registros espirituales.

> **"Uno de los principios fundamentales para la intercesión generacional estratégica es permitir que el Espíritu Santo actúe."**

Por eso, uno de los principios fundamentales para la intercesión generacional estratégica es permitir que el Espíritu Santo actúe como el Abogado revelador, trayendo a la memoria y al corazón las causas específicas que deben ser tratadas. Juan 16:13 nos lo promete:

"Pero cuando venga el Espíritu de verdad, él os guiará a toda la verdad; porque no hablará por su propia cuenta, sino que hablará todo lo que oyere, y os hará saber las cosas que habrán de venir."

Sin la revelación espiritual, la intercesión generacional corre el riesgo de ser general, superficial y sin impacto verdadero.

La operación espiritual correcta debe incluir:

- — Preguntar al Espíritu Santo cuál es la raíz de maldiciones o ciclos familiares.
- — Confesar y representar legalmente los pecados e iniquidades ancestrales.
- — Renunciar y anular toda herencia de maldición mediante la sangre de Jesús.
- — Decretar la activación de propósitos eternos sobre las generaciones presentes y futuras.

Esta es la verdadera guerra espiritual por las generaciones: una batalla judicial donde el creyente actúa no solo como guerrero, sino como abogado espiritual, presentando caso por caso ante el Juez Supremo, derribando argumentos, revocando sentencias antiguas, y asegurando la restitución de herencias divinas. Como dice Isaías 59:21:

"Y este será mi pacto con ellos, dijo Jehová: El Espíritu mío que está sobre ti, y mis palabras que puse en tu boca, no faltarán de tu boca, ni de la boca de tus hijos, ni de la boca de los hijos de tus hijos, dijo Jehová, desde ahora y para siempre."

Interceder generacionalmente es asegurar que el Espíritu de Dios y Su Palabra fluyan no solo en nuestra vida, sino en nuestra simiente por generaciones eternas.

TRANSGRESIÓN, PECADO E INEQUIDAD

TRANSGRESIÓN

La transgresión es una de las categorías más graves dentro del mundo espiritual. Mientras que el pecado puede ser el resultado de debilidad humana o ignorancia, la transgresión implica un acto consciente de rebelión contra los mandamientos divinos. Es la violación deliberada de los límites establecidos por Dios, sabiendo que se están quebrantando.

La palabra "transgresión" en hebreo es peshá, que significa "rebelarse", "revolverse en contra", "romper una alianza o pacto". En el griego, se usa parábasis, que literalmente quiere decir "cruzar una línea establecida".

Por tanto, el transgresor no cae simplemente por tentación:
el transgresor sabe lo que hace y decide voluntariamente desafiar la voluntad divina.

> **"El transgresor sabe lo que hace y decide voluntariamente desafiar la voluntad divina."**

— La gravedad espiritual de la transgresión
La transgresión tiene una gravedad especial porque rompe el principio de pacto entre Dios y el ser humano. Cada vez que un hombre o una mujer transgrede, está:

- Rompiendo un contrato espiritual,
- Deshonrando la santidad de Dios,
- Entregando derechos legales al enemigo,

- Perdiendo protección y cobertura celestial.

Isaías 59:1-2 declara:

"He aquí que no se ha acortado la mano de Jehová para salvar, ni se ha endurecido su oído para oír; pero vuestras iniquidades han hecho división entre vosotros y vuestro Dios, y vuestros pecados han hecho ocultar de vosotros su rostro para no oír."

La transgresión provoca un efecto jurídico en el cielo:
se activa la división, el silencio y la pérdida de protección.

— Transgresión como rebelión consciente
A diferencia del pecado ocasional, la transgresión implica consciencia plena. Es como un ciudadano que, sabiendo la ley, decide cruzar los límites establecidos, desafiando la autoridad.

Este nivel de rebelión es ilustrado en 1 Samuel 15, en el caso del rey Saúl. Dios le ordenó destruir por completo a los amalecitas, pero Saúl, aunque oyó claramente la instrucción divina, decidió hacer lo que él pensaba que era mejor, perdonando al rey Agag y guardando el botín.

La respuesta de Dios fue inmediata y contundente:

"Porque como pecado de adivinación es la rebelión, y como ídolos e idolatría la obstinación." (1 Samuel 15:23)

Dios no llamó a la acción de Saúl un simple error: lo llamó rebelión y idolatría. Cada vez que transgredimos a sabiendas, estamos diciendo en nuestro espíritu: "Yo sé lo que Dios dijo, pero yo decido hacer lo mío."

Eso es idolatría del yo, y abre una brecha espiritual seria.

— Cómo las transgresiones abren legalidades específicas

El mundo espiritual opera por principios jurídicos. Cada acto de transgresión consciente establece en los tribunales celestiales:

- Una acusación válida contra la persona,
- Un expediente de rebelión,
- Un derecho de acceso para el enemigo.

Salmo 107:10-11 lo muestra claramente:

"Algunos moraban en tinieblas y sombra de muerte, aprisionados en aflicción y en hierros, por cuanto fueron rebeldes a las palabras de Dios y aborrecieron el consejo del Altísimo."

La rebelión y la transgresión no solo afectan la relación espiritual; ponen a la persona bajo jurisdicción de tinieblas si no hay arrepentimiento genuino. No importa cuántas oraciones se hagan, o cuántos actos religiosos se realicen: si las transgresiones no son confrontadas y renunciadas, los derechos legales permanecen activos.

Ejemplos bíblicos de transgresión

- 1. Saúl
  Recibió orden específica (1 Samuel 15)
  Decidió actuar por su propio criterio,

Resultado: perdió el reino y la unción. Saúl es el arquetipo del transgresor que intenta justificarse en lugar de arrepentirse.

- 2. Israel en el desierto
  Después de ser liberados de Egipto, Israel transgredió repetidamente:
  Murmuraron contra Dios,
  Fabricaron un becerro de oro,
  Se negaron a entrar en la Tierra Prometida por miedo.

Hebreos 3:16-19 señala que debido a la transgresión, no pudieron entrar en su reposo.

Así, la transgresión cerró las puertas de propósito, bendición y destino.

— Consecuencias de la transgresión no arrepentida

Cuando la transgresión no es tratada adecuadamente:

- Se pierde acceso a nuevas dimensiones de bendición,
- Se abren puertas de destrucción emocional, espiritual y hasta física,
- El enemigo obtiene terreno legal para oprimir,
- Se transmite rebelión y desviación a las generaciones futuras.

La Biblia es clara: las transgresiones no arrepentidas afectan el linaje. Números 14:18 establece:

"Jehová, tardo para la ira y grande en misericordia, que perdona la iniquidad y la rebelión, aunque de ningún modo tendrá por inocente al culpable; que visita la iniquidad de los padres sobre los hijos hasta la tercera y cuarta generación."

La transgresión es la semilla silenciosa que, si no es arrancada, dará frutos de ruina en las generaciones futuras. Confrontar y renunciar hoy a toda transgresión consciente es asegurar la herencia gloriosa de mañana.

PECADO

Desde la perspectiva bíblica, el pecado no es simplemente un error moral ni una falla accidental; es una desviación real del estándar de santidad que Dios establece para el ser humano.
El pecado es errar al blanco, es decir, no alcanzar el propósito divino para el cual hemos sido creados.

La palabra "pecado" en hebreo es jatáah y en griego hamartía.
Ambas transmiten la idea de desviarse de una meta o no dar en el blanco. No es solo hacer lo malo, sino también no hacer lo correcto que Dios esperaba.
Romanos 3:23 resume esta verdad universal:

"Por cuanto todos pecaron, y están destituidos de la gloria de Dios."

El pecado, por tanto, no es únicamente la comisión de actos malvados; es la condición de haber perdido el diseño original de gloria, propósito y comunión con Dios.

— La naturaleza espiritual del pecado

> **"Cada pecado, grande o pequeño, produce un eco en el mundo espiritual."**

Pecar es mucho más que quebrantar una norma externa.
Es una ruptura interna del diseño espiritual del ser humano.
Cada pecado, grande o pequeño, produce un eco en el mundo espiritual:

- Cierra puertas de bendición,
- Deforma la identidad espiritual,
- Crea barreras de comunicación con Dios,
- Establece archivos de acusación en los tribunales celestiales.

Isaías 59:2 declara:

"Vuestras iniquidades han hecho división entre vosotros y vuestro Dios, y vuestros pecados han hecho ocultar de vosotros su rostro para no oír."

El pecado no solamente ofende a Dios; crea una separación real que solo puede ser restaurada a través del arrepentimiento y la obra redentora de Cristo.

— Pecados ocasionales versus patrones de pecado

Dentro de la dinámica espiritual, es importante distinguir entre:

- Pecados ocasionales: caídas aisladas producto de debilidad, ignorancia o falta de madurez espiritual.
- Patrones de pecado: conductas repetitivas que se convierten en

sistemas de esclavitud y deformación espiritual.

El pecado ocasional, aunque grave, puede ser rápidamente tratado mediante confesión y restauración inmediata.

Pero los patrones de pecado crean fortalezas internas que deforman el carácter, contaminan generaciones y otorgan derechos legales persistentes al enemigo. Jesús advirtió sobre los patrones de pecado en Juan 8:34:

"De cierto, de cierto os digo, que todo aquel que hace pecado, esclavo es del pecado."

El problema no es solo pecar una vez; el problema es vivir atrapado en un ciclo de pecado no confrontado, que se normaliza en la conciencia y la cultura personal.

— Cómo el pecado contamina la atmósfera espiritual personal y generacional

Cada pecado cometido no solo afecta la vida interior de quien lo realiza; también contamina:

- El ambiente espiritual de su entorno,
- Su descendencia,
- El legado espiritual de su linaje.

El pecado emite una "frecuencia espiritual" que:

- Atrae potestades de oscuridad,
- Deteriora la atmósfera espiritual familiar,
- Cierra oportunidades divinas,
- Deforma herencias espirituales.

Esto es visible en casos donde:

- Familias enteras experimentan ciclos de infidelidad,
- Hijos repiten patrones de violencia, engaño o ruina,
- El ambiente familiar se torna opresivo, pesado o depresivo, aunque externamente parezca "normal".

La contaminación espiritual no siempre se detecta a simple vista, pero sus frutos tarde o temprano se manifiestan en relaciones rotas, enfermedades crónicas, fracasos recurrentes y desviaciones de propósito.

— Ejemplos bíblicos de pecados que trajeron ruina

- 1. David con Betsabé: David, un hombre conforme al corazón de Dios, cometió un pecado grave al adulterar con Betsabé y asesinar a su esposo Urías (2 Samuel 11). Aunque David se arrepintió y fue perdonado, las consecuencias espirituales de su pecado fueron devastadoras:
  Violencia perpetua en su familia,
  Rebelión de su hijo Absalón,
  División en el reino.
  Su pecado no afectó solo su vida inmediata; dejó cicatrices generacionales que deformaron su linaje.

- 2. Judas Iscariote: Judas, uno de los doce apóstoles, cometió el pecado de traicionar a Jesús por treinta piezas de plata.

Su pecado no fue simplemente una mala decisión económica: fue una traición consciente al Ungido de Dios. Mateo 27:4-5 describe:

"Diciendo: Yo he pecado entregando sangre inocente. Mas ellos dijeron: ¿Qué nos importa a nosotros? ¡Allá tú! Y arrojando las piezas de plata en el templo, salió, y fue y se ahorcó."

El pecado de Judas no solo provocó su muerte física, sino su condenación espiritual eterna.

— Consecuencias espirituales del pecado no tratado

Cuando el pecado no es confrontado y sanado, genera:

- Endurecimiento progresivo del corazón,
- Oscurecimiento del entendimiento espiritual,
- Desviación progresiva del propósito divino,
- Transmisión de patrones corruptos a generaciones futuras,
- Activación de derechos de acusación en los tribunales celestiales.

Hebreos 3:13 advierte:

"Antes exhortaos los unos a los otros cada día, entre tanto que se dice: Hoy; para que ninguno de vosotros se endurezca por el engaño del pecado."

El pecado no confrontado siempre produce endurecimiento y autoengaño. La persona empieza a justificar su maldad, a normalizarla, y finalmente, a vivir de espaldas a Dios.

> **"El pecado no confrontado siempre produce endurecimiento y autoengaño."**

— El poder de la confesión y la restauración

Aunque el pecado tiene consecuencias devastadoras, la gracia de Dios ha provisto un camino de restauración. 1 Juan 1:9 declara:

"Si confesamos nuestros pecados, él es fiel y justo para perdonar nuestros pecados, y limpiarnos de toda maldad."

La confesión no es solo verbalizar; es:

- Reconocer la gravedad del pecado,
- Alinearse con el juicio de Dios sobre ese pecado,
- Abandonarlo y buscar restauración espiritual genuina.

El arrepentimiento sincero y la confesión estratégica no solo limpian la conciencia; restauran la conexión espiritual con Dios y rompen el ciclo de contaminación familiar.

El pecado que no se confronta hoy será la ruina que heredarán las generaciones de mañana. La confesión verdadera no solo libera al pecador, sino que purifica el legado de los que aún están por nacer.

INEQUIDAD

La inequidad es mucho más que una inclinación al mal. Es una distorsión profunda en la estructura espiritual heredada que contamina el ADN espiritual del linaje familiar. No es simplemente un acto aislado de rebelión, ni siquiera una suma de pecados personales, sino una deformación heredada que tuerce el diseño original de Dios para las generaciones.

> **"Distorsión profunda en la estructura espiritual heredada que contamina el ADN espiritual del linaje familiar."**

Dios mismo revela el impacto de la inequidad en Éxodo 34:7:

"Que guarda misericordia a millares, que perdona la iniquidad, la transgresión y el pecado; y que de ningún modo tendrá por inocente al culpable; que visita la iniquidad de los padres sobre los hijos y sobre los hijos de los hijos hasta la tercera y cuarta generación."

La inequidad, a diferencia del pecado personal, tiene un carácter transgeneracional. No desaparece con la muerte de quien la activó, sino que permanece latente en los registros espirituales del linaje, buscando manifestarse en las vidas de los descendientes si no es confrontada y cancelada judicialmente.

— ¿Qué es la inequidad desde la perspectiva bíblica?

La palabra hebrea para inequidad es "avón", que significa "torcer", "distorsionar", "deformar". Es un daño interno que afecta la conciencia, la voluntad y el propósito.

Mientras que el pecado es un acto, y la transgresión es una rebelión consciente, la inequidad es un estado espiritual deformado. Esta deformación se convierte en una plataforma espiritual donde el enemigo establece su operación legal sobre individuos y familias.

No se trata simplemente de "errores" humanos, sino de estructuras profundas en el ADN espiritual que empujan hacia patrones cíclicos de fracaso, destrucción, pecado o enfermedad.

David reconocía la existencia de esta estructura interna deformada en Salmo 51:5:

"He aquí, en maldad he sido formado, y en pecado me concibió mi madre."

Aquí, David reconoce que la maldad no era solamente sus actos de pecado, sino una condición espiritual interna que había heredado.

— Cómo opera la inequidad desde el ADN espiritual

Uno de los conceptos más poderosos sobre la inequidad es que se aloja en el ADN espiritual de las personas.

Así como el ADN físico transmite características genéticas, el ADN espiritual hereda tendencias, patrones emocionales y espirituales que fueron activados por generaciones anteriores.

La inequidad corrompe la información original que Dios depositó en el alma. Esta corrupción espiritual se manifiesta de generación en generación como:

- Atracción hacia los mismos tipos de pecado.

- Repetición de errores o fracasos familiares.
- Incapacidad para romper patrones destructivos a pesar de intentarlo.
- Bloqueo del cumplimiento de propósitos divinos.

Isaías 53:6 declara:

"Todos nosotros nos descarriamos como ovejas, cada cual se apartó por su camino; mas Jehová cargó en él el pecado de todos nosotros."

La referencia a "descarriarse" apunta a esa deformación interna que hace que el hombre naturalmente busque caminos de perdición si no hay intervención divina.

La inequidad en el ADN espiritual actúa como un virus latente:
Aunque no siempre es visible, está allí, esperando condiciones adecuadas para activarse. Situaciones de presión, crisis o vulnerabilidad emocional pueden "despertar" patrones de inequidad no confrontados.

Así, una persona puede amar a Dios, servir en la iglesia, ser íntegra en muchas áreas, y sin embargo ser perseguida interiormente por patrones que no logra romper, porque la raíz no es simplemente "pecado", sino inequidad no tratada.

— ADN espiritual y la herencia de la inequidad: una introducción a la genética espiritual

Cuando hablamos de inequidad, no podemos limitarla únicamente a actos externos o hábitos repetidos. La inequidad, como estructura espiritual, tiene la capacidad de impregnarse en el código mismo de nuestra existencia, afectando no solo la mente y el comportamiento, sino también las capas más profundas del ser: el espíritu y la herencia.

La Biblia deja entrever que hay un principio de transmisión espiritual que funciona como un ADN invisible, un registro que almacena no solo las características físicas, sino también inclinaciones morales, patrones de conducta, tendencias espirituales y deformaciones internas heredadas de generación en generación. El Señor declaró a Moisés:

"Jehová, Jehová, fuerte, misericordioso y piadoso... que guarda misericordia a millares, que perdona la iniquidad, la rebelión y el pecado; y que de ningún modo tendrá por inocente al malvado; que visita la iniquidad de los padres sobre los hijos y sobre los hijos de los hijos, hasta la tercera y cuarta generación." (Éxodo 34:6-7)

Este principio espiritual revela que los actos de una generación no quedan aislados: crean registros vivos que afectan a los descendientes, como si formasen parte de su composición espiritual.

"La inequidad inserta mutaciones en el ADN espiritual familiar."

En términos espirituales, podríamos decir que la inequidad inserta mutaciones en el ADN espiritual familiar, programando tendencias hacia la rebelión, el pecado o la desviación moral. Este "código de inequidad" puede permanecer latente o activarse dependiendo de factores internos y externos.

La ciencia moderna habla de la epigenética como la influencia que el ambiente, las experiencias y las decisiones ejercen sobre la expresión genética de un ser vivo. De manera similar, en el ámbito espiritual, las condiciones de vida, las decisiones, las atmósferas familiares y los pactos pasados activan o reprimen las codificaciones de inequidad heredada. Por eso, muchos creyentes, aún después de recibir a Cristo, siguen enfrentando batallas internas profundas que no comprenden del todo: no solo luchan contra actos conscientes de pecado, sino contra estructuras de inequidad alojadas en su diseño espiritual que deben ser identificadas, expuestas y desmanteladas en la autoridad del nombre de Jesús.

Entender el ADN espiritual de la inequidad es clave para comprender las luchas internas, las repeticiones generacionales, y la necesidad urgente de no solo pedir perdón por actos cometidos, sino de renunciar y cortar las codificaciones espirituales heredadas que contaminan la herencia divina.

A partir de aquí, profundizaremos en cómo funciona esta transmisión espiritual desde la perspectiva de la genética y la epigenética de la inequidad, y cómo podemos, en Cristo, sanar, restaurar y reprogramar nuestra línea de herencia para caminar en libertad y en la plenitud del diseño celestial.

— Cómo se fortalece la inequidad de generación en generación

La inequidad, una vez activada en una línea familiar, tiende a fortalecerse y evolucionar a través de las generaciones.

No solamente se hereda de forma pasiva, sino que se intensifica cuando los descendientes no confrontan la raíz, o incluso repiten o agravan los patrones establecidos.

La operación de la inequidad no es estática. Cada generación que no la confronta conscientemente le añade "peso" espiritual a la estructura deformada, haciéndola más robusta, más oscura, y más difícil de discernir o romper. Esto puede observarse bíblicamente en la línea de Caín:
La violencia de Caín no quedó en su acto de asesinato contra Abel. Generaciones después, su descendiente Lamec no solo fue violento, sino que se jactaba de su sed de venganza y su corrupción moral (Génesis 4:23-24).

Así, la inequidad:

- Se adapta: toma nuevas formas pero mantiene la raíz.
- Se extiende: contamina más áreas de la vida que las generaciones anteriores.
- Se oculta: aprende a disfrazarse bajo capas de cultura, tradición, o justificación emocional.
- Se arraiga: se convierte en parte de la identidad emocional del linaje.

Mateo 23:32 refleja este principio cuando Jesús confronta a los fariseos:

"Colmad vosotros la medida de vuestros padres."

Indicando que no solo heredaban las iniquidades de sus ancestros, sino que estaban a punto de perfeccionar esa deformación.

— Causas principales que activan la inequidad
La inequidad no aparece sin causa. Hay raíces profundas que abren la puerta a su operación. Algunas de las causas principales incluyen:

- 1. Idolatría

La idolatría —la adoración a otros dioses, imágenes, o cualquier cosa que ocupe el lugar de Dios— es una de las principales fuentes de inequidad generacional.
Éxodo 20:5 lo afirma claramente:

"Porque yo Jehová tu Dios soy Dios celoso, que visito la maldad de los padres sobre los hijos hasta la tercera y cuarta generación de los que me aborrecen."

El problema con la idolatría no es solo la imagen física, sino el traslado de la confianza, el amor y la adoración que deben ser exclusivamente para Dios hacia un objeto, una persona, una creencia o una entidad espiritual.

Cuando un pueblo se entrega a la idolatría, automáticamente abre portales de contaminación espiritual, cede derechos de gobierno en su territorio, y transfiere iniquidad a las generaciones. Por eso, Dios ordenó enfáticamente:

"No tendrás dioses ajenos delante de mí. No te harás imagen, ni ninguna semejanza..." (Éxodo 20:3-4).

El Señor advierte que la idolatría no es un acto ligero, sino una transgresión que provoca su celo y su justicia. Como dice el Salmo 115:4-8:

"Los ídolos de ellos son plata y oro, obra de manos de hombres. Tienen boca, mas no hablan; tienen ojos, mas no ven... Semejantes a ellos son los que los hacen, y cualquiera que confía en ellos."

Esto significa que quienes practican la idolatría no solo atraen juicio, sino que además deforman su propio ser, haciéndose espiritualmente insensibles e incapaces de discernir la verdad de Dios.

En regiones como Latinoamérica y Europa, donde la veneración de imágenes, vírgenes, santos y reliquias es parte de la cultura, esta raíz de inequidad ha mantenido generaciones enteras bajo estructuras religiosas que sustituyen la relación viva con Cristo por rituales vacíos y tradiciones humanas. La idolatría, lejos de ser un adorno cultural, es una esclavitud espiritual que debe ser confrontada y erradicada con la luz de la Palabra.

- 2. Derramamiento de sangre inocente

El asesinato, el aborto, el abuso físico que provoca muerte o trauma irreversible son puertas de inequidad terriblemente profundas. Números 35:33 declara:

"No contaminaréis, pues, la tierra donde estuviereis, porque la sangre amancilla la tierra, y la tierra no puede ser expiada de la sangre que se derramó en ella, sino por la sangre del que la derramó."

Además, Deuteronomio 19:10 refuerza el principio de responsabilidad sobre la sangre inocente:

"Para que no sea derramada sangre inocente en medio de la tierra que Jehová tu Dios te da por heredad, y no seas culpado de derramamiento de sangre."

La sangre derramada injustamente no desaparece en el ámbito espiritual. Clama desde la tierra por justicia (Génesis 4:10), y genera archivos legales que demandan reparación ante los tribunales del Cielo.

Si no se aplica arrepentimiento genuino y se solicita expiación a través de la sangre de Jesús, esos archivos quedan abiertos afectando generaciones enteras.

- 3. Perversiones sexuales

Actos de inmoralidad sexual repetidos en el linaje —fornicación, adulterio, abuso, incesto, violaciones— abren portales espirituales donde el enemigo establece derechos de operación sobre la semilla de las generaciones futuras. Levítico 18 detalla extensamente las prácticas sexuales prohibidas y sus consecuencias espirituales:

"Ninguno se allegue a parienta próxima alguna para descubrir su desnudez. Yo Jehová." (Levítico 18:6)

Asimismo, el apóstol Pablo advierte:

"Huid de la fornicación. Cualquier otro pecado que el hombre cometa, está fuera del cuerpo; mas el que fornica, contra su propio cuerpo peca." (1 Corintios 6:18)

Romanos 1:26-27 también describe el deterioro espiritual que resulta de las perversiones sexuales:

"Dios los entregó a pasiones vergonzosas; pues aun sus mujeres cambiaron el uso natural por el que es contra naturaleza, y de igual modo también los hombres, dejando el uso natural de la mujer, se encendieron en su lascivia unos con otros..."

La corrupción sexual no solo contamina el alma individual, sino que establece bases legales para ciclos de inmoralidad, vergüenza, enfermedad, y fragmentación espiritual en las futuras generaciones.

- 4. Pactos de sangre o de palabra

Pactos realizados por ancestros (a través de ocultismo, brujería, masonería, pactos satánicos) crean archivos legales donde se transfieren derechos de esclavitud espiritual sobre la descendencia. Isaías 28:15 denuncia estos pactos ocultos:

"Por cuanto habéis dicho: Pacto tenemos hecho con la muerte, e hicimos convenio con el Seol..."

Cuando no se renuncian y cancelan estos pactos, la descendencia queda atada a estructuras de muerte, fracaso y esclavitud espiritual.

- 5. Injusticias no restauradas

Negligencias, opresiones, fraudes, maldiciones lanzadas injustamente sobre otros crean desequilibrios espirituales que claman por juicio si no hay arrepentimiento y reparación.
Isaías 1:17 exhorta:

"Aprended a hacer el bien; buscad el juicio, restituid al agraviado; haced justicia al huérfano, amparad a la viuda."

Cuando la restitución no ocurre, se acumulan archivos de inequidad en el linaje que deben ser confrontados ante el tribunal de Dios.

— Tipos de inequidad: voluntaria, consciente, inconsciente

Cuando hablamos de inequidad, no estamos frente a un único tipo de corrupción interna, sino ante distintas formas en que el corazón humano se desvía de la voluntad de Dios. Estas formas tienen matices importantes, pues no toda inequidad se manifiesta de la misma manera ni tiene el mismo nivel de responsabilidad espiritual delante de los tribunales celestiales. Por eso es fundamental entender que existen tres grandes categorías de inequidad: voluntaria, consciente e inconsciente. Cada una de ellas revela no solo el estado del alma, sino también el tipo de reparación espiritual que será necesario ejecutar para la verdadera restauración del linaje.

- Inequidad Voluntaria

La inequidad voluntaria es aquella en la cual el ser humano elige deliberadamente caminar en la distorsión. Es una decisión intencionada de apartarse del diseño divino, aun sabiendo cuál es la verdad. No es ignorancia ni debilidad momentánea: es rebelión activa y premeditada.

Este tipo de inequidad es particularmente grave ante los ojos de Dios porque implica una insurrección consciente contra Su autoridad. Hebreos 10:26 advierte:

"Porque si pecáremos voluntariamente después de haber recibido el conocimiento de la verdad, ya no queda más sacrificio por los pecados."

Cuando una persona decide sostener iniquidades de manera voluntaria, otorga derechos espirituales al acusador para reclamar su vida y la de su descendencia en los tribunales celestiales. Esta transferencia legal no ocurre por accidente: es firmada espiritualmente mediante actos repetidos de rebelión abierta.

Un ejemplo bíblico de inequidad voluntaria es el caso del rey Acab. Aunque recibió advertencias proféticas claras, escogió persistir en su idolatría y corrupción, provocando juicio no solo sobre sí mismo, sino sobre su casa.

En el tratamiento espiritual de la inequidad voluntaria, no basta con una confesión superficial. Se requiere un proceso profundo de juicio espiritual, restitución, y ruptura de los pactos y derechos legales que se establecieron en el ámbito celestial.

- Inequidad Consciente

La inequidad consciente, aunque distinta de la voluntaria, también tiene peso espiritual significativo. Ocurre cuando una persona, aunque reconoce que algo no es correcto delante de Dios, decide tolerarlo, justificarlo o convivir con ello.
No se trata de una rebelión abierta, sino de una aceptación pasiva del mal. Es el "pequeño permiso" que el alma da al pecado estructural, creyendo erróneamente que mientras no sea grave, no tendrá consecuencias espirituales. Santiago 4:17 enseña:

"Y al que sabe hacer lo bueno, y no lo hace, le es pecado."

La inequidad consciente alimenta la deformación interna y fortalece patrones espirituales que afectan no solo al individuo, sino a toda su línea de sangre.

Un ejemplo bíblico de inequidad consciente es el sacerdote Elí. Aunque sabía del pecado de sus hijos en el templo, eligió no corregirlos adecuadamente. Su permisividad abrió una brecha espiritual que terminó en juicio sobre su casa (1 Samuel 2:22-36).

La inequidad consciente es particularmente peligrosa porque no siempre se percibe como malicia evidente; muchas veces se disfraza de negligencia, conformismo o miedo. Sin embargo, ante el tribunal celestial, el consentimiento pasivo sigue siendo legalidad activa a favor del acusador.

> **"Particularmente peligrosa porque no siempre se percibe como malicia evidente."**

La restauración de esta forma de inequidad implica despertar del letargo espiritual, confrontar lo que ha sido tolerado, y renunciar formalmente a toda iniquidad aceptada en silencio.
Inequidad Inconsciente

- Inequidad inconsciente

Es aquella que opera sin que la persona tenga plena conciencia de su existencia o gravedad. Es heredada a través de generaciones por prácticas, costumbres, o pactos familiares que nunca fueron confrontados ni cancelados.
Aunque la ignorancia puede atenuar el nivel de responsabilidad individual, en el mundo espiritual **los** derechos legales siguen activos mientras no sean anulados por medio de confesión, renuncia y proclamación de libertad. Oseas 4:6 afirma:

Un ejemplo contemporáneo de inequidad inconsciente serían familias que, sin saberlo, operan bajo maldiciones de idolatría, hechicería, odio generacional, o perversiones heredadas. Aunque los descendientes no practiquen abiertamente esos pecados, los patrones siguen latentes, afectando sus caminos, sus emociones, sus decisiones y su capacidad de cumplir el propósito divino.

La sanidad de la inequidad inconsciente requiere pedir luz al Espíritu Santo para que revele las raíces ocultas que contaminan el linaje. Una vez expuestas, deben ser confesadas y canceladas con actos de renuncia y proclamación de la sangre de Cristo como testimonio de liberación.

— Consecuencias de no tratar cada tipo de inequidad

No confrontar las distintas formas de inequidad abre puertas legales para que el acusador:

- Reclame derechos sobre el alma y el cuerpo,
- Deforme el carácter y el destino profético de las personas,
- Instale ciclos destructivos en las generaciones venideras.

La inequidad voluntaria genera juicios inmediatos; la inequidad consciente fortalece estructuras ocultas; y la inequidad inconsciente perpetúa maldiciones silenciosas.

Todas ellas son letales si no son tratadas adecuadamente.

— Tratamiento espiritual de cada tipo

Tipo de Inequidad	Tratamiento espiritual necesario
Voluntaria	Arrepentimiento profundo, comparecencia en juicio celestial, ruptura de pactos y restitución.
Consciente	Despertar espiritual, confesión específica, demolición de fortalezas mentales y restauración de santidad.
Inconsciente	Revelación del Espíritu Santo, confesión generacional, renuncia formal de patrones heredados.

No existe liberación auténtica sin confrontación directa de la inequidad.

El Espíritu Santo guía a cada intercesor a tratar cada caso conforme al peso espiritual que le corresponde.

La inequidad no solo contamina al que la abraza; envenena silenciosamente generaciones enteras. Cada decisión de confrontarla hoy es un acto de redención para el mañana.

— Diferencia entre inequidad y rebeldía

La rebeldía va aún más profunda: es una actitud interior permanente de resistencia y oposición a Dios.

No es un error ocasional ni una caída momentánea, sino un estado continuo de insubordinación del corazón, que rechaza voluntariamente la autoridad divina. La Biblia lo declara con fuerza:

"Porque como pecado de adivinación es la rebelión, y como ídolos e idolatría la obstinación." (1 Samuel 15:23)

La rebeldía coloca al ser humano en una posición de enemistad abierta con Dios, similar al pecado de hechicería, porque invoca principios de insurrección y rechazo a la verdad espiritual.

Comparativa resumida:

Concepto	Definición	Nivel de gravedad espiritual
Pecado	Acto puntual de errar o desobedecer la ley divina.	Requiere arrepentimiento y perdón.
Transgresión	Violación consciente de un mandato conocido.	Requiere arrepentimiento, restitución y reconciliación.
Inequidad	Deformación interna heredada o adquirida que predispone al pecado.	Requiere sanidad interior y liberación de estructuras profundas.
Rebeldía	Actitud consciente y sostenida de rechazo a Dios.	Requiere quebrantamiento profundo y rendición absoluta.

Más adelante en este recorrido profundizaremos en el papel que tienen el pecado y la transgresión en la vida de las personas, examinando cómo afectan no solo su caminar espiritual, sino también su destino y propósito en la tierra. Esta visión inicial nos permite continuar edificando las bases espirituales necesarias para alcanzar la plenitud del diseño que Dios estableció desde el principio.

— Maldiciones generacionales como fruto de la inequidad

Una de las consecuencias más graves de la inequidad no tratada es la activación de maldiciones generacionales que operan como cargas invisibles, pero poderosas, a través de las líneas de sangre.

Estas maldiciones no son simplemente eventos desafortunados ni casualidades familiares: son consecuencias jurídicas espirituales que derivan directamente de los pactos rotos, las transgresiones no arrepentidas y las iniquidades que han contaminado el ADN espiritual de un linaje.

La inequidad, cuando no es confrontada y sanada, abre puertas legales para que el enemigo reclame derechos sobre generaciones enteras. Así como la bendición de Dios puede correr a través de la sangre cuando una familia camina en pacto y obediencia, la maldición también se perpetúa cuando los patrones de pecado no son cancelados judicialmente.

¿Qué son las maldiciones generacionales?
Una maldición generacional es un ciclo repetitivo de fracaso, dolor, destrucción o desviación espiritual que afecta a las familias a lo largo de generaciones. Estas maldiciones no nacen espontáneamente; tienen raíces profundas en actos de inequidad que no fueron arrepentidos ni cancelados correctamente. Éxodo 34:7 declara:

"Raíces profundas en actos de inequidad que no fueron arrepentidos ni cancelados correctamente."

"Que guarda misericordia a millares, que perdona la iniquidad, la rebelión y el pecado; y que de ningún modo tendrá por inocente al malvado; que visita la iniquidad de los padres sobre los hijos y sobre los hijos de los hijos, hasta la tercera y cuarta generación."

Este principio espiritual muestra que la iniquidad no tratada no desaparece por el simple paso del tiempo; permanece activa hasta que alguien, bajo la autoridad de Cristo, se presenta a cancelar su efecto en el tribunal celestial.

¿Cómo se forman las maldiciones generacionales?
Las maldiciones generacionales se establecen cuando:

- Una persona o un linaje abre puertas al pecado grave, idolatría, ocultismo, injusticia o violencia.
- No hay arrepentimiento genuino, ni restitución espiritual.
- Se hacen pactos de sangre, pactos ocultistas, o juramentos impíos que otorgan derechos a potestades espirituales.

Cuando estos actos no son confrontados y rotos espiritualmente, se formalizan como derechos legales que afectan a los descendientes, aun cuando estos no tengan conciencia plena de su existencia.

Un claro ejemplo es la maldición que cayó sobre la casa de Acab y Jezabel, la cual afectó no solo a sus hijos, sino también a generaciones futuras (1 Reyes 21; 2 Reyes 9).

Manifestaciones comunes de maldiciones generacionales:
Aunque cada linaje tiene sus particularidades, existen patrones repetitivos que revelan la existencia de maldiciones hereditarias:

- Ciclos de pobreza extrema, sin causa justificable.
- Divorcios o rupturas familiares en serie.
- Abortos espontáneos o esterilidad inexplicable.

- Enfermedades hereditarias que saltan generaciones.
- Depresión crónica o suicidios familiares.
- Adicciones persistentes (alcohol, drogas, juego, etc.).
- Violencia doméstica o abusos sexuales transgeneracionales.
- Fracaso recurrente en negocios o proyectos de vida.
- Involucramiento familiar en ocultismo, brujería o sectas.
- Persecución espiritual constante sin causa aparente.

Estos patrones no son coincidencia; son evidencias de derechos legales que deben ser anulados.

— La conexión entre inequidad y maldición

Cada acto de inequidad no confrontado deja una "marca jurídica" en el linaje. Estas marcas permiten al acusador presentar argumentos válidos en el tribunal celestial para seguir afectando las generaciones descendientes.

La inequidad es, entonces, el vehículo legal por el cual las maldiciones se activan y transmiten. Por eso el profeta Jeremías clama en Jeremías 31:29-30:

> **"inequidad es el vehículo legal por el cual las maldiciones se activan y transmiten."**

"En aquellos días no dirán más: Los padres comieron las uvas agrias, y los dientes de los hijos tienen la dentera; sino que cada cual morirá por su propia maldad; los dientes de todo hombre que comiere las uvas agrias, tendrán la dentera."

La promesa de Dios es que en Cristo, las maldiciones generacionales pueden ser rotas, de modo que cada alma sea liberada para vivir conforme a su propósito original, sin cargas heredadas.

¿Cómo detectar la operación de maldiciones generacionales?
La detección espiritual de maldiciones generacionales requiere:

- Discernimiento guiado por el Espíritu Santo.
- Observación de patrones históricos familiares.
- Investigación consciente de antecedentes de pecado grave en la familia.
- Sensibilidad espiritual a ciclos de repetición anormal.

Cuando el creyente ve que, a pesar de esfuerzos, oraciones, y santificación personal, ciertos ciclos destructivos persisten, debe considerar que puede estar enfrentando un caso de maldiciones generacionales activas.

¿Cómo romper las maldiciones generacionales?

- Romper una maldición generacional no se logra con declaraciones superficiales o emocionalismo. Requiere:

- Reconocimiento específico: identificar la raíz de inequidad que abrió la puerta.
- Arrepentimiento identificativo: confesar los pecados de la línea ancestral como propios, tomando responsabilidad espiritual (Daniel 9).
- Renuncia formal: verbalizar, en la presencia de Dios, la ruptura de todo pacto, maldición o legalidad infernal que haya afectado el linaje.
- Aplicación de la Sangre de Cristo: clamar la cancelación de todo expediente de acusación mediante el testimonio de la sangre del Cordero (Hebreos 12:24).
- Solicitud de restitución y decreto judicial: pedir no solo liberación, sino también la restauración de la herencia y el destino perdido por la inequidad.

El proceso debe ser conducido en oración estratégica, compareciendo espiritualmente ante los tribunales celestiales, y ejecutado bajo autoridad y solemnidad.

Un ejemplo de ruptura en la Biblia lo encontramos en Josías (2 Reyes 22–23). Aunque venía de un linaje maldito por la idolatría y el pecado, cuando descubrió el libro de la ley:

- Reconoció el pecado generacional,
- Se arrepintió a nombre de su nación,
- Hizo limpieza espiritual radical,
- Y restauró el pacto de obediencia a Dios.
- Por su intercesión y acciones estratégicas, el juicio fue postergado y

la bendición fue reactivada sobre el pueblo por un tiempo.

La maldición no es el destino final de los que se levantan en intercesión estratégica. Cada maldición heredada es una oportunidad para restaurar el diseño glorioso de Dios sobre una familia.

> **"Cada maldición heredada es una oportunidad para restaurar el diseño glorioso de Dios sobre una familia."**

— Rompimiento de Maldiciones Hereditarias

El rompimiento de las maldiciones hereditarias no es un acto superficial ni automático; es una operación espiritual seria, que requiere precisión, fe activa y comparecencia estratégica ante el Tribunal Celestial. Las maldiciones generacionales no desaparecen simplemente con el paso del tiempo ni por el hecho de asistir a una congregación cristiana. Permanecen como derechos legales en el mundo espiritual hasta que son canceladas con base en la Sangre del Cordero y la autoridad del Nuevo Pacto en Cristo.

La liberación de las generaciones no es una simple oración devocional, sino una acción judicial donde el creyente debe presentarse formalmente, reconocer las causas, romper los pactos antiguos y solicitar la restitución de todo lo que el enemigo ha usurpado.

A lo largo de la Escritura, Dios revela que el pecado no tratado, especialmente las iniquidades, produce consecuencias jurídicas sobre las generaciones. No basta con tener fe; es necesario aplicar correctamente los principios del Reino para desactivar las acusaciones heredadas. Jesús enseñó en Mateo 5:25:

"Ponte de acuerdo con tu adversario pronto, entre tanto que estás con él en el camino; no sea que el adversario te entregue al juez, y el juez al alguacil, y seas echado en la cárcel."

Esta figura ilustra el contexto judicial en que opera el mundo espiritual. El enemigo es el adversario legal que acusa; Dios es el Juez; y si no tratamos las causas, podemos sufrir consecuencias que no son voluntad directa de Dios, sino resultado de legalidades no resueltas.

Así también, las maldiciones generacionales continúan afectando porque existen argumentos jurídicos válidos que deben ser anulados.

- Principios espirituales para el rompimiento de maldiciones hereditarias

Romper una maldición hereditaria implica varios principios espirituales fundamentales que deben cumplirse paso a paso:

1. Discernimiento espiritual
Antes de romper, debe haber discernimiento. El Espíritu Santo revela las áreas afectadas: patrones de ruina, enfermedades, adicciones, estancamientos emocionales, divorcios repetidos, esterilidad, pobreza, entre otros. Efesios 5:13 dice:

"Mas todas las cosas, cuando son puestas en evidencia por la luz, son hechas manifiestas; porque la luz es lo que manifiesta todo."

La luz del Espíritu expone los derechos ocultos del enemigo para que puedan ser juzgados.

2. Arrepentimiento identificativo
El siguiente paso es confesar no solo los pecados personales, sino también los pecados de la línea de sangre. Daniel nos dio este ejemplo cuando oró:

> *"Hemos pecado, hemos cometido iniquidad, hemos hecho impíamente, y hemos sido rebeldes..." (Daniel 9:5).*

El intercesor no se presenta como inocente, sino como representante legal de su linaje, tomando responsabilidad espiritual para activar el principio de misericordia divina.

3. Renuncia formal
Después del arrepentimiento, se debe realizar una renuncia explícita y consciente de todo pacto impío, de toda maldición hereditaria, de toda alianza ancestral.

No basta decir: "Señor, líbrame de todo mal." Es necesario verbalizar la renuncia específica, como un acto jurídico en el tribunal celestial.

Declaraciones como:
"Renuncio a toda maldición de idolatría heredada de mis antepasados."
"Rompo en el Nombre de Jesús todo pacto de pobreza, de enfermedad o de esclavitud sexual heredada."
"Anulo toda autoridad de las tinieblas sobre mi línea de sangre por la Sangre del Cordero."

Estas renuncias deben ser serias, específicas, y realizadas en plena conciencia.

4. Aplicación del testimonio de la Sangre de Jesús
La Sangre de Jesús no solo limpia pecados individuales;
es el testimonio jurídico supremo en los tribunales espirituales. Hebreos 12:24 declara:

"A Jesús el Mediador del nuevo pacto, y a la sangre rociada que habla mejor que la de Abel."

La Sangre habla en nuestro favor cuando comparecemos correctamente.
Es la evidencia legal que permite anular actas de acusación, romper maldiciones y establecer decretos de libertad.

5. Solicitud de restitución
No basta cancelar maldiciones; debemos solicitar restitución completa.
La restitución implica: Recuperación de la herencia espiritual robada, restauración del destino truncado, y devolución de bendiciones que fueron saboteadas por causa de las maldiciones. Joel 2:25 proclama:

"Y os restituiré los años que comió la oruga, el saltón, el revoltón y la langosta..."

Dios no solo libera; restaura todo lo perdido.

— Elementos que deben ser considerados durante el proceso

Cuando rompemos maldiciones hereditarias, es vital entender:

- Debe ser un proceso guiado por el Espíritu Santo: cada linaje es diferente, y cada caso requiere discernimiento especial.

- Debe haber constancia: algunas estructuras espirituales requieren varias sesiones de intercesión estratégica hasta ver la liberación total.
- Debe ser acompañado por renovación de vida: no basta renunciar; debe haber un cambio real de hábitos, creencias y estilos de vida conforme a la Palabra de Dios.

Romanos 12:2 dice:

"No os conforméis a este siglo, sino transformaos por medio de la renovación de vuestro entendimiento..."

Sin renovación mental y espiritual, incluso después del rompimiento, las puertas pueden reabrirse.

Un testimonio bíblico de un rompimiento efectivo es el caso poderoso es el del rey Ezequías (2 Reyes 18). Aunque heredó un reino contaminado por idolatría ancestral:

- Derribó los lugares altos,
- Cortó los ídolos,
- Rompió las alianzas con naciones impías,
- Restauró la adoración a Jehová.
- Por su obediencia radical, el reino fue preservado y recibió protección sobrenatural contra enemigos mortales como Asiria.

Resultado esperado del rompimiento:

- Cuando un creyente rompe maldiciones hereditarias correctamente:

- Se abren caminos de bendición espiritual, emocional y física,
- Se rompen ciclos repetitivos de fracaso,
- Se desata la herencia y propósito original,
- Se establece un nuevo legado de justicia para las generaciones futuras.

Estas renuncias deben hacerse de manera específica, nombrando cada raíz de inequidad o cada derecho legal que el enemigo ha utilizado para mantener el ciclo de maldición activo.

No es suficiente una oración genérica; en el tribunal celestial, se presentan causas específicas y, de la misma manera, la confesión y renuncia deben ser igualmente detalladas para cancelar cada argumento.

Por ejemplo:
"Renuncio al espíritu de idolatría heredado de mis antepasados."
"Anulo en el Nombre de Jesús toda herencia de rechazo, abandono, violencia y pobreza en mi línea de sangre."
"Rompo toda maldición de esterilidad, enfermedad terminal o destrucción financiera que ha operado en mi familia."

Cada renuncia verbalizada se convierte en un acto legal de cancelación de autoridad al reino de las tinieblas.

Proclamación del Veredicto Celestial:
Una vez realizada la confesión y la renuncia específica, el intercesor debe proclamar en fe el

veredicto de libertad basado en la obra consumada de Cristo en la Cruz.
Gálatas 3:13 establece el fundamento jurídico:

"Cristo nos redimió de la maldición de la ley, hecho por nosotros maldición (porque está escrito: Maldito todo el que es colgado en un madero)."

El decreto espiritual debe ser pronunciado con autoridad, declarando que:

- Toda maldición queda cancelada,
- Todo pacto impío queda roto,
- Todo argumento infernal queda anulado,
- Toda herencia de inequidad queda lavada por la Sangre del Cordero.

Este decreto no es simbólico: es un acto real en el mundo espiritual que cambia la condición jurídica del linaje.

Renovación del Pacto con Dios:
Después del rompimiento, es crucial sellar el proceso mediante la renovación del pacto con Dios. Esto implica:

- Afirmar que Jesucristo es el único Señor y Salvador,
- Comprometerse a caminar en obediencia y santidad,
- Consagrar la vida personal y las generaciones futuras al servicio del Reino.

Josué 24:15 refleja esta determinación:

"Pero yo y mi casa serviremos a Jehová."

Así se establece un nuevo linaje consagrado a Dios, libre de la contaminación heredada.

Evidencias de un rompimiento efectivo:
Cuando el rompimiento de maldiciones hereditarias es realizado correctamente y en el ámbito espiritual es validado, comienzan a manifestarse evidencias concretas en la vida de la persona y su familia, tales como:

- Desbloqueo de proyectos detenidos por años,
- Restauración de relaciones familiares,
- Sanidad emocional y física,
- Apertura de caminos laborales y ministeriales,
- Cambio radical en patrones de conducta de hijos y nietos,
- Liberación de ciclos destructivos de pobreza, adicción o violencia.

La transformación no es solo interior: es tangible, observable y consistente.

Cuidado posterior al rompimiento:
Después de un rompimiento efectivo, es vital:

- Mantener la vida consagrada,
- No volver a prácticas anteriores que abrieron puertas (idolatría, inmoralidad, ocultismo, etc.),
- Ser vigilante en oración para detectar y resistir cualquier intento de represalia espiritual.

Mateo 12:43-45 advierte que los espíritus inmundos buscan volver si encuentran la casa vacía.

Por eso, después de la liberación, la vida debe llenarse de la presencia del Espíritu Santo, la Palabra de Dios y la obediencia práctica.

CÓMO ROMPER INEQUIDADES, CANCELAR TRANSGRESIONES Y LIMPIAR PECADOS

Entender las estructuras de inequidad, transgresión y pecado es vital. Pero aún más crucial es saber cómo desactivarlas correctamente para restaurar la herencia espiritual y caminar en libertad plena.

> **"Es crucial saber cómo desactivarlas para restaurar la herencia espiritual y caminar en libertad plena."**

Dios no diseñó al creyente para vivir perpetuamente luchando contra las mismas cadenas ancestrales; nos llamó a vencerlas, romperlas y establecer un nuevo linaje basado en la justicia del Reino.

El rompimiento, la cancelación y la limpieza no son meros actos emocionales: son procesos espirituales estratégicos que deben ejecutarse en el ámbito judicial celestial bajo principios claros, autoridad delegada y la guía del Espíritu Santo.

— Rompiendo Inequidades

La inequidad, como deformación interna transmitida de generación en generación, no desaparece automáticamente con la conversión a Cristo.

Debe ser identificada, confrontada y desactivada espiritualmente. El rompimiento de la inequidad implica:

- Identificar patrones estructurales deformados en la identidad: adicciones, perversiones, corrupción interna, idolatrías heredadas.
- Confesar la inequidad específica como un desvío de diseño, no solo como actos externos.
- Renunciar a la deformación con autoridad, rechazando todo pacto espiritual que haya reforzado esas estructuras.
- Solicitar la reconfiguración espiritual bajo el ADN de Cristo, declarando la nueva naturaleza en Él.

Efesios 4:24 establece:

"Y vestíos del nuevo hombre, creado según Dios en la justicia y santidad de la verdad."

Romper la inequidad es despojarse del viejo ADN torcido
y reclamar la restauración del diseño divino original.

— Cancelando Transgresiones

La transgresión, como rebelión consciente, requiere anulación formal de los derechos legales otorgados al enemigo.
Para cancelar las transgresiones:

- Confesar la transgresión como rebelión deliberada, sin justificar ni minimizar el acto.

- Pedir el borrado de las actas de acusación en los tribunales celestiales, apelando a la Sangre de Jesús como evidencia de redención.
- Declarar judicialmente que toda autoridad que el enemigo recibió por esas transgresiones queda revocada.
- Restaurar el compromiso de obediencia activa a la voluntad de Dios.

Colosenses 2:14 lo proclama:

"Anulando el acta de los decretos que había contra nosotros, que nos era contraria, quitándola de en medio y clavándola en la cruz."

Cada transgresión perdonada y cancelada borra un argumento del adversario y restaura caminos de bendición.

— Limpiando Pecados

El pecado contamina el alma, el espíritu y la atmósfera espiritual personal y familiar. La limpieza del pecado es un proceso de purificación que se lleva a cabo:

- Confesando cada pecado con sinceridad, sin evasivas ni justificaciones.
- Pidiendo ser lavados por la Sangre de Jesús no solo en espíritu, sino también en alma y conciencia.
- Renunciando a la memoria emocional del pecado, rompiendo las ligaduras de culpa, vergüenza o acusación interna.

- Proclamando una atmósfera de santificación sobre la vida personal, la familia y los territorios bajo autoridad espiritual. Salmo 51:2 refleja esta necesidad:

  "Lávame más y más de mi maldad, y límpiame de mi pecado."

- La limpieza del pecado no solo restaura la relación con Dios: purifica ambientes, rompe cadenas invisibles y activa la posibilidad de caminar en libertad genuina.

— Principios para ejecutar un rompimiento efectivo

El proceso de romper inequidades, cancelar transgresiones y limpiar pecados requiere:

- Arrepentimiento genuino: dolor real por la separación que el pecado causó con Dios.
- Confesión específica y estratégica: detallando actos, raíces y patrones, sin generalidades.
- Renuncia consciente: cancelando todo derecho legal concedido por generaciones.
- Proclamación de libertad: declarando el testimonio de la Sangre de Jesús como evidencia suprema.
- Solicitud de restitución: no solo ser liberado, sino reclamar el destino y la herencia que la corrupción espiritual había distorsionado.

Este proceso no es una ceremonia externa: es una comparecencia seria en el Tribunal del Cielo, donde se negocian libertades, herencias y nuevos decretos proféticos sobre el linaje.

— Resultado espiritual esperado

Cuando el proceso es realizado correctamente, los resultados son tangibles:

- Desactivación de patrones destructivos generacionales.
- Restauración de la identidad espiritual.
- Reactivación de propósitos estancados.
- Purificación de ambientes familiares.
- Establecimiento de nuevas rutas de bendición sobre la familia y los descendientes.

Isaías 61:4 declara:

> *"Reedificarán las ruinas antiguas, levantarán los asolamientos primeros, y restaurarán las ciudades arruinadas, los escombros de muchas generaciones."*

Romper inequidades, cancelar transgresiones y limpiar pecados es reedificar el diseño original de Dios sobre una familia devastada por generaciones de corrupción espiritual.

La redención no solo limpia la historia personal: libera generaciones, restaura destinos y edifica nuevas líneas de herencia gloriosa en Cristo.

INTERCESIÓN GENERACIONAL ESTRATÉGICA Y ACCIONES DE RUPTURA

La intercesión generacional no es un acto improvisado ni emocional: es una operación estratégica en el ámbito espiritual donde el intercesor se presenta como representante de su linaje para cancelar maldiciones, romper inequidades, cerrar ciclos de transgresión y restaurar los propósitos eternos que el enemigo intentó desviar.

Este tipo de intercesión requiere madurez, discernimiento y precisión espiritual. No se trata de orar simplemente por "bendiciones", sino de entrar al tribunal celestial, presentar causas ancestrales y reclamar veredictos de libertad y restauración. Efesios 6:18 exhorta:

"Orando en todo tiempo con toda oración y súplica en el Espíritu, y velando en ello con toda perseverancia y súplica por todos los santos."

La intercesión estratégica es perseverante, específica y está guiada por el Espíritu Santo para traer justicia y restauración a las generaciones.

— El rol del intercesor generacional

El intercesor no actúa como víctima ni como espectador pasivo; asume el rol de:

- Embajador judicial de su familia

- Confesor estratégico de pecados e inequidades, **Renunciador de pactos ancestrales impíos, **Clamador de misericordia y restitución
- Restaurador de los muros caídos del linaje.

Ezequiel 22:30 refleja este llamado:

"Y busqué entre ellos hombre que hiciese vallado y que se pusiese en la brecha delante de mí a favor de la tierra, para que yo no la destruyese, y no lo hallé."

La intercesión generacional estratégica busca precisamente cerrar esas brechas espirituales que permitieron que la destrucción operara por generaciones.

— Principios de la intercesión estratégica efectiva

Una intercesión generacional verdaderamente efectiva se caracteriza por varios principios fundamentales:

1. Revelación espiritual específica

No se ora generalizadamente; se ora basado en la revelación que el Espíritu Santo trae sobre:

- Pecados ancestrales,
- Pactos impíos,
- Ciclos de maldición,
- Raíces de inequidad ocultas.

Juan 16:13 garantiza:

"Pero cuando venga el Espíritu de verdad, él os guiará a toda la verdad."

Sin revelación precisa, la intercesión se vuelve genérica e ineficaz.

2. Comparecencia judicial en el tribunal celestial
La intercesión estratégica entiende que:

- Se presenta causas reales,
- Se expone la evidencia de iniquidad,
- Se solicita el testimonio de la Sangre de Cristo,
- Se pide la anulación de decretos infernales,
- Se espera un veredicto divino de libertad y restitución.

Hebreos 12:22-24 describe este escenario celestial al que el creyente tiene acceso como parte del pueblo redimido.

3. Confesión y renuncia estratégica
La confesión no es solo emocional:
es una acción jurídica espiritual que:

- Reconoce la culpa ancestral,
- Renuncia a toda participación consciente o inconsciente,
- Rompe toda cadena legal sostenida por generaciones.
- El intercesor debe verbalizar y renunciar explícitamente a:
- Pactos de idolatría,
- Pactos de muerte,
- Pactos de perversión sexual,
- Pactos de sangre,
- Pactos ocultistas.

4. Proclamación del testimonio de la Sangre de Jesús
La autoridad del intercesor no radica en su poder personal,
sino en el testimonio supremo de la Sangre del

Cordero,
que clama más fuerte que cualquier acusación infernal.
Hebreos 12:24 afirma:

"A Jesús el Mediador del nuevo pacto, y a la sangre rociada que habla mejor que la de Abel."

Proclamar la Sangre es exhibir la evidencia legal que desactiva toda acta de acusación generacional.

5. Solicitud de restitución
No basta cancelar maldiciones: es necesario pedir la restitución de todo lo que fue robado o deformado.
Joel 2:25 proclama la promesa:

"Y os restituiré los años que comió la oruga, el saltón, el revoltón y la langosta."

La restitución incluye:

- Recuperación de propósito,
- Restauración de herencia espiritual,
- Reactivación de bendiciones familiares.

— Acciones prácticas de ruptura durante la intercesión

Durante la intercesión generacional estratégica, es recomendable ejecutar acciones proféticas que simbolizan y sellan la ruptura espiritual, tales como:

- Levantar actas de renuncia escrita (escribir pactos a romper y luego quemarlos simbólicamente).
- Ungir puertas, casas y territorios familiares con aceite consagrado.

- Proclamar en voz alta las nuevas herencias en Cristo sobre hijos y nietos.
- Celebrar una "cena del pacto" para sellar el compromiso de caminar en santidad como familia restaurada.

Estas acciones no sustituyen el trabajo judicial en el espíritu,
pero sirven como puntos de fe que refuerzan el nuevo decreto espiritual.

— Evidencias de una intercesión generacional estratégica efectiva

Cuando la intercesión generacional es realizada de forma estratégica y guiada por el Espíritu Santo:

- Se perciben cambios tangibles en la atmósfera espiritual familiar.
- Se abren caminos nuevos que antes estaban cerrados.
- Hijos, nietos o familiares lejanos comienzan a despertar espiritualmente.
- Se rompe la repetición de ciclos destructivos que llevaban generaciones.
- Se activa una nueva dimensión de propósito, identidad y bendición.

La evidencia más poderosa es el surgimiento de una generación que honra a Dios y camina en su diseño original.

Cada intercesor que se levanta en su generación no solo cancela juicios: edifica legados eternos de gloria y redención para sus descendientes.

RESUMEN DEL CAPÍTULO

La caída espiritual del ser humano no puede entenderse solo a través del pecado visible, sino que es necesario discernir las raíces profundas de la iniquidad y la transgresión. Mientras el pecado es el acto cometido y la transgresión es la violación deliberada de una ley divina, la iniquidad es una deformación heredada en el ADN espiritual, que perpetúa patrones de caída y esclavitud generacional si no es confrontada y juzgada en el Tribunal Celestial.

Este capítulo reveló que la iniquidad actúa como un sistema interno de corrupción, afectando identidad, decisiones, relaciones y propósito. No basta con arrepentirse de los actos: es necesario reconocer, denunciar y renunciar a toda estructura de iniquidad oculta, permitiendo que la sangre de Cristo regenere no solo el comportamiento, sino el linaje, la mente y el destino. Solo así el creyente puede cortar ciclos de derrota, liberar herencias espirituales y caminar en el diseño original de Dios.

La redención ofrecida en la cruz no es solamente el perdón de actos individuales, sino la restauración completa del diseño celestial que el pecado, la transgresión y la iniquidad habían distorsionado. A través de una intervención judicial espiritual, el creyente es habilitado para reescribir su historia bajo la justicia del Reino, limpiando su atmósfera personal, familiar y territorial, para caminar en victoria conforme a su propósito eterno

ACTIVIDADES POR HACER

1. Diagnóstico espiritual de iniquidad heredada
Tómate un tiempo en oración profunda y permite que el Espíritu Santo te revele patrones, deformaciones o inclinaciones espirituales que no surgieron de tus decisiones conscientes, sino que probablemente fueron heredadas a través de tu linaje. Discierne esas raíces invisibles que moldean tu forma de pensar, sentir, reaccionar o relacionarte con Dios. Escríbelas sin juicio propio, como un primer paso hacia tu libertad. No se trata de condenarte, sino de ver con claridad lo que necesita ser confrontado espiritualmente.

2. Mapeo de ciclos repetitivos
Haz una línea de tiempo espiritual de tu vida y de tu familia, identificando los ciclos que se han repetido: enfermedades a la misma edad, fracasos en las mismas etapas, abandono, infidelidad, ruina financiera, rechazo, vergüenza pública, entre otros. Junto a cada ciclo detectado, escribe lo que crees que lo alimenta (palabras, heridas, hechos, silencios). El objetivo de este ejercicio es observar el patrón espiritual, no actuar aún, para preparar tu presentación ante el Tribunal Celestial.

3. Comparecencia de renuncia ante el Tribunal Celestial
Entra en una oración formal de comparecencia y presenta, uno por uno, no solo los pecados visibles, sino también las iniquidades, transgresiones y rebeliones que el Espíritu te haya mostrado. Nómbralas como causas legales, como deformaciones espirituales que ya no aceptas cargar. Renuncia de forma específica, aplica la Sangre de Cristo como evidencia suprema, y solicita al Juez justo que emita veredicto sobre cada área. Cada acto de renuncia será parte de tu comparecencia espiritual.

4. Acto simbólico de cierre definitivo
Toma una hoja en blanco y escribe todo lo que has renunciado: pecados cometidos, iniquidades heredadas, transgresiones repetidas, actos de rebelión, palabras o pactos que abriste o permitiste. Luego, en oración, rompe ese papel como acto profético. Hazlo declarando con autoridad:
"Así como este papel es roto en lo visible, declaro que en el mundo espiritual se rompe toda legalidad de las tinieblas. Lo que fue escrito en mi contra queda cancelado por la Sangre del Cordero. Hoy y para siempre queda destruido todo derecho del enemigo sobre mi vida. Declaro una libertad completa y absoluta, en el nombre poderoso de Jesús."

ORACIÓN FINAL

Padre eterno, Juez justo, Creador de los cielos y de la tierra, hoy me presento formalmente ante Tu Tribunal Celestial en el nombre poderoso de Jesucristo, mi Abogado fiel, bajo la cobertura santa de Su sangre derramada. No vengo por derecho propio ni por méritos humanos; vengo bajo la bandera de la redención, sostenido por el testimonio vivo del Cordero que fue inmolado por amor a mí.

Convoco como testigos a los ángeles escribas, a los espíritus de los justos perfeccionados y a la gran nube de testigos que observa esta comparecencia (Hebreos 12:1, 23). Solicito, conforme a Tu ordenanza eterna, que sean abiertos los libros de los registros celestiales y también los archivos de acusación que el enemigo haya levantado en mi contra, para que toda causa, toda evidencia y todo argumento sea expuesto a la luz de Tu gloria y juzgado conforme a la Sangre del Pacto Eterno.

Padre Santo, vengo en reverencia, reconociendo que en mi vida y en mi linaje se han levantado actos que han dado lugar al reino de las tinieblas. Confieso que mis ancestros caminaron por sendas de iniquidad: practicaron idolatría, adoraron a dioses ajenos, consultaron espíritus de adivinación, entregaron sacrificios a demonios, derramaron sangre inocente, robaron tierras y herencias, cometieron injusticias, se rebelaron contra Tu Palabra y establecieron altares profanos que todavía claman en el espíritu.

Hoy me presento ante Ti y reconozco que en mi línea de sangre se cometieron pecados de asesinato, abortos consentidos, actos de violencia, traiciones, pactos ocultistas, alianzas con logias secretas, injusticias laborales, abandonos de pacto familiar, opresión de débiles y juramentos profanos que abrieron puertas legales para que la iniquidad corriera como veneno a través de generaciones. Señor, también confieso que yo mismo, consciente o inconscientemente, he cometido pecados que dieron base al enemigo: he hablado maldiciones con mi boca, he guardado rencor, he caminado en orgullo, he cedido a la incredulidad, he actuado en rebeldía, he despreciado Tu consejo y he abierto brechas en mi vida por falta de temor santo.

No me excuso, Señor. Hoy me detengo a confesar las raíces ocultas que han deformado mi linaje, los patrones de maldad que se repiten generación tras generación.
(Tómate un momento ahora. Escribe aquí las inequidades, pecados y patrones espirituales que el Espíritu Santo te muestra. Deja que la luz de Dios exponga toda raíz oculta.)

No vengo a justificar mi linaje ni mis actos; vengo a confrontarlos en la luz de Tu verdad. Hoy presento específicamente ante Tu Tribunal:

- Las iniquidades de idolatría que deformaron nuestra identidad como familia del Dios Altísimo.
- Las transgresiones de injusticia que derramaron lágrimas y sangre sobre la tierra.
- Las rebeliones contra Tu Palabra que cerraron cielos y rompieron pactos de bendición.
- Los pecados personales que contaminaron mi atmósfera espiritual y frenaron mi destino.

Padre, reconozco que por causa de estos actos, el enemigo ha reclamado derechos sobre áreas de mi vida: sobre mis emociones, sobre mi mente, sobre mis relaciones, sobre mis finanzas, sobre mi salud, sobre mi propósito. Reconozco que he heredado estructuras invisibles de derrota, vergüenza, ruina, opresión espiritual y confusión de identidad. Pero hoy, al presentarme ante Tu estrado santo, no me sostengo en mis obras, sino en el sacrificio eterno de Jesús, quien derramó Su Sangre para cancelar toda acta contraria y limpiar todo expediente que me condenaba.

Padre, en este acto judicial, renuncio formalmente y rompo toda herencia de iniquidad que haya marcado mi linaje: renuncio a toda participación familiar en idolatría, ocultismo, asesinato, aborto, hechicería, robo, injusticia social, abuso, maltrato, adulterio, abandono, esclavitud, y traición. Renuncio a toda transgresión personal que haya quebrantado Tu ley: orgullo, rebeldía, desobediencia, incredulidad, dureza de corazón, inmoralidad, deshonra a la autoridad espiritual, prácticas sexuales impuras, palabras de muerte, pactos inconscientes de fracaso, pobreza, miedo y enfermedad.

Clamo conforme a Tu Palabra en Éxodo 34:7, "Que guarda misericordia a millares, que perdona la iniquidad, la rebelión y el pecado."

Perdona, Señor, lo que nuestros padres no confrontaron. Perdona lo que callamos, ignoramos o justificamos.
Hoy también reconozco mis propios pecados. No quiero esconderlos más. No quiero minimizar lo que ha separado mi corazón de Ti.
(Haz aquí una pausa sincera. Escribe los pecados personales que sabes que debes confesar. No tengas miedo. Este es el momento de traerlos ante el Trono de la Gracia.)

Señor, renuncio ahora mismo, con mi boca y con todo mi ser, a cada inequidad que me ató. Rompo todo pacto consciente o inconsciente que haya dado derecho al enemigo sobre mi vida o sobre mis generaciones. Rompo todo lazo de maldición, toda cadena de ruina, toda herencia de fracaso, esterilidad, miseria o enfermedad.
(Detente un momento. Escribe pactos, acuerdos, pecados recurrentes que debes renunciar conscientemente. Esta es tu oportunidad de cortar de raíz.)

Proclamo que la Sangre de Jesús es suficiente. Proclamo que el acta de acusación fue anulada, conforme a Colosenses 2:14: "Anulando el acta de los decretos que había contra nosotros, que nos era contraria, quitándola de en medio y clavándola en la cruz."

No acepto más vivir bajo decretos de condenación. Hoy, bajo la autoridad de Tu Palabra, reclamo la libertad que Jesús compró para mí. Hoy, Señor, en Tu Tribunal Celestial, aplico sobre cada una de estas causas la evidencia suprema de la Sangre del Cordero. Declaro que la Sangre de Jesús habla más fuerte que toda sangre inocente derramada; que Su sacrificio es suficiente para limpiar mi linaje, mis memorias, mi ADN espiritual, mi historia personal y mis generaciones futuras.

Espíritu Santo, recorre ahora los corredores de mi herencia espiritual. Recoge cada fragmento de iniquidad, cada vestigio de pecado no confesado, cada grieta donde el enemigo anidaba su acusación. Hoy expongo cada herida, cada transgresión, cada acto de rebelión, y cada pecado ante la luz de Tu santidad, no para ser condenado, sino para ser justificado y liberado en Cristo Jesús.

Solicito, Señor, conforme a Tu Palabra en Colosenses 2:14, que toda acta de decretos que estaba en mi contra, que me era contraria, sea anulada, quitada de en medio y clavada en la cruz. Solicito que todo derecho legal que el enemigo reclamaba sobre mi vida quede revocado. Solicito que todo pacto satánico que mis generaciones sellaron sea deshecho por el poder de Tu Sangre. Solicito que todo altar de maldad levantado en mi linaje sea ahora desmantelado por el fuego de Tu Espíritu. Solicito que todo velo de engaño, opresión, y esclavitud espiritual sea arrancado de mi vida y de mi descendencia.

Renuncio y corto:

- Toda cadena de maldición que me ataba a patrones de ruina, enfermedad, fracaso y destrucción.
- Toda ligadura de sangre que me unía a generaciones de rebelión, idolatría y traición.
- Todo ciclo de repetición de transgresiones que arrastraba mi destino a la mediocridad.
- Todo eco espiritual de voces acusadoras que me mantenían en vergüenza y condenación.

Declaro solemnemente que hoy, por la sangre de Jesús, soy desligado de todo contrato infernal, soy liberado de toda atadura ancestral, soy restaurado a mi identidad de hijo del Dios Altísimo. Declaro que mi vida, mi mente, mi espíritu, mi alma, mi cuerpo y mis generaciones son redimidas por el poder de la Sangre.

Padre, ahora levanto mi voz en clamor por restitución. No quiero simplemente ser libre: quiero recuperar lo que fue robado. Quiero ver restaurado todo propósito, toda promesa, toda herencia espiritual que el enemigo había bloqueado.
(Detente aquí. Escribe las áreas donde deseas ver restitución: relaciones, sueños, ministerios, bendiciones estancadas. Escríbelas como peticiones específicas delante de Dios.)

Señor, como dice Joel 2:25: "Y os restituiré los años que comió la oruga, el saltón, el revoltón y la langosta."
Reclamo restauración de años perdidos, de oportunidades truncadas, de caminos cerrados. Reclamo que mi casa y mi descendencia caminen en Tu propósito original. Ahora consagro solemnemente mi vida a Ti. Entrego mi voluntad, mis sueños, mis generaciones futuras. Declaro como Josué 24:15: "Yo y mi casa serviremos a Jehová."

No seré un eslabón más de maldición en mi linaje. Seré el eslabón que abrió caminos de bendición eterna.

(Tómate este momento para hacer un acto consciente de consagración. Escribe tu compromiso de vida y pacto eterno con Dios. Hazlo como si estuvieras firmando un acuerdo en Su presencia.)

Padre celestial, ahora solicito solemnemente que se emita desde Tu Tribunal un veredicto de libertad, restauración y restitución:

- Que todo derecho del acusador quede anulado.
- Que todo argumento infernal sea desestimado.
- Que todo archivo de acusación quede cancelado y sellado.
- Que mi libro de vida sea afirmado en la justicia de Cristo.
- Que una nueva temporada de avance, herencia, victoria y propósito eterno sea activada sobre mí y sobre mis generaciones.

Proclamo ahora, ante el Cielo, la tierra y el infierno:

- Que yo no soy la suma de los pecados de mis ancestros.
- Que no soy esclavo de las rebeliones heredadas.
- Que no soy reo de las transgresiones pasadas.
- Que soy una nueva criatura en Cristo Jesús (2 Corintios 5:17).
- Que camino bajo el pacto de vida, y no bajo las actas de muerte.

Y ahora, delante de Tu trono santo, de los testigos celestiales, de las huestes angelicales, y en la atmósfera espiritual que me rodea, declaro solemnemente:
¡Hecho está!
¡Consumado es!
¡Sellado en la Sangre del Cordero!
¡Amén y Amén!

Si deseas profundizar aún más en tu proceso de sanidad, libertad y restitución, te invito a continuar con el libro complementario Oraciones para Desbloquear tu Destino. Allí encontrarás oraciones específicas, profundas y estratégicas que te guiarán paso a paso a través de procesos de liberación completa, restitución de identidad y activación de tu propósito eterno.

CAPÍTULO 8

IDENTIDAD RESTAURADA, PROPÓSITO LIBERADO

IDENTIDAD RESTAURADA, PROPÓSITO LIBERADO

"Y serás corona de gloria en la mano de Jehová, y diadema de reino en la mano del Dios tuyo." Isaías 62:3

SANANDO LAS HERIDAS DE LA IDENTIDAD

Desde el momento de la concepción, la vida de cada ser humano está en el centro de una batalla espiritual intensa. El enemigo, sabiendo que cada persona lleva un diseño y un propósito eterno de parte de Dios, dirige sus ataques más violentos desde la niñez, buscando destruir la identidad antes de que pueda florecer. No es casualidad que los mayores traumas, rechazos y heridas se produzcan en las etapas más tempranas: cuando la identidad aún está en formación y el alma es más vulnerable.

— La estrategia del enemigo desde la niñez

El infierno reconoce el potencial escondido en cada hijo de Dios y trata de abortarlo desde sus primeras etapas. Desde el vientre materno y durante la infancia, muchos han experimentado rechazos, abandonos, abusos, traiciones, carencias afectivas y heridas emocionales profundas. Estos eventos no son aislados: son estrategias sistemáticas para torcer el diseño divino, sembrar

> **"El infierno reconoce el potencial en cada hijo de Dios y trata de abortarlo desde sus primeras etapas."**

dudas en el corazón, y construir fortalezas de mentira que griten: "No eres amado", "No vales nada", "Nunca lograrás tu propósito".

La Palabra de Dios nos muestra que incluso grandes hombres de propósito enfrentaron amenazas desde su nacimiento. Moisés, el libertador de Israel, fue perseguido siendo apenas un bebé (Éxodo 1:22). Jesús mismo, el Hijo de Dios, fue amenazado por Herodes cuando aún era un infante (Mateo 2:16). Esta constante nos revela que cuando un destino profético es grande, la persecución desde la niñez será proporcionalmente intensa.

Los traumas tempranos no solo producen dolor emocional, sino que forman grietas espirituales que distorsionan la identidad. A través de estas heridas, el enemigo instala mentiras fundamentales que afectan la autoestima, la percepción de Dios, las relaciones humanas y la manera en que la persona se ve a sí misma.

— El impacto de las heridas tempranas

Las heridas de la infancia tienen el poder de moldear la identidad de maneras profundas y duraderas si no son confrontadas y sanadas. Una de las consecuencias más comunes es la formación de un espíritu de víctima: una percepción distorsionada donde la persona se concibe a sí misma como irremediablemente dañada, desprotegida y sin valor.

Este espíritu de víctima paraliza el avance, boicotea relaciones saludables, limita la capacidad de soñar, y abre ciclos de fracaso repetitivo. La mente empieza a operar desde un esquema de dolor, donde todo es visto a través del filtro del trauma y la desconfianza.

La falta de sanidad en estas áreas también crea patrones de auto-sabotaje: inconscientemente la persona se priva de oportunidades, de amor genuino y de logros, creyendo que no los merece. Es como una sombra espiritual que oscurece cada intento de avance y cada llamado de Dios. David clama en el Salmo 51:6:

"He aquí, tú amas la verdad en lo íntimo, y en lo secreto me has hecho comprender sabiduría."

El lugar "íntimo" —el corazón herido— debe ser restaurado para que la verdad de Dios pueda echar raíces y la sabiduría celestial pueda gobernar la vida.

"El corazón herido— debe ser restaurado para que la verdad de Dios pueda echar raíces."

— El rol de los padres espirituales y naturales
La estructura de identidad se edifica inicialmente a través de las voces y figuras parentales. El diseño original de Dios era que los padres, tanto naturales como espirituales, actuaran como primeros profetas sobre la vida de los hijos: afirmándolos, bendiciéndolos, modelándoles amor, corrección y propósito.

Cuando este rol no se cumple —por abandono, abuso, indiferencia o simplemente ausencia emocional— se generan brechas espirituales que abren puertas a la confusión de identidad.

La falta de afirmación paternal se convierte en una tierra fértil para la inseguridad, la orfandad espiritual y la búsqueda desesperada de aceptación en fuentes equivocadas.

Por eso, el profeta Malaquías anuncia una obra crucial antes del regreso del Señor:

"Él hará volver el corazón de los padres hacia los hijos, y el corazón de los hijos hacia los padres" (Malaquías 4:6).

La sanidad de la identidad está profundamente ligada a la sanidad de la relación con las figuras parentales, naturales o espirituales. Incluso si los padres físicos fallaron, Dios provee restauración a través de Su paternidad celestial y a través de figuras de mentoría espiritual que ayudan a reconstruir la imagen fracturada.

Parte del proceso de sanidad implica perdonar a aquellos que fallaron en su rol de afirmadores de identidad, soltando la amargura y permitiendo que el amor perfecto de Dios llene los vacíos dejados por la negligencia humana.

"Parte del proceso de sanidad implica perdonar a aquellos que fallaron en su rol de afirmadores de identidad."

— Proceso de sanidad y restauración de la identidad

Sanar la identidad no es un acto automático ni superficial: es un proceso profundo de confrontación espiritual, liberación emocional y transformación mental.

Este proceso implica varios pasos fundamentales:

1. Activar el perdón verdadero
El perdón no es simplemente un sentimiento o un acto emocional: Es una decisión espiritual poderosa que libera el alma de cadenas invisibles que la atan al pasado.

Perdonar no significa justificar el daño recibido, ni olvidar lo sucedido, ni permitir abusos.

Perdonar es liberar el derecho de venganza y soltar el peso emocional y espiritual que nos mantiene atados al dolor.

Cuando perdonamos, no lo hacemos por el otro: lo hacemos por nosotros mismos, para quebrar la influencia destructiva que esa herida ejerce sobre nuestra alma.

Perdonar nos hace libres aun cuando la persona no lo merezca, no hagamos de los demás verdugos de nuestras vidas. Cuando negamos el perdón, otorgamos al ofensor un lugar de dominio continuo en nuestro corazón; cuando soltamos perdón, recobramos nuestra libertad interior. Efesios 4:32 nos instruye:

"Perdonar nos hace libres aun cuando la persona no lo merezca, no hagamos de los demás verdugos de nuestras vidas."

"Antes sed benignos unos con otros, misericordiosos, perdonándoos unos a otros, como Dios también os perdonó a vosotros en Cristo."

El acto de perdonar:

- Cierra portales de amargura y dolor en el alma,

- Rompe ciclos espirituales de opresión,
- Sana heridas emocionales profundas,
- Libera la mente de pensamientos recurrentes de venganza o injusticia,
- Abre espacio para que la presencia del Espíritu Santo restaure lo que fue quebrantado.

El perdón genuino no siempre se siente fácil: es una decisión diaria, a veces dolorosa, pero absolutamente liberadora. Cuando perdonamos, arrancamos la raíz de amargura y permitimos que la gracia de Dios inunde los lugares donde antes había dolor.

Perdonar es la manifestación más poderosa de amor espiritual maduro: un amor que se niega a vivir en prisión emocional.

2. Romper la autoimagen falsa
La autoimagen construida a partir del dolor debe ser demolida. Mentiras como "no valgo nada", "nunca seré suficiente", "nadie me amará" deben ser confrontadas a la luz de la Palabra. Romanos 12:2 nos dice:

"No os conforméis a este siglo, sino transformaos por medio de la renovación de vuestro entendimiento."

La renovación de la mente implica reemplazar cada mentira que el dolor instauró por la verdad eterna de lo que Dios dice sobre la persona.

3. Recuperar la imagen original en Cristo
La verdadera identidad no se construye, se descubre. Está escondida en Cristo desde la eternidad. Efesios 4:24 nos instruye:

"Vestíos del nuevo hombre, creado según Dios en la justicia y santidad de la verdad."

Vestirse del nuevo hombre implica abrazar la imagen restaurada, caminar en la certeza de ser un hijo legítimo del Padre, amado, valioso y destinado a manifestar Su gloria.

La restauración de la identidad no es un simple alivio emocional: es el fundamento para liberar el propósito, para activar los dones espirituales, para restaurar la herencia y para establecer el Reino de Dios en la tierra a través de vidas plenamente reconciliadas con su diseño original.

RESTAURANDO EL DISEÑO ORIGINAL

La restauración de la identidad no culmina simplemente con la sanidad de heridas pasadas; ese es apenas el primer paso hacia la plenitud espiritual.

El propósito de Dios no es solo curarnos, sino restaurarnos al diseño original que Él estableció para cada uno desde la eternidad. Cada vida tiene inscrito en su esencia un diseño divino, una impronta celestial que define su propósito, su destino y su herencia espiritual. Ese diseño fue

> **"Cada vida tiene en su esencia un diseño divino, una impronta celestial que define su propósito, su destino y su herencia espiritual."**

soñado en el corazón de Dios mucho antes de que existiéramos físicamente. Efesios 2:10 declara:

"Porque somos hechura suya, creados en Cristo Jesús para buenas obras, las cuales Dios preparó de antemano para que anduviésemos en ellas."

No fuimos producto de un accidente, ni de una casualidad biológica; fuimos diseñados intencionalmente para reflejar a Dios, caminar en su propósito y manifestar su gloria en la tierra.

— Recuperando la imagen original en Cristo

El pecado, las heridas emocionales y las deformaciones generacionales distorsionaron esa imagen en muchos.

Así como un espejo roto refleja una imagen fragmentada y desfigurada, nuestra alma herida reflejaba un diseño distorsionado, muy distante del original. Cristo vino no solo a perdonar pecados, sino a reconstruir la imagen original de Dios en nosotros. 2 Corintios 5:17 afirma:

"De modo que si alguno está en Cristo, nueva criatura es; las cosas viejas pasaron; he aquí todas son hechas nuevas."

La restauración de nuestra identidad implica derribar toda construcción mental, emocional y espiritual que no esté alineada con la nueva creación en Cristo. No basta con dejar atrás los pecados del pasado: es necesario abrazar conscientemente la nueva naturaleza que Dios nos ha dado. Efesios 4:24 nos exhorta:

> **"Es necesario abrazar conscientemente la nueva naturaleza que Dios nos ha dado."**

"Vestíos del nuevo hombre, creado según Dios en la justicia y santidad de la verdad."

"Vestirse" del nuevo hombre es un acto intencional: significa apropiarse de la verdad espiritual de que hemos sido restaurados para vivir en justicia, verdad, libertad y propósito.

La restauración de la imagen implica:

- Dejar de vernos como víctimas, y comenzar a vernos como herederos del Reino.
- Abandonar la mentalidad de orfandad, y abrazar la paternidad celestial.
- Romper con la autoimagen de insuficiencia, y abrazar la suficiencia en Cristo.
- Dejar de vivir definidos por heridas y fracasos, y comenzar a vivir definidos por el amor y la victoria de Cristo.
- Recuperar la imagen original no es solo un cambio de conducta: es una transformación radical de identidad.

Cada palabra que Dios ha dicho sobre nosotros tiene más autoridad que cualquier trauma, fracaso o pecado cometido.

— Viviendo desde el diseño eterno

Ser restaurado implica ahora vivir desde la conciencia permanente del diseño eterno. Dios no solo nos creó para ser sanados, sino para manifestar su Reino en la tierra a través de nuestra vida restaurada. Romanos 8:29 revela:

"Porque a los que antes conoció, también los predestinó para que fuesen hechos conformes a la imagen de su Hijo..."

El diseño eterno no es una idea religiosa abstracta: es la realidad espiritual donde Cristo mismo es el molde de nuestro destino.

Vivir desde el diseño eterno implica:

- Pensar como hijos de Dios: renovar la mente conforme a la verdad y no al dolor.
- Sentir como hijos de Dios: sanar las emociones y permitir que la paz de Cristo gobierne.
- Decidir como hijos de Dios: caminar en obediencia al propósito, no a la emoción ni al pasado.

Gálatas 4:7 declara:

"Así que ya no eres esclavo, sino hijo; y si hijo, también heredero de Dios por medio de Cristo."

La verdadera libertad no es solo dejar de sufrir: es vivir plenamente como hijo legítimo, heredero, y embajador del Reino.

La restauración completa lleva a una vida que:

- No reacciona desde el dolor, sino que actúa desde el propósito.
- No es gobernada por las heridas, sino por la identidad renovada.
- No busca sobrevivir, sino que camina activamente en su asignación eterna.

Dios no solo quiere sanar tu pasado: quiere activar tu presente y proyectarte hacia tu destino glorioso.

Aceptar el diseño original es caminar cada día sabiendo que fuimos creados para portar Su gloria, Su amor y Su gobierno espiritual en cada área de nuestra vida.

"Fuimos creados para portar Su gloria, Su amor y Su gobierno."

LIBERANDO EL LINAJE Y LA HERENCIA ESPIRITUAL

La restauración de la identidad individual no es un evento aislado en el plano espiritual; es la puerta que abre la posibilidad de redención y transformación de todo un linaje familiar. Dios no mira al hombre como una unidad desconectada, sino como parte de un entramado generacional que debe ser sanado, restaurado y reposicionado para su gloria. La sanidad de una vida tiene el potencial de reedificar generaciones completas que han estado esclavizadas bajo ciclos de dolor, pecado, maldición y fracaso. La libertad de un solo corazón puede desencadenar el despertar de descendencias enteras. Así lo establece Isaías 61:4, cuando proclama:

> *"Reedificarán las ruinas antiguas, levantarán los asolamientos primeros, y restaurarán las ciudades arruinadas, los escombros de muchas generaciones."*

Este llamado no solo señala una restauración personal, sino una reconstrucción profunda del legado espiritual.

Cuando una vida es liberada, no es solamente su historia la que cambia: se reescribe el destino de hijos, nietos y generaciones futuras. La restauración de la identidad no se limita a sanar memorias individuales, sino que desactiva los códigos espirituales heredados que mantenían cautiva la herencia familiar. El enemigo sabe que controlar un linaje es perpetuar ciclos de maldición por siglos; por eso ataca estructuras familiares completas. Pero cuando alguien se levanta bajo la restauración de Cristo, ese mismo poder que rompió sus cadenas tiene la autoridad para deshacer los decretos que oprimían su sangre. Así, una mujer restaurada puede abrir el camino para que sus hijos caminen libres; un hombre sanado puede edificar un legado de integridad, pureza y propósito.

> **"La restauración de la desactiva los códigos espirituales heredados que mantenían cautiva la herencia familiar."**

— Activando nuevas declaraciones proféticas sobre el linaje

La restauración generacional no es pasiva: debe ser intencionalmente proclamada y establecida en el mundo espiritual. Dios mismo creó todas las cosas mediante su palabra, y de igual manera, nos dio autoridad para colaborar con Él en la reconfiguración de nuestras generaciones a través de nuestras declaraciones proféticas. Proverbios 18:21 enseña con claridad que:

"la muerte y la vida están en poder de la lengua."

Esto no es poesía espiritual: es una realidad jurídica en el Reino. Lo que hablamos puede perpetuar maldiciones o liberar herencias gloriosas.

Activar nuevas declaraciones proféticas sobre el linaje significa cortar de manera verbal y consciente todo decreto de destrucción, ruina, fracaso, inmoralidad o enfermedad que haya operado en las generaciones pasadas. Pero no solo se trata de cancelar, sino de establecer. Declarar vida sobre los hijos, propósito sobre los nietos, bendición sobre las generaciones venideras. Cada palabra pronunciada desde un espíritu renovado establece un acta nueva en los registros espirituales, abriendo caminos que antes estaban cerrados.

> **"Cuando nos levantamos y hacemos declaraciones se escriben nuevos pactos de bendición sobre el linaje."**

Cuando una madre, un padre, un intercesor restaurado se levanta y declara: "Mis hijos y mis nietos caminarán en justicia; no heredarán maldiciones, sino propósitos divinos; serán conocidos como plantíos de justicia y serán bendición en la tierra," está escribiendo nuevos pactos de bendición sobre su linaje. No es un acto simbólico: es una siembra espiritual poderosa que producirá fruto, aunque los ojos naturales aún no lo vean. Isaías 59:21 confirma este pacto de generación en generación:

"Y este será mi pacto con ellos, dice Jehová: El espíritu mío que está sobre ti, y mis palabras que puse en tu boca, no faltarán de tu boca, ni de la boca de tus hijos, ni de la boca de los hijos de tus hijos, dice Jehová, desde ahora y para siempre."

Las nuevas declaraciones deben ser continuas, estratégicas y basadas en la Palabra de Dios, no en las emociones momentáneas. Declaramos no desde la desesperación, sino desde la autoridad de hijos redimidos que saben que cada palabra pronunciada conforme al corazón de Dios tiene poder de establecer herencias eternas.

— Liberando el destino profético de la descendencia

Pero declarar no es suficiente: debe haber una liberación estratégica e intencional del destino de la descendencia.

Muchos hijos y nietos arrastran batallas que nunca iniciaron. Cargas espirituales que provienen de pactos impíos, pecados ancestrales, traiciones espirituales o herencias de idolatría que deformaron su camino incluso antes de nacer. Liberar el linaje implica pararse en la brecha como intercesores judiciales para cerrar puertas, romper cadenas y reclamar restitución sobre las generaciones futuras. Joel 2:28 nos muestra el deseo del corazón de Dios:

"Y después de esto derramaré mi Espíritu sobre toda carne, y profetizarán vuestros hijos y vuestras hijas..."

El destino de nuestros hijos no es la ruina, el pecado o la oscuridad: es caminar en profecía, visión, santidad y propósito.

Liberar la herencia implica:

- Interceder de manera estratégica en oración judicial, presentando causas específicas: abortos, idolatrías, pactos

de sangre, injusticias, violencias que se hayan cometido en el linaje.
    - Renunciar a toda participación voluntaria o involuntaria en esos ciclos, rompiendo toda legalidad que el enemigo había utilizado para perpetuar opresión generacional.
    - Reclamar la cobertura de la Sangre del Cordero sobre las generaciones, exigiendo restitución espiritual conforme a la justicia divina.

Esta liberación es una acción judicial consciente en los tribunales celestiales, donde se presentan evidencias, se anulan decretos infernales y se reclama la herencia legítima comprada por Cristo.

Visualizar a los hijos y nietos caminando en pureza, autoridad, y destinación profética es parte del proceso. Declararlo continuamente, pelearlo en oración estratégica y sembrarlo en acciones diarias de fe convierte esa visión en una realidad espiritual tangible.

No importa cuán quebrado parezca hoy un linaje; una vida restaurada que se levanta en el nombre de Jesús puede convertirse en el punto de inflexión que cambiará el destino de generaciones. Cada vida transformada en Cristo tiene el poder de ser un portal de gloria para sus descendientes. Así como las maldiciones podían transmitirse, ahora la herencia de bendición puede perpetuarse.

La verdadera restauración no termina en el corazón del restaurado: se extiende como una ola imparable sobre todo su linaje, reescribiendo historias, sanando memorias, y edificando un legado de gloria que testificará del poder restaurador del Dios vivo.

RESUMEN DEL CAPÍTULO

La restauración de la identidad es uno de los trabajos más profundos que Dios realiza en la vida del creyente. Aunque el enemigo ha intentado deformar la imagen de Dios a través de heridas, traumas y mentiras, el sacrificio de Cristo abrió la posibilidad de recuperar lo que se había perdido. Mediante la sanidad interior, el perdón genuino y la renovación mental conforme a la verdad de Dios, es posible reconstruir la identidad de hijo legítimo, restaurando la percepción de quiénes somos realmente y habilitando una vida alineada al diseño original.

Este proceso no solo transforma la vida personal, sino que impacta generaciones y linajes enteros. Cuando la identidad es restaurada, el creyente adquiere autoridad para cancelar maldiciones heredadas y abrir caminos nuevos de bendición, propósito y herencia. Así, la restauración se convierte en plataforma para edificar familias, liberar ciudades y activar el destino espiritual, posicionando al creyente como heredero y canal del Reino en la tierra.

ACTIVIDADES POR HACER

1.Activando el perdón liberador
Haz una lista de las personas o situaciones que aún provocan dolor, amargura o resentimiento en tu corazón. Frente a cada nombre o situación, ora deliberadamente entregándolos a los pies de Cristo. Perdona, no porque ellos lo merezcan, sino porque tú decides ser libre. Escribe una declaración de perdón para cada caso, siguiendo este modelo: *"Hoy decido perdonar a ____________. Renuncio a toda amargura, dolor y resentimiento. Me declaro libre en el nombre de Jesús y bendigo a esta persona para que también sea restaurada en Cristo."*

Recuerda: perdonar no borra el pasado, pero destruye el poder que tenía sobre tu alma.

2.Proclamando tu diseño original en Cristo

Después de confrontar heridas y activar el perdón, declara sobre tu vida las verdades que Dios ha establecido en Su Palabra. Toma versículos como Efesios 2:10, 2 Corintios 5:17, Romanos 8:17 y 1 Pedro 2:9, y conviértelos en declaraciones personales:
"Soy hechura de Dios, creado en Cristo Jesús para buenas obras."
"Soy una nueva criatura: las cosas viejas pasaron, todas son hechas nuevas."
"Soy coheredero con Cristo, participante de Su herencia eterna."

Haz de estas proclamaciones un hábito diario, reforzando así la restauración de tu verdadera identidad espiritual.

3.Activando dones y propósito
Ora preguntando al Espíritu Santo cuáles son los dones, talentos o llamados que Él ha sembrado en ti y que tal vez han estado dormidos o ignorados. Escribe todo lo que recibas: impresiones, deseos santos, visiones o sueños. Luego comprométete a activar esos dones mediante pasos concretos: capacitación, servicio en la obra, discipulado, o acciones de fe. Recuerda 2 Timoteo 1:6:
"Aviva el fuego del don de Dios que está en ti."

Anota tus próximos pasos de obediencia y pídele a Dios gracia para caminar en el propósito para el cual fuiste creado.

ORACIÓN FINAL

Padre eterno, Dios de verdad, Creador de todo lo que existe, hoy me postro ante Ti en espíritu y en verdad, reconociendo que fuera de Ti no hay vida, no hay propósito, no hay destino seguro. Me acerco a Tu trono de gracia no con presunción, sino con temor reverente, sabiendo que he sido llamado, redimido y sellado para caminar en la plenitud de mi identidad en Cristo Jesús.

Hoy vengo delante de Tu tribunal celestial, convocando en Tu nombre a los testigos santos: a los ángeles escribas, a la nube de testigos, a los espíritus de los justos perfeccionados (Hebreos 12:1, 23), para rendir cuentas de mi vida y reclamar la restauración de mi identidad original, la misma que Tú diseñaste para mí antes de la fundación del mundo (Efesios 1:4).

Reconozco, Señor, que he permitido que las heridas, los traumas, los rechazos y las palabras de muerte deformaran la imagen que Tú inscribiste en mí. Confieso que he creído mentiras, que he abrazado etiquetas impuestas por el dolor, por el abandono, por el fracaso, y por la voz del enemigo que susurraba que no era suficiente, que no era digno, que no tenía valor. Hoy, delante de Ti, confieso cada mentira que he aceptado, cada identidad falsa que he cargado, cada percepción equivocada de mí mismo que ha oscurecido Tu diseño eterno.

Te pido perdón, oh Dios, porque en mi quebranto he dudado de Tu amor y de Tu propósito. He dejado que el temor me gobierne, que la culpa me encadene, que la vergüenza me silencie. Pero hoy, me levanto en el nombre de Jesús, invocando el poder de Su Sangre preciosa que habla más fuerte que toda acusación infernal (Hebreos 12:24), y declaro que soy libre para recuperar lo que el infierno trató de destruir.

Hoy renuncio, en el nombre de Jesús, a toda mentira que ha contaminado mi percepción:

- Renuncio a creer que no soy amado, porque está escrito: "Con amor eterno te he amado; por tanto, te prolongué mi misericordia" (Jeremías 31:3).
- Renuncio a creer que no tengo valor, porque está escrito: "¿No se venden dos pajarillos por un cuarto?

Con todo, ni uno de ellos caerá a tierra sin vuestro Padre... Así que no temáis; más valéis vosotros que muchos pajarillos" (Mateo 10:29, 31).

- Renuncio a creer que estoy solo, porque está escrito: "Aunque mi padre y mi madre me dejaran, con todo, Jehová me recogerá" (Salmo 27:10).
- Renuncio a toda mentalidad de orfandad, de inferioridad, de derrota y de rechazo.

Declaro que hoy asumo mi identidad verdadera como hijo legítimo del Altísimo, coheredero con Cristo, portador de Su Espíritu, embajador de Su Reino.

Hoy, en el nombre de Jesús, proclamo que mi vida no será más gobernada por el dolor del pasado, sino por la verdad eterna de Tu Palabra.
Declaro que soy hechura Tuya, creado en Cristo Jesús para buenas obras, las cuales Tú preparaste de antemano para que yo anduviera en ellas (Efesios 2:10).
Declaro que soy una nueva criatura; las cosas viejas pasaron, he aquí todas son hechas nuevas (2 Corintios 5:17).

Padre celestial, te presento también mi linaje. Comparezco ante Tu tribunal no solo por mí, sino por mis generaciones. Te presento la historia de mi familia: sus errores, sus pecados ocultos, sus iniquidades heredadas, sus traiciones espirituales.

Clamo misericordia, Señor. Pido que la Sangre de Jesús cubra cada transgresión ancestral.
Anulo todo decreto de maldición generacional que haya operado sobre mi linaje por causa de pecados no confesados, idolatría, injusticia o corrupción.
Cito Tu Palabra que dice:
"El alma que pecare, esa morirá. El hijo no llevará el pecado del padre, ni el padre llevará el pecado del hijo" (Ezequiel 18:20).

Hoy, en el nombre de Jesús, rompo toda acta de acusación que clame herencias de fracaso, ruina, enfermedad o destrucción sobre mis hijos, mis nietos y mis generaciones futuras.
Declaro que mis generaciones servirán al Señor.
Declaro que mis descendientes serán llamados plantíos de justicia, heredarán la tierra y proclamarán Su nombre.
Declaro conforme a Isaías 59:21:
"El Espíritu mío que está sobre ti, y mis palabras que puse en tu boca, no faltarán de tu boca, ni de la boca de tus hijos, ni de

la boca de los hijos de tus hijos, dice Jehová, desde ahora y para siempre."

Hoy, Señor, también activo, por fe, los dones y el propósito que sembraste en mí.
Renuncio al miedo que paraliza, a la comodidad que adormece, al desánimo que neutraliza.
Clamo que el fuego de los dones espirituales sea avivado en mí, conforme a 2 Timoteo 1:6: "Por lo cual te aconsejo que avives el fuego del don de Dios que está en ti."

Declaro que el talento, la sabiduría, la visión y la fuerza espiritual que me fueron dadas serán usadas para Tu gloria.
Proclamo que no caminaré más en confusión ni en pasividad, sino en obediencia activa al propósito eterno que diseñaste para mí.
Hoy recupero, por fe, la honra que el pecado y las heridas me robaron.
Asumo mi lugar como hijo del Rey, como embajador de Cristo, como heredero legítimo de las promesas.
Declaro que caminaré en autoridad espiritual, no para dominar, sino para servir, no para buscar reconocimiento humano, sino para glorificar Tu nombre en todo lo que haga.

Padre, sello esta oración en el nombre de Jesús, bajo el testimonio de la Sangre que me justifica, y en la autoridad del Espíritu Santo que habita en mí.

Que todo lo declarado hoy sea inscrito en los libros celestiales como testimonio vivo de Tu obra restauradora.

Que ningún argumento infernal pueda revocar lo que ha sido sellado por Tu decreto eterno.
Y que mi vida, restaurada en identidad, propósito y honra, sea desde hoy un testimonio de Tu fidelidad, de Tu misericordia, y de Tu gloria en la tierra.

En el nombre poderoso de Jesucristo,
Amén.

CAPÍTULO 9

VIVE DESDE TU VICTORIA EN CRISTO

VIVE DESDE TU VICTORIA EN CRISTO

"Porque todo lo que es nacido de Dios vence al mundo; y esta es la victoria que ha vencido al mundo, nuestra fe."
1 Juan 5:4

FUNDAMENTOS PARA MANTENER LA LIBERTAD ESPIRITUAL

La libertad espiritual que hemos recibido no es un evento, es una posición que debe sostenerse con firmeza cada día. No basta con haber sido liberados: ahora es tiempo de gobernar sobre lo que fue conquistado, y eso se logra mediante una vida de vigilancia activa y santidad práctica. El apóstol Pedro fue claro al advertir:

"Sed sobrios, y velad; porque vuestro adversario el diablo, como león rugiente, anda alrededor buscando a quien devorar." (1 Pedro 5:8)

La vigilancia espiritual no es vivir en temor; es caminar con conciencia. No se trata de obsesión, sino de gobierno. Es la actitud interna de quien sabe que su alma es un terreno en disputa, y por lo tanto, debe mantenerse en guardia. La vigilancia es un principio de guerra y también de honra: es custodiar el fuego que se nos ha confiado.

> **"La vigilancia espiritual no es vivir en temor; es caminar con conciencia. No se trata de obsesión, sino de gobierno."**

Esta vigilancia debe extenderse a tres ámbitos principales:

1. Protección mental
La mente es el portal maestro del alma. Es allí donde nacen los argumentos, se instalan los temores, se normalizan las concesiones y se activa la autodestrucción. Un creyente vigilante no deja que su mente sea tierra de paso para todo pensamiento; somete cada idea al gobierno de la Palabra.

"Y no os conforméis a este siglo, sino transformaos por medio de la renovación de vuestro entendimiento..." (Romanos 12:2)

La limpieza espiritual sin renovación mental es como una casa barrida pero vacía. Por eso es fundamental entrenarse para pensar como el cielo piensa. Vigilancia mental es discernimiento constante, es evaluación doctrinal, es silencio interior ante el ruido de la confusión.

2. Protección emocional
Las emociones no son enemigos, pero mal gobernadas son puertas abiertas al desánimo, la culpa, la victimización o la ira. Un alma herida sin restaurar se convierte en blanco fácil del enemigo. El creyente vigilante no solo detecta heridas, sino que las lleva a la cruz para ser sanadas.

"Sobre toda cosa guardada, guarda tu corazón; porque de él mana la vida." (Proverbios 4:23)

Vigilar el corazón no es reprimir lo que sentimos, es sanar lo que cargamos, es perdonar pronto, liberar cargas, cerrar ciclos. Es cultivar un corazón limpio, para que no se convierta en nido de raíces amargas.

3. Protección física
Lo espiritual y lo físico no están separados. Tu cuerpo es templo, y los hábitos que adoptas, los lugares que frecuentas y las prácticas que sostienes afectan directamente tu condición espiritual.

"¿No sabéis que vuestro cuerpo es templo del Espíritu Santo...?" (1 Corintios 6:19)

Un estilo de vida vigilante incluye evaluar con qué llenas tus ojos, tus oídos, tus conversaciones y tus rutinas. Un cuerpo cansado, intoxicado o en ambientes equivocados es más vulnerable a recaídas espirituales. Vigilancia es también cuidar tu atmósfera natural.

— La santidad práctica: armadura viva del creyente

La santidad no es un manto invisible que se recibe pasivamente, es una armadura viva que se viste cada día. No es un ideal abstracto, ni una señal de superioridad moral; es la evidencia de un gobierno espiritual real sobre tu vida.

"Sed santos, porque yo soy santo." (1 Pedro 1:16)

La santidad práctica consiste en obedecer la voz del Espíritu antes que los impulsos de la carne, en separarse intencionalmente de lo que diluye la gloria, en guardar los sentidos, filtrar los pensamientos, y cultivar un estilo de vida alineado con la voluntad de Dios.

"Por lo demás, hermanos, todo lo que es verdadero, todo lo honesto, todo lo justo, todo lo puro, todo lo amable... en esto pensad." (Filipenses 4:8)

La santidad no es represión, es dirección. No es miedo al pecado, es pasión por la presencia. No se trata solo de evitar el mal, sino de abrazar con convicción lo justo, lo puro y lo eterno.

El que camina en santidad no se aísla, se distingue. No vive en arrogancia espiritual, sino en reverencia continua. No es perfecto, pero ha decidido vivir rendido.

- Cómo cerrar las puertas al retroceso espiritual

Una de las razones por las que muchos creyentes, aun después de una experiencia poderosa de liberación, vuelven a caer en ciclos espirituales, es porque no se les ha enseñado cómo cerrar correctamente las puertas al retroceso. La limpieza espiritual debe ir acompañada de un ejercicio consciente de discernimiento y resistencia activa. A continuación, exploraremos los dos pilares fundamentales para mantener sellado el avance espiritual conquistado:

1. Discernir las trampas de retroceso

El retroceso espiritual no siempre inicia con una caída visible; muchas veces empieza con pequeñas concesiones que parecen inofensivas. El enemigo rara vez ataca de forma frontal en quienes han sido limpiados recientemente; prefiere actuar con sutileza, normalizando comportamientos antiguos, disfrazando viejos vínculos de nuevas oportunidades, y susurrando pensamientos que parecen propios, pero son semillas del pasado buscando terreno fértil.

El creyente debe aprender a identificar cuándo un ambiente, una conversación, una relación o una decisión está conectada espiritualmente con ciclos ya cancelados, y requiere acción inmediata para no dar cabida a las tinieblas. Una trampa de retroceso no se anuncia con violencia; se presenta envuelta en familiaridad, comodidad o autosuficiencia. Por eso, el discernimiento no es opcional, es vital.

"El avisado ve el mal y se esconde; mas los simples pasan y reciben el daño." (Proverbios 22:3)

Algunas trampas comunes de retroceso incluyen:

- Normalizar lo que antes ya habías discernido como incorrecto.
- Ceder terreno emocional "por nostalgia" de relaciones o estilos de vida pasados.
- Reabrir pactos o alianzas a través de la distracción, el orgullo o el desánimo.
- Apagar lentamente la oración, el ayuno, la obediencia, o la búsqueda de la Palabra.

El retroceso no es solo volver a hacer lo que hacías antes, sino perder el enfoque de quién eres ahora. Por eso, cerrar puertas empieza por afinar la percepción espiritual y estar atentos a los patrones que quieren resurgir como si nunca hubiesen sido confrontados.

2. Resistir las recaídas espirituales activamente
Cerrar puertas no es una acción pasiva. No basta con decir "no quiero volver a caer". La Escritura dice:

"Someteos, pues, a Dios; resistid al diablo, y huirá de vosotros."
(Santiago 4:7)

Resistir es una actitud activa, de autoridad y firmeza. No es suficiente con alejarse de lo malo: hay que alinear la vida con la Palabra, buscar ayuda cuando sea necesario, aplicar principios espirituales de protección y ejercer dominio propio como señal de madurez.

Resistir es cortar vínculos con ambientes que antes abrían puertas. Es aprender a cerrar ciclos sin romanticismo. Es decidir que tu historia no repetirá el patrón de esclavitud ni emocional, ni sexual, ni espiritual. Es someterte voluntariamente al gobierno de Dios y hacer de la obediencia tu escudo diario.

"El que habita al abrigo del Altísimo morará bajo la sombra del Omnipotente." (Salmo 91:1)

Recaer espiritualmente no es simplemente volver a fallar: es reabrir puertas que ya habían sido cerradas con pacto, oración y sangre. Por eso, resistir significa:

- Establecer límites espirituales firmes.
- Hablar con alguien maduro espiritualmente si ves señales de debilidad.
- Reprender pensamientos y emociones que reactivan alianzas viejas.

- Volver al altar antes de que el vacío vuelva a hablar más fuerte que el Espíritu.
- Declarar la Palabra como espada en momentos de ataque mental o emocional.

Cerrar puertas es una práctica diaria. Es más que una oración de renuncia: es un estilo de vida. Es una convicción interna que dice:
"Lo que me costó lágrimas, no lo vuelvo a negociar."
"Lo que Dios limpió, no lo vuelvo a contaminar."
"Lo que el fuego quemó, no lo vuelvo a construir."

HERRAMIENTAS DE GUERRA PARA LA VICTORIA DIARIA

La liberación no marca el final del proceso, sino el punto de partida para una vida de gobierno espiritual. Dios no solo nos libera, nos equipa. El Reino no entrega victorias sin entregar también armas. Todo creyente que ha sido redimido ha sido también revestido con herramientas poderosas que no solo sirven para defenderse, sino para avanzar, conquistar y mantener su posición en Cristo.

"Fortaleceos en el Señor, y en el poder de su fuerza. Vestíos de toda la armadura de Dios, para que podáis estar firmes contra las asechanzas del diablo." (Efesios 6:10–11)

"Permanecer firme es posible cuando el creyente activa conscientemente las armas espirituales que Dios le ha confiado."

No basta con ser libre; hay que permanecer firme, y eso solo es posible cuando el creyente activa conscientemente las armas espirituales que

Dios le ha confiado. A continuación, exploraremos estas armas con el nivel de revelación, autoridad y detalle que merecen.

1. La armadura de Dios – Protección y autoridad para permanecer firmes

La armadura de Dios no es una metáfora decorativa; es una estructura espiritual completa, un sistema de defensa y avance diseñado por Dios para que el creyente no solo resista, sino conquiste.

Cada pieza tiene un propósito específico. Y toda la armadura debe ser vestida cada día con entendimiento, oración y decisión.

"Por tanto, tomad toda la armadura de Dios, para que podáis resistir en el día malo, y habiendo acabado todo, estar firmes."
(Efesios 6:13)

- Cinturón de la verdad: La verdad no es una idea, es una persona: Jesús. Este cinturón representa la integridad, la honestidad, la transparencia.
  Quien camina en mentira tiene grietas; pero el que se ciñe con verdad camina con estabilidad y fuerza interior.
- Coraza de justicia: No se trata de tu justicia, sino de la justicia de Cristo sobre ti. Esta coraza protege el corazón de la culpa, el rechazo y la condenación.
  Un corazón cubierto por justicia no se contamina con acusaciones del enemigo.

- Calzado del evangelio de la paz: Es firmeza para avanzar sin temor. Donde pises, llevas paz, llevas luz, llevas propósito. Un creyente bien calzado no retrocede, deja huella.
- Escudo de la fe: Detiene los dardos del enemigo: duda, temor, confusión, acusación. Cada vez que declaras la Palabra, levantas el escudo. La fe no se siente, se activa.
- Yelmo de la salvación: Protege la mente. No dejes tu pensamiento expuesto. La salvación no solo perdona el pasado, protege tu presente y asegura tu destino.
- Espada del Espíritu (la Palabra de Dios): Es tu única arma ofensiva. No solo resistes, atacas con la verdad. El enemigo no se impresiona por tus emociones, huye cuando declaras la Palabra con fe.

La armadura no es poesía, es cobertura. Y sin ella, el creyente está vulnerable. Vestirse cada mañana espiritualmente es tan esencial como vestirse físicamente. Es disciplina, es estrategia, es protección.

> **"Vestirse cada mañana espiritualmente es tan esencial como vestirse físicamente."**

2. La Sangre de Cristo – El arma suprema de cobertura, limpieza y legalidad

La Sangre de Cristo no es solo un símbolo de redención: es el grito legal del cielo que dice "ya fue pagado".

En el mundo espiritual, la Sangre es un arma de defensa, limpieza, cancelación, anulación y cobertura. Donde la Sangre es aplicada, el enemigo no puede acusar, ni entrar, ni tocar.

"Donde la Sangre es aplicada, el enemigo no puede acusar, ni entrar, ni tocar."

"Y ellos le han vencido por medio de la sangre del Cordero..."
(Apocalipsis 12:11)

La Sangre:

- Cancela todo pacto contrario al Reino.
- Anula todo argumento legal del infierno.
- Limpia la conciencia del pecado.
- Protege la mente del ataque mental.
- Cubre el corazón de la acusación.
- Guarda la atmósfera del hogar.
- Defiende tu avance espiritual.

"Estando ya justificados en su sangre, por él seremos salvos de la ira."(Romanos 5:9)

La Sangre se invoca, se declara, se aplica en oración. Declara: "Cubro mi mente con la Sangre de Cristo. Cubro mi casa. Mi cuerpo. Mi entrada y mi salida. Mis recuerdos. Mis emociones. Mis decisiones. Todo está bajo el poder del Cordero."

Nada es más poderoso que una conciencia limpia por la Sangre. Porque una conciencia limpia camina sin vergüenza, sin temor y con autoridad.

3. La autoridad delegada – Herencia activa de los hijos de Dios

Todo creyente nacido de nuevo ha recibido autoridad delegada.

No es una autoridad emocional. Es legal. Es espiritual. Es real.
Es el derecho dado por Cristo para atar, desatar, declarar, resistir, avanzar, liberar, y gobernar espiritualmente en su Nombre.

"He aquí os doy potestad de hollar serpientes y escorpiones, y sobre toda fuerza del enemigo, y nada os dañará." (Lucas 10:19)

La autoridad no se siente, se ejecuta. No necesitas gritar para que el infierno obedezca, necesitas hablar como quien sabe quién es y quién lo respalda.

"No necesitas gritar para que el infierno obedezca, necesitas hablar como quien sabe quién es y quién lo respalda."

Esta autoridad viene con la identidad de hijos, pero se activa con fe, obediencia y posicionamiento espiritual.

Un creyente que no ejerce autoridad vive como súbdito cuando ha sido llamado a gobernar. La autoridad delegada te permite declarar paz, reprender enfermedades, romper pactos, expulsar demonios, establecer bendición, y vivir desde el lugar donde estás sentado con Cristo (Efesios 2:6).

4. Atar y desatar – Poder judicial del Reino en la tierra

"De cierto os digo que todo lo que atéis en la tierra, será atado en el cielo; y todo lo que desatéis en la tierra, será desatado en el cielo."
(Mateo 18:18)

Este no es un acto simbólico, es una función espiritual legal del creyente.

Atar significa restringir: impedir el movimiento o avance de algo. Desatar significa liberar: permitir que algo fluya, avance o se active. Cuando un creyente dice con fe: "Ato toda confusión en mi casa" —el cielo responde. Cuando dice: "Desato sanidad, desato paz, desato justicia..." —el cielo ejecuta.

Estas declaraciones no son deseos, son mandatos espirituales respaldados por la autoridad del Reino. Este poder no opera desde la emoción, sino desde la comunión. Solo quien vive bajo el gobierno del Padre puede operar como embajador con legitimidad.

Por eso, es vital usar tu boca con entendimiento. Porque tus palabras activan códigos, ángeles, puertas, sentencias o resistencias.

5. La oración estratégica – Motor de cobertura, revelación y activación

La oración no es una opción para los fuertes; es la base de los que desean permanecer. El creyente que no ora, se debilita. El que ora sin cesar, gobierna.

> **"La oración es la base de los que desean permanecer. El creyente que no ora, se debilita."**

La oración no solo nos conecta con Dios, nos posiciona en la dimensión del Reino donde se toman decisiones eternas. Es allí donde se cierran puertas, se abren caminos, se desatan recursos y se sellan procesos.

"El que habita al abrigo del Altísimo morará bajo la sombra del Omnipotente."(Salmo 91:1)
"Orad en todo tiempo con toda oración y súplica en el Espíritu."(Efesios 6:18)

No se trata de repetir frases, sino de alinear el corazón con el cielo. La oración no cambia solo las circunstancias, cambia al que ora.

El altar de oración es el lugar donde se vence primero, antes de entrar en la batalla visible.

6. El poder de la Palabra – Fundación, espada y decreto
La Palabra no es solo un manual moral. Es la constitución del Reino de Dios. Es la espada del Espíritu que corta mentiras, destruye fortalezas, libera el alma y activa promesas. Quien camina sin Palabra, camina en oscuridad.

"Porque la palabra de Dios es viva y eficaz, y más cortante que toda espada de dos filos..."
(Hebreos 4:12)

La Palabra debe ser leída con devoción, declarada con fe, y vivida con obediencia. Cada versículo es un código de autoridad. Cada promesa es un decreto disponible. Cada historia es un modelo espiritual. Saturarse de Palabra es blindar la mente y el corazón para permanecer firme cuando venga la prueba.

7. El ayuno – Rendir la carne para activar lo sobrenatural

El ayuno no es castigo. Es una estrategia para entrenar el espíritu a tomar el gobierno.

> **"El ayuno no es castigo. Es una estrategia para entrenar el espíritu a tomar el gobierno."**

Cuando ayunamos, silenciamos la carne, rompemos hábitos, cerramos puertas sensuales, limpiamos la atmósfera interior, y elevamos el discernimiento.

"¿No es más bien el ayuno que yo escogí: desatar ligaduras... romper todo yugo?" (Isaías 58:6)
"Este género no sale sino con oración y ayuno." (Mateo 17:21)

El ayuno acompaña decisiones, abre caminos cerrados, desbloquea estancamientos, y vuelve a alinear el corazón con el propósito.

Quien ayuna con revelación no pierde fuerza, gana gobierno.

8. La alabanza – El arma que desata presencia y desestabiliza tinieblas

Alabar no es solo cantar. Es gobernar atmósferas. Es declarar que Dios está presente, aun cuando las circunstancias no lo muestren.

La alabanza desarma la tristeza, quiebra el silencio espiritual, y activa la presencia del Señor para actuar como guerrero.

"Mas tú eres santo, tú que habitas entre las alabanzas de Israel."
(Salmo 22:3)
"Y aconteció que cuando comenzaron a entonar cantos... Jehová puso contra los enemigos emboscadas..."
(2 Crónicas 20:22)

"Una casa que alaba, no se llena de opresión. Un corazón que adora, no puede ser territorio de las tinieblas."

Una casa que alaba, no se llena de opresión. Un corazón que adora, no puede ser territorio de las tinieblas.
La alabanza no es una emoción, es una estrategia para mantener al enemigo fuera y la gloria de Dios dentro.

9. Las declaraciones proféticas – Activar lo invisible con la palabra hablada
La boca del creyente no fue diseñada solo para comunicarse, sino para legislar en el espíritu. Cuando declaramos con fe lo que Dios ha dicho, no estamos repitiendo frases vacías, sino desatando códigos del Reino que se alinean en lo natural y en lo espiritual.

"Creí, por lo cual hablé."
(2 Corintios 4:13)
"Tendrás lo que digas."
(Marcos 11:23)

Declarar no es decretar caprichos, es liberar verdades eternas que ya fueron dichas por Dios y tomar posesión de ellas.
El cielo responde a la voz que habla con autoridad.
Tus palabras deben alinearse con la Palabra, y salir de una vida limpia y gobernada. El mundo espiritual

escucha cuando un hijo de Dios habla con revelación.

10. Los actos proféticos – Elementos visibles que establecen el Reino en lo invisible
Los actos proféticos son acciones visibles que activan realidades espirituales. No son supersticiones ni rituales vacíos, sino actos de fe fundamentados en la Palabra.

Cada vez que un profeta ungía con aceite, marcaba el inicio de un nuevo gobierno. Cada vez que se vertía agua, se sellaba una limpieza espiritual. Cada elemento tiene un peso simbólico, y usado con fe, establece autoridad, límites y activación del Reino.

"Toma aceite de oliva... y úngelo. Así apartarás para mí..."
(Éxodo 30:25–30)
"Eliseo echó sal en las aguas y las sanó."
(2 Reyes 2:19–22)
"Jesús convirtió el agua en vino."
(Juan 2:1–11)

- El aceite: símbolo del Espíritu Santo, la unción, el gobierno, el nuevo comienzo. Úsalo para ungir tu casa, tu familia, tu cabeza, tu corazón, declarando que todo queda bajo el Reino de Dios.
- La sal: establece pacto, purifica, conserva, sana. Úsala proféticamente para declarar pureza, sanidad, restauración de relaciones y rompimiento de corrupción espiritual.

- El agua: representa limpieza, fluidez, renovación. Puede usarse como símbolo de restauración, apertura de caminos, purificación de ambientes cargados.
- El vino: figura del gozo, la presencia, la sangre, el pacto renovado. Puede representarse en actos que anuncian tiempos nuevos, reactivación de alegría y restauración del pacto.

Los actos proféticos no sustituyen la fe: la acompañan, la activan, la expresan.
Se hacen con reverencia, dirección del Espíritu, y claridad bíblica. Y cuando se hacen con fe, el mundo espiritual se alinea.

11. El Espíritu Santo – Presencia activa, revelación continua y poder vivificador

"El Espíritu Santo Es Dios mismo habitando dentro de nosotros."

El Espíritu Santo no es una fuerza ni una experiencia emocional pasajera. Es Dios mismo habitando dentro de nosotros. Es el regalo que Jesús dejó a sus discípulos después de su ascensión, y su rol no es decorativo: es esencial, poderoso y estratégico.

"Pero el Consolador, el Espíritu Santo, a quien el Padre enviará en mi nombre, él os enseñará todas las cosas, y os recordará todo lo que yo os he dicho."
(Juan 14:26)

El Espíritu Santo:

- Nos consuela en las temporadas difíciles.

- Nos revela las trampas del enemigo antes de que caigamos en ellas.
- Nos da sabiduría práctica y espiritual para cada decisión.
- Nos guía con precisión profética en tiempos de confusión.
- Nos da poder para expulsar demonios, resistir tentaciones y predicar con fuego.

"Cuando venga el Espíritu de verdad, él os guiará a toda la verdad..."(Juan 16:13)
"Pero recibiréis poder cuando haya venido sobre vosotros el Espíritu Santo..."(Hechos 1:8)

El Espíritu Santo es quien trae libertad real porque cuando revela una verdad al corazón, esa verdad rompe cadenas que ninguna prédica puede romper. Su presencia en la vida del creyente es dirección, cobertura, convicción, fortaleza, y gobierno.

Él no solo camina contigo, camina en ti.

Y donde Él gobierna, el enemigo no puede establecer tronos.

12. Los ángeles – Agentes del Reino enviados por Dios para proteger, ejecutar y asistir
En un tiempo donde la nueva era y los movimientos esotéricos han distorsionado la realidad espiritual, es urgente restaurar la verdad bíblica sobre los ángeles.

Los ángeles no se invocan, no se manipulan, no se adoran. Son seres celestiales creados por Dios para ejecutar su voluntad y asistir a los herederos de salvación.

> **"Los ángeles no se invocan, no se manipulan, no se adoran."**

"¿No son todos espíritus ministradores, enviados para servicio a favor de los que serán herederos de la salvación?" (Hebreos 1:14)

Cuando pedimos al Padre su protección, Él envía ángeles que rodean, guían, detienen, confrontan y liberan. No por adoración al ángel, sino porque el Dios que los creó así lo ordenó.
Ejemplos bíblicos:

- Gabriel fue enviado con mensajes a Zacarías y María (Lucas 1).
- Ángeles fueron enviados para destruir Sodoma y Gomorra (Génesis 19).
- Ángeles acompañaron a Jacob en su encuentro con Esaú (Génesis 32:1–2).
- Un ángel liberó a Pedro de la cárcel (Hechos 12:7–11).
- Jesús dijo que los niños tienen ángeles que ven el rostro del Padre (Mateo 18:10).

Los ángeles no se activan por misticismo, sino por la oración, el propósito divino y la palabra hablada conforme a la voluntad de Dios. Y el creyente maduro los reconoce no como ídolos, sino como compañeros celestiales enviados para asistir la obra del Reino.

Nota sobre los actos proféticos:

Aunque en este capítulo se mencionaron elementos como el aceite, la sal, el agua y el vino, existen muchos otros instrumentos que el Espíritu Santo puede inspirar en actos proféticos, según el contexto, la necesidad y la dirección espiritual del momento. Lo importante no es el objeto, sino la fe con la que se acciona y la obediencia a la voz de Dios que lo respalda.

"El que tiene oídos para oír, oiga lo que el Espíritu dice a las iglesias." (Apocalipsis 2:7)

Estas herramientas del Reino no son opcionales, ni decorativas, ni teóricas. Son estratégicas, poderosas y necesarias para caminar en firmeza después de la liberación. No se trata de usar una u otra según la ocasión; se trata de vivir armado, lleno del Espíritu, y con la revelación activada.

Dios no quiere guerreros desarmados. Dios no quiere hijos confundidos. Dios no quiere intercesores silenciosos. Dios está levantando una generación que no solo ha sido libre, sino que sabe cómo permanecer libre, cómo avanzar en victoria y cómo proteger lo que el cielo ya conquistó.

"Tú, pues, sufre penalidades como buen soldado de Jesucristo." (2 Timoteo 2:3)

ESTRATEGIAS DE FUEGO Y PERSEVERANCIA

No basta con haber sido libre. La verdadera victoria se revela en quienes aprenden a perseverar, a mantener encendido lo que Dios encendió, y a cultivar un altar personal donde Su presencia arde día tras día.

La vida espiritual no se sostiene con recuerdos de encuentros pasados, sino con un fuego vivo que alimenta la obediencia, despierta la sensibilidad al Espíritu y fortalece el carácter en medio de las pruebas. Ese fuego no aparece de forma automática. Se alimenta. Se cuida. Se protege.

Porque todo lo que arde tiene enemigos: la tibieza, la distracción, el desgaste del alma, las cargas no entregadas, las relaciones equivocadas. Muchos retroceden, no porque no conozcan la verdad, sino porque permiten que su altar se enfríe mientras aún caminan con una Biblia en la mano.

"Nunca se apagará el fuego del altar; el sacerdote lo mantendrá encendido cada mañana..." (Levítico 6:13)

Este bloque es un llamado para aquellos que desean permanecer, avanzar, y ser fieles al fuego que Dios depositó en su interior. Aquí aprenderás a detectar los drenajes que debilitan tu fervor espiritual y a establecer estrategias concretas que sostienen tu llama encendida en medio de la oscuridad.

— Mantener el fuego espiritual encendido

Uno de los mayores desafíos después de haber sido liberado y equipado es permanecer encendido en medio de la rutina, el cansancio y los ataques constantes.

El fuego espiritual es esa llama interna que te impulsa a buscar a Dios con intensidad, a obedecer sin reservas, a discernir con claridad y a avanzar con determinación, aunque no veas todo resuelto en lo natural.

No se trata de un momento de fervor aislado, sino de una condición interior sostenida por la comunión constante con el Espíritu Santo. Es el fuego que transforma la oración en encuentro, la obediencia en deleite, y la espera en fortaleza.

"Nunca se apagará el fuego del altar; el sacerdote lo mantendrá encendido cada mañana..." (Levítico 6:13)

— Factores que apagan el fuego espiritual

El fuego no se apaga de un día para otro. Se debilita en silencio. Se va consumiendo lentamente cuando dejamos de atender el altar interior. Algunas de las causas más comunes que enfrían el espíritu son:

- Tibieza progresiva: cuando se pierde la pasión, pero se conserva la apariencia.
- Distracción constante: cuando la mente se satura con ruido, contenido, tareas y relaciones que no alimentan el alma.
- Cansancio emocional acumulado: cuando el alma lleva cargas que no ha soltado, y se agota sin renovación.
- Desconexión con la Palabra: cuando dejamos de ser alimentados por la verdad y empezamos a vivir de opiniones o experiencias pasadas.
- Relaciones espiritualmente improductivas: cuando caminamos con personas que nos enfrían más de lo que nos edifican.
- Pérdida de propósito: cuando ya no recordamos para qué fuimos

llamados y dejamos de correr la carrera.

"Porque el amor de muchos se enfriará..."
(Mateo 24:12)

Cuando el fuego baja, también lo hace el discernimiento, la sensibilidad, el gozo, la claridad, la firmeza. Por eso, hay que estar atentos: el enemigo no necesita apagar tu fe de golpe, solo necesita que dejes de alimentarla.

— Cómo avivar y proteger el fuego espiritual
El fuego necesita leña. Y la leña del fuego espiritual se llama presencia, palabra, obediencia, santidad, entrega y relación con el Cielo.

El altar debe ser atendido cada día, no por obligación, sino por visión. Porque un corazón encendido no solo sobrevive: avanza, resiste y conquista.

Aquí algunas estrategias prácticas y espirituales para mantener tu llama ardiendo:

- Tiempo de intimidad real con Dios. No agendas rígidas, sino encuentros profundos, donde tu alma es ministrada, corregida y fortalecida.
- Adoración frecuente, no ocasional. Crea atmósferas donde Dios pueda habitar. La adoración rompe la pesadez espiritual.
- Meditación bíblica constante. No solo leer, sino dejar que la Palabra te confronte, te limpie y te afirme.

- Obediencia rápida. Cada vez que obedeces, alimentas el fuego. Cada vez que postergas, lo enfrías.
- Cuidar tus relaciones. Camina con gente que te rete, te edifique, te empuje a ir más profundo en Dios.
- Ayuno estratégico. El ayuno vuelve a poner el alma en su lugar. Desconecta de la carne y reconecta con el propósito.

"Aviva el fuego del don de Dios que está en ti..."
(2 Timoteo 1:6)

El fuego se protege también con vigilancia. No todo lo que es popular alimenta tu espíritu. No toda actividad es neutral. No todo silencio es descanso.

Tienes que aprender a identificar qué te enciende y qué te enfría. Qué te eleva y qué te hunde. No puedes darte el lujo de apagar el altar después de todo lo que Dios ya ha hecho por ti.

"El espíritu del hombre es la lámpara de Jehová..."
(Proverbios 20:27)

— Declaraciones proféticas para sostener la victoria

La batalla espiritual no solo se gana con lo que se piensa o se cree internamente, sino también con lo que se declara.

La Biblia enseña que la boca del creyente es un instrumento de gobierno espiritual, una puerta por la cual se activan verdades, se refuerza el avance y se asegura la permanencia.

"Creí, por lo cual hablé." (2 Corintios 4:13)
"La muerte y la vida están en poder de la lengua..."(Proverbios 18:21)

El enemigo no solo busca hacerte retroceder en tu caminar, busca silenciar tu voz profética. Porque sabe que un creyente que habla lo que Dios dice, mueve cielos, incomoda tinieblas y crea atmósferas donde el Reino se manifiesta.

Las declaraciones proféticas no son frases vacías ni repeticiones emocionales. Son palabras alineadas con la Escritura, habladas con autoridad y convicción, que establecen un marco espiritual firme para tu vida.

— Principios para declarar correctamente

- Declara con fe: Cree lo que estás diciendo. No lo hables como posibilidad, sino como verdad revelada.

  "Si tuvierais fe como un grano de mostaza... diréis a este monte: Pásate de aquí allá, y se pasará." (Mateo 17:20)

- Declara con fundamento bíblico: No declares desde tus emociones ni deseos personales. Usa la Palabra como base.

  "Este libro de la ley no se apartará de tu boca..."(Josué 1:8)

- Declara con identidad: No hables como huérfano espiritual. Habla como hijo legítimo, con autoridad delegada.

"Mas a todos los que le recibieron... les dio potestad de ser hechos hijos de Dios." (Juan 1:12)

- Declara con constancia: No basta con decirlo una vez. Persevera en lo que Dios te ha dicho hasta que lo veas manifestado.

  "Sigue diciendo..." (Marcos 11:23, énfasis del original griego: "presente continuo").

- Declara en alineación con tu estilo de vida:
  Tus palabras tienen poder cuando tu vida las respalda. La autoridad espiritual se sostiene con obediencia.

— Ejemplos de declaraciones proféticas para sostener el fuego

Estas declaraciones no reemplazan la Escritura, pero ayudan al creyente a ejercitar su voz en línea con lo que Dios ya ha dicho:

"Mi altar no se apaga, mi fuego no se extingue. Cada día me levanto con dirección y con hambre de Dios."

"Soy hijo del Reino. Lo que Dios encendió en mí, no será apagado por el mundo ni por la presión."

"Mi boca se llena de verdad. No cedo al temor. Declaro la Palabra, resisto la mentira, me alineo con el propósito."

"Camino en santidad, con discernimiento y con visión clara. Nada me detiene, nada me enfría, nada me separa de Su presencia."

"Toda área de mi vida está bajo el gobierno de Cristo. No soy guiado por el alma, sino por el Espíritu."

"Mi mente es renovada, mi corazón es firme, mis pasos son guiados. Estoy cubierto, afirmado y preparado."

Estas palabras no son fórmula mágica. Son actos proféticos que alinean tu interior con el Reino de Dios.
Cada vez que declaras conforme a la Palabra, estás avivando el fuego, renovando tu entendimiento y posicionándote nuevamente en victoria.

RESUMEN DEL CAPÍTULO

Este capítulo nos condujo a una verdad clave: ser libre no garantiza la permanencia si no aprendemos a custodiar lo conquistado. Se nos reveló que la vigilancia espiritual, la santidad práctica y el fuego interior no son añadidos opcionales, sino fundamentos esenciales para mantener la posición en Cristo. La mente, el corazón y el cuerpo deben ser vigilados con discernimiento diario, pues un creyente que descuida su altar fácilmente vuelve a ciclos de ataduras disfrazadas de comodidad espiritual.

También fuimos equipados con herramientas reales para sostener la libertad: la Palabra, la oración, el ayuno, la alabanza, la Sangre de Cristo, el nombre de Jesús, la autoridad delegada, la armadura de Dios y las declaraciones proféticas. Cada una es un instrumento entregado por el Reino para que vivamos desde la victoria y no desde la supervivencia. Se nos exhortó a declarar lo que Dios ha dicho con firmeza, a sostener el fuego a través de la disciplina, y a activar nuestra voz como un canal de gobierno espiritual.

Finalmente, entendimos que el Espíritu Santo no es un visitante, sino una presencia permanente que aviva, revela y dirige. Reconocimos también que los ángeles son enviados por Dios para proteger, asistir y ejecutar su voluntad a favor del justo. Vivir desde la victoria no significa ausencia de oposición, sino caminar con armas activas, fuego sostenido, altar encendido y una decisión diaria de no volver atrás.

ACTIVIDADES POR HACER

1. Revisa tu posición espiritual actual
Haz un diagnóstico honesto: ¿Estás sosteniendo lo que Dios ya te entregó, o has descuidado áreas clave de tu vida espiritual? Evalúa tu mente, tus emociones, tu cuerpo, tus relaciones, tu altar personal.

2. Escribe lo que encuentres.
Luego, ora con autoridad sobre cada área vulnerable y declara que no perderás lo que el cielo ya te confió.
Diseña tu estrategia de armas activas. Elige conscientemente 3 de las herramientas espirituales enseñadas en este capítulo que sientes que necesitas reactivar: puede ser la oración, la Palabra, el ayuno, la autoridad delegada, la alabanza o los actos proféticos.
Establece cómo, cuándo y con qué enfoque vas a incorporarlas a tu rutina diaria.
Escribe un compromiso con Dios para cada una de ellas y apégate a ese plan como un pacto de permanencia.

3. Construye declaraciones proféticas personalizadas
Basado en los temas del capítulo, redacta al menos 7 declaraciones que se alineen con la Palabra de Dios y refuercen tu identidad, tu fuego, tu firmeza y tu vigilancia espiritual.
Declaralas en voz alta cada mañana durante una semana.
No solo las leas: hazlas parte activa de tu atmósfera espiritual.

4. Activa el gobierno del Espíritu Santo en tu rutina diaria
Aparta un espacio cada día para invocar al Espíritu Santo antes de comenzar tus tareas, decisiones o batallas.
Escríbele una invitación personal en tu diario espiritual: "Espíritu Santo, te cedo el gobierno de este día, de mi mente, de mi agenda y de mi ambiente".
Sé intencional en rendirle el control y escribir lo que Él te revele en ese tiempo. Documenta lo que escuchas, lo que sientes, lo que Él corrige o te inspira.

ORACIÓN FINAL

Padre eterno, me acerco a ti con reverencia y quebranto, sabiendo que sin ti no puedo sostener lo que tú me has entregado. No vengo solo a agradecer por la libertad, vengo a clamar por la gracia para mantenerla. Hoy me postro ante tu trono para pedirte que selles en mi espíritu todo lo que has hecho en este proceso. Vengo como hijo que no quiere retroceder. Como alma que no quiere volver a las cadenas. Como altar que no quiere apagarse.

Tú has encendido en mí una llama, Señor, y no quiero que el descuido, la distracción o la rutina me la roben. Me niego a volver a ciclos de esclavitud por falta de vigilancia. Por eso, hoy me levanto en tu presencia para declarar que no volveré atrás, que caminaré firme, que usaré cada arma que me has dado, y que no me conformaré con haber sido libre: quiero permanecer libre, vivir desde la victoria y avanzar desde el fuego.

"Estad, pues, firmes en la libertad con que Cristo nos hizo libres, y no estéis otra vez sujetos al yugo de esclavitud." (Gálatas 5:1)
Declaro esta palabra sobre mi vida como sentencia espiritual. Hoy renuncio al retorno silencioso a patrones viejos. Renuncio a la comodidad que alimenta la tibieza. Renuncio al olvido de lo que tú hiciste en mi interior. No aceptaré la distracción que apaga, la culpa que retiene, ni las voces que enfrían. Hoy decido recordar, resguardar y revivir lo que sembraste en mí.

Espíritu Santo, ven. No te invoco como visitante, te reconozco como el Gobernador legítimo de mi alma.
Ven y sopla sobre mí como en el principio. Sopla sobre mis huesos secos. Sopla sobre mi oración apagada. Sopla sobre mi altar interno. Sopla sobre las cenizas de mis silencios y enciende una llama que no tenga final.
Quiero oírte cuando todo esté en silencio. Quiero rendirme cuando todo me empuje a resistirte. Quiero vivir gobernado por tu susurro, no por mi impulso.
"Pero el Consolador, el Espíritu Santo, a quien el Padre enviará en mi nombre, él os enseñará todas las cosas y os recordará todo lo que yo os he dicho." (Juan 14:26)

Hoy me alisto con las armas del Reino. Me visto con la armadura completa.
Me ciño con la verdad que expone la mentira. Me cubro con la justicia que rechaza la culpa. Me calzo con la paz que no depende del entorno. Tomo el escudo de la fe que apaga todo dardo del enemigo. Me pongo el yelmo de la salvación que protege mi mente. Levanto la espada del Espíritu que es tu Palabra, viva, activa y cortante.
Y oro sin cesar, no como un acto religioso, sino como una conversación viva con el Dios que me gobierna.
"Por tanto, tomad toda la armadura de Dios, para que podáis resistir en el día malo, y habiendo acabado todo, estar firmes." (Efesios 6:13)

Hoy activo la Sangre del Cordero sobre mi altar.
La aplico sobre mi mente, mi memoria, mi agenda, mis emociones, mi cuerpo, mis palabras.
Invoco la Sangre que limpia, cubre, sella, cancela, protege, absuelve y redime.
Anulo toda voz de acusación. Cierro toda puerta vieja. Rompo todo eco del pasado. Y declaro que soy libre, no solo por fe, sino por evidencia legal del cielo. "La sangre de Jesucristo, su Hijo, nos limpia de todo pecado." (1 Juan 1:7)

Hoy también levanto mi voz como hijo del Reino y activo mi autoridad.
No hablaré desde el dolor, sino desde la identidad. No callaré por temor, sino que declararé como embajador de tu verdad.
"Ataré en la tierra lo que esté operando fuera de tu voluntad. Y desataré sobre mi vida lo que tu Reino ha dispuesto."
"De cierto os digo que todo lo que atéis en la tierra será atado en el cielo, y todo lo que desatéis en la tierra será desatado en el cielo." (Mateo 18:18)

Señor, hago memoria de todo lo que me enseñaste en este capítulo:
Me enseñaste que la vigilancia espiritual es protección.
Que el fuego no se cuida solo. Que la autoridad debe ejercerse. Que la voz no debe callarse. Que la libertad debe sostenerse con responsabilidad.
Hoy alineo mi vida con estas verdades. Hoy pacto contigo permanecer.

Si he dejado puertas abiertas, revélamelas. Si he tolerado relaciones que me enfrían, muéstramelas. Si hay pensamientos

que boicotean mi avance, expónmelos. Hoy no me escudo en justificaciones. Hoy me humillo para ser fortalecido.
Hazme sensible otra vez. Hazme vigilante. Hazme dependiente. Hazme radical. Hazme tuyo.
Señor, no quiero ser uno más. Quiero ser parte de los que terminan con gloria.
Quiero vivir en fuego hasta el final.
Quiero que mi altar sea un testimonio visible de que tú sí puedes mantener a un hombre encendido cuando el hombre no se apaga solo.

Gracias, Señor, porque no solo me libertaste... me armaste, me posicionaste y me enseñaste a pelear.
Gracias por cada herramienta. Gracias por tu Espíritu. Gracias por tu Palabra.
Gracias por confiarme esta libertad para vivirla con temor reverente y fuego constante.

Y hoy, delante de ti, decreto:
Mi altar no se apagará.
Mi gobierno espiritual no se soltará.
Mi voz no se silenciará.
Y mi destino no se perderá.
En el nombre de Jesús,
Amén.

CAPÍTULO

10

LA GUERRA ESPIRITUAL DEL ALMA Y EL CUERPO

LA GUERRA ESPIRITUAL DEL ALMA Y EL CUERPO

"Porque las armas de nuestra milicia no son carnales, sino poderosas en Dios para la destrucción de fortalezas."
2 Corintios 10:4

LA BATALLA POR EL ALMA, LA MENTE Y EL CUERPO

En el campo de batalla espiritual, el cuerpo no es un simple espectador. Es un escenario. Y no cualquier escenario, sino el más estratégico. El alma no es un adorno del espíritu; es el puente donde se deciden guerras invisibles. Y la mente es la central de pensamientos, emociones, convicciones y deseos, se convierte en un territorio en disputa constante. El enemigo sabe que quien gobierna la mente, tiene acceso al alma; y quien corrompe el alma, acaba contaminando el cuerpo. Esta trinidad humana —cuerpo, alma y mente— no puede verse como compartimentos aislados, sino como un sistema integral donde el Reino de Dios o el reino de las tinieblas establecerá su dominio.

> **"El enemigo sabe que quien gobierna la mente, tiene acceso al alma; y quien corrompe el alma, acaba contaminando el cuerpo."**

Desde el Génesis, Dios diseñó al ser humano como un templo. No como un objeto funcional, sino como una casa sagrada donde su Espíritu pudiera habitar. Por eso, cuando el enemigo ataca, lo hace con la precisión de un invasor legalista: no solo lanza dardos espirituales, sino que busca puertas abiertas

en el cuerpo, el alma o la mente para establecer control. No necesita que la persona cometa un pecado escandaloso; le basta con que deje una rendija sin cubrir, una herida sin sanar, un pensamiento sin discernir. Allí se instala, y desde allí opera.
Pablo entendía esta dimensión integral cuando escribió:

"Y el mismo Dios de paz os santifique por completo; y todo vuestro ser —espíritu, alma y cuerpo— sea guardado irreprensible para la venida de nuestro Señor Jesucristo." (1 Tesalonicenses 5:23)

Este versículo no es una sugerencia estética; es una declaración de guerra. Implica que la santificación es total o no es real. Que el enemigo no solo busca contaminar el espíritu con pecado, sino fragmentar el alma con heridas, y tomar el cuerpo como instrumento de pecado. Por eso el creyente que desea avanzar en su propósito eterno debe reconocer que su cuerpo, su alma y su mente son trincheras que deben ser vigiladas, blindadas y gobernadas con autoridad.

"La batalla por el cuerpo es la guerra por el templo."

La batalla por el cuerpo no se reduce a la salud física o a la abstención del pecado sexual. Es más profunda: es la guerra por el templo. En la antigüedad, el templo era el lugar donde Dios manifestaba su gloria. Hoy, ese templo es cada hijo de Dios. Por eso, el enemigo ha levantado sistemas enteros para atacar ese templo: contaminación sexual, adicciones, enfermedades, tatuajes consagratorios, alimentación desordenada, mutilaciones, y toda clase de violaciones físicas que deshonran el diseño original. Pero no solo eso: también se libra una guerra invisible por los sentidos. Lo que se ve, lo que se escucha, lo que se toca, todo puede convertirse en una puerta espiritual. No es paranoia: es discernimiento.

"¿O ignoráis que vuestro cuerpo es templo del Espíritu Santo, que está en vosotros, el cual tenéis de Dios, y que no sois vuestros? Porque habéis sido comprados por precio..." (1 Corintios 6:19-20)

La mente, por su parte, es uno de los frentes más atacados por el reino de las tinieblas. No con demonios visibles, sino con pensamientos sutiles: inseguridad, doble ánimo, autocompasión, temor, confusión, vanidad espiritual, orgullo disfrazado de justicia. Cada idea sembrada por el enemigo que no es confrontada a tiempo se convierte en una fortaleza. Por eso Pablo instruye a derribar:

"argumentos y toda altivez que se levanta contra el conocimiento de Dios, y llevar cautivo todo pensamiento a la obediencia a Cristo" (2 Corintios 10:5).

Esa es la verdadera guerra de la mente: no solo pensar correctamente, sino hacer que todo pensamiento obedezca al gobierno de Cristo.

En cuanto al alma, la batalla es aún más sutil y peligrosa. El alma es moldeable, emocional, afectiva. Se forma con experiencias, se hiere con traiciones, se liga con palabras y se contamina con atmósferas. Un alma fragmentada no puede

> **"Un alma fragmentada no puede sostener un destino profético, porque su estructura interior está dividida."**

sostener un destino profético, porque su estructura interior está dividida. Lo que no está sanado, se repite. Lo que no está confrontado, se hereda. Lo que no se rinde al Espíritu, se convierte en receptor del enemigo. Por eso tantas personas que aman a Dios no pueden avanzar: porque tienen un alma que aún responde a sistemas viejos. Aman el llamado, pero temen caminar. Reciben una palabra profética, pero su voluntad está atrapada en traumas, su emoción está secuestrada por relaciones pasadas, su mente sigue gobernada por la mentira. Y así, viven divididos.

Esta guerra no es contra carne ni sangre. Es una guerra espiritual por el gobierno. ¿Quién gobierna el cuerpo? ¿Quién instruye la mente? ¿Quién dirige el alma? Porque el que gobierna uno de estos, influye en todo el sistema.

Por eso esta guerra no es simbólica. Es legal. Es estratégica. Y es personal

La guerra por la pureza, la identidad y el territorio

> "La guerra espiritual no solo se libra en los cielos. Se libra en las decisiones cotidianas."

La guerra espiritual no solo se libra en los cielos. Se libra en las decisiones cotidianas que definimos con nuestro cuerpo, sostenemos con nuestra identidad y conquistamos con nuestra obediencia. Esta dimensión de batalla no es visible a simple vista, pero sus efectos determinan el rumbo de nuestra alma, la eficacia de nuestro propósito y la expansión del Reino de Dios sobre la tierra. El enemigo no necesita usar artillería pesada cuando logra tocar tres fundamentos claves del diseño original: la pureza, la identidad y el territorio.

La pureza no es un estándar moral religioso: es un código espiritual que define si una persona puede cargar gloria o no. En el Reino de Dios, la gloria viaja sobre vasos limpios. Así como el sacerdote no podía ministrar con vestiduras manchadas, el creyente que desea caminar en autoridad no puede cargar mezcla. El problema es que el enemigo ha sembrado una doctrina errada: que la pureza es una meta inalcanzable, un ideal anticuado o una carga opresiva. Y así ha logrado que generaciones enteras normalicen la contaminación como parte de la vida cristiana.

Pero la pureza es poder. Es la atmósfera donde habita el Espíritu Santo. Es el lenguaje que entiende el Reino. Cuando una persona decide vivir en pureza —no solo sexual, sino en intención, en pensamiento, en palabras, en deseos— se convierte en portador de gloria. La Escritura es clara:

"Bienaventurados los de limpio corazón, porque ellos verán a Dios."
(Mateo 5:8)

La pureza abre visión espiritual. Y el enemigo lo sabe. Por eso su ataque no es solo para hacer pecar al creyente, sino para manchar su altar interior, apagar su sensibilidad espiritual, y sembrar culpabilidad crónica que bloquee la comunión. El pecado no solo rompe reglas: rompe conexión. Y sin conexión, no hay revelación. Sin revelación, no hay avance.

En esta guerra, la identidad es otro blanco de alto valor estratégico. Porque si el enemigo logra distorsionar lo que una persona cree de sí misma, ya no necesita quitarle nada más. El que olvida quién es, se convierte en esclavo de cualquier narrativa. Por eso desde el inicio de su ministerio, Jesús fue atacado con esta pregunta:

"Si eres Hijo de Dios..." (Mateo 4:3).

Esa no era una duda teológica; era una emboscada identitaria. Muchos creyentes no viven como hijos, sino como huérfanos. Oran como si tuvieran que mendigar la atención de Dios. Caminan como si la herencia fuera una promesa distante. Sirven desde la autoexigencia, y no desde la adopción. Y esa mentalidad los deja vulnerables a voces externas. Si el alma no ha sido afirmada en su identidad, cualquier palabra de rechazo, fracaso o abandono puede convertirse en una flecha letal. Por eso el enemigo ataca desde la infancia. Quiere sembrar estructuras verbales, emociones deformadas y traumas que desfiguren la imagen de Dios en el corazón. Porque si la imagen está rota, el reflejo será distorsionado.

"Pero a todos los que le recibieron, a los que creen en su nombre, les dio potestad de ser hechos hijos de Dios." (Juan 1:12)

Esa potestad no es solo un título: es un nivel de autoridad. Es el derecho de presentarse en los tribunales espirituales no como esclavo que suplica, sino como hijo que representa al Reino. Un hijo no actúa desde el temor; actúa desde el gobierno. Pero eso solo es posible cuando la identidad ha sido restaurada. Y la identidad no se recupera con motivación: se restaura con verdad revelada, con renuncia a toda mentira, con sanidad de las voces que la deformaron y con activación del diseño eterno escrito en los libros del cielo.

Finalmente, la batalla por el territorio es una de las más encarnizadas. Porque toda persona que ha sido redimida tiene una tierra que conquistar. No necesariamente geográfica, pero sí espiritual. El territorio puede ser una familia, una comunidad, un área profesional, un ministerio, una nación. Hay esferas que Dios ha entregado para que su Reino se establezca, y cada creyente es un embajador enviado a invadirlas con la luz.

> **"Porque toda persona que ha sido redimida tiene una tierra que conquistar."**

Pero el enemigo conoce bien ese mapa. Y su estrategia principal no es necesariamente destruir al creyente, es detenerlo. Mientras esté quieto, sin influencia, sin conquista, sin fruto, no representa amenaza. Por eso lanza trampas específicas: estancamiento, distracción, falsas oportunidades, contaminación, temor al rechazo, ciclos de derrota, sabotaje emocional, todo con un solo propósito: que no avance.

El territorio está lleno de gigantes, como en los días de Josué. Y los gigantes no se vencen con gritos, sino con instrucción divina. Se vence cuando el alma está alineada, cuando la identidad está firme, cuando la pureza ha sido restaurada, y cuando el corazón ha sido entrenado para obedecer sin negociar. Porque solo quien ha vencido en su mundo interior, puede gobernar en el mundo exterior.

"Todo lugar que pisare la planta de vuestro pie será vuestro; desde el desierto hasta el Líbano, desde el río, el río Éufrates, hasta el mar occidental, será vuestro territorio."
(Deuteronomio 11:24)

Este versículo no es una licencia para reclamar sin fundamento. Es una promesa condicional: quien pisa con obediencia, con limpieza, con identidad, conquista. Pero quien avanza con heridas, mezcla y confusión, puede morir en el desierto. Esta es la razón por la cual tantos comienzan con fuego, pero no terminan con fruto. Porque quisieron conquistar tierra, pero no conquistaron primero el alma.

LA MENTALIDAD DEL GUERRERO ESPIRITUAL

Aunque en el capítulo anterior ya exploramos la armadura espiritual como herramienta de cobertura, ahora daremos un paso más: entraremos en la mente y el espíritu del guerrero.

No hablaremos de su armadura externa, sino de su condición interna. Porque un guerrero no conquista solo por lo que lleva puesto, sino por cómo está entrenado para pensar, discernir, resistir y ejecutar.

> **"En el Reino, un soldado no se mide por la apariencia de su armadura, sino por la solidez de su mentalidad."**

En el Reino, un soldado no se mide por la apariencia de su armadura, sino por la solidez de su mentalidad. Hay muchos que repiten versículos, pero pocos que piensan como guerreros. Hay quienes tienen la doctrina, pero no la disciplina. Y el enemigo no le teme al que recita la Palabra, sino al que vive en ella y actúa como quien ha sido formado en el campo de entrenamiento del Espíritu.

El guerrero espiritual no es emocional: es estratégico. No reacciona: discierne. No improvisa: ejecuta. No se confunde en la batalla, porque ha sido entrenado para reconocer las señales del cielo, interpretar los movimientos del enemigo y actuar con precisión espiritual.

Pablo escribió:

"Ninguno que milita se enreda en los negocios de la vida, a fin de agradar a aquel que lo tomó por soldado." (2 Timoteo 2:4).

Esa es la mentalidad del guerrero: foco, renuncia, obediencia y devoción inquebrantable. No se dispersa. No se debilita emocionalmente ante cada ataque. Tiene un corazón firme, una mirada limpia y una agenda espiritual alineada con el Reino.

El guerrero espiritual entiende que la batalla no se gana el día de la guerra, sino en la preparación. Por eso vive alerta. Por eso se levanta en oración antes de que la guerra comience. Por eso afila su discernimiento cada día. Porque sabe que el enemigo no ataca a cualquiera, sino al que carga algo. Y el que carga propósito, debe estar más entrenado que oprimido.

Este guerrero no solo es fuerte, también es sensible. Sensible a la voz del Espíritu. Sensible al dolor del alma. Sensible a la atmósfera. Porque un verdadero guerrero no es solo fuerza: es percepción. Discierne cuando el ambiente cambia, cuando una trampa se activa, cuando una puerta se abre o se cierra. No se deja llevar por el bullicio, sino por la brújula interna del Espíritu Santo.

El guerrero espiritual no pelea por pelea. Él discierne batallas. Sabe cuándo hablar, cuándo callar, cuándo resistir y cuándo avanzar. Sabe cuándo una batalla es suya, y cuándo Dios dice: "yo pelearé por ti." Porque no toda guerra es campo de acción; algunas son exámenes de obediencia, de madurez, de enfoque.

> **"El guerrero entrenado en el fuego del altar ya no vive desde la emoción del momento, sino desde la visión del Reino."**

Este guerrero ha sido entrenado en el fuego del altar. Ha llorado, ha perdido, ha sido procesado. Y por eso ya no vive desde la emoción del momento, sino desde la visión del Reino. Sabe que no puede ser un instrumento útil si su alma está dividida. Por eso no pelea con heridas abiertas. Se deja sanar. Se deja podar. Se deja formar.

El enemigo no teme a los heridos que gritan; teme a los sanados que gobiernan. Por eso el guerrero espiritual trabaja primero su alma. No para volverse perfecto, sino para no ser rehén de sus emociones en medio del combate. No puede haber estrategia sin estabilidad. No puede haber conquista sin enfoque. No puede haber autoridad sin identidad.

Un verdadero guerrero también tiene lenguaje. No habla como esclavo, ni como víctima, ni como sobreviviente. Habla como embajador, como redimido, como mensajero. Sus palabras son decretos, no opiniones. Su voz es afilada, porque fue entrenada en la verdad. Él sabe que el infierno no responde a emociones, sino a declaraciones con fundamento legal.

Y algo más: el guerrero espiritual no pelea solo. Conoce el valor del equipo, de la cobertura, de la rendición mutua, de la intercesión conjunta. No se aísla creyendo que puede con todo. Sabe que hay batallas que requieren unidad, acuerdos de fe, alianzas del Reino. Y honra ese diseño con humildad.

Por eso, más que vestirte de armadura, Dios quiere enseñarte a pensar, sentir, actuar y hablar como guerrero. Porque hay muchos armados... pero pocos entrenados. Hay muchos vestidos... pero pocos alineados. Y el cielo está buscando no a los más fuertes, sino a los más gobernables.

Te regalo esta frase para recordar: "El que piensa como guerrero, pelea desde la visión. El que solo se arma, reacciona desde la emoción."

MINISTRACIÓN ESTRATÉGICA PARA LA VICTORIA

Hay batallas que no se vencen con emociones, sino con estrategia. Hay heridas que no se sanan con oración general, sino con ministración dirigida. Y hay procesos que no se aceleran con fuerza humana, sino con orden espiritual. La verdadera victoria no se logra solo con clamor, sino con entendimiento. Por eso, este bloque es una revelación práctica para operar con precisión en la guerra espiritual del alma y el cuerpo: cómo ministrar, cuándo ministrar, a quién ministrar y qué estructuras deben ser desactivadas para que el alma sea restaurada y el cuerpo reciba libertad.

Una ministración espiritual efectiva no es un acto improvisado. Es una intervención legal, emocional y espiritual. Es entrar a un terreno donde el alma está fragmentada, identificar los focos de opresión, aplicar las herramientas del Reino con discernimiento, y guiar a la persona hacia una audiencia espiritual con el cielo, donde el juicio de Dios redime lo que estaba legalmente atado.

> **"Una ministración espiritual efectiva no es un acto improvisado. Es una intervención legal, emocional y espiritual."**

Jesús no simplemente "oraba por la gente"; ministraba con dirección, con propósito, con poder. Discernía la raíz, tocaba el punto, confrontaba la estructura.
A una mujer le decía:

"Ve, y no peques más" (Juan 8:11)

A un paralítico:

"Tus pecados te son perdonados" (Lucas 5:20)

A un joven endemoniado:

"Este género no sale sino con oración y ayuno" (Mateo 17:21)

Cada caso requería una estrategia diferente. No repetía fórmulas, pero sí seguía un principio: restaurar integralmente al alma y al cuerpo para que pudieran funcionar bajo el diseño original.

En esta dimensión, no se trata solo de reprender demonios. La ministración estratégica va más allá de la expulsión: es diagnóstico, juicio, restitución, y activación del gobierno espiritual. Porque no basta con echar fuera algo, si no se llena el vacío con estructura del Reino. La persona puede ser libre, pero si no es entrenada, restaurada y reordenada, volverá a abrir las puertas.

El esquema espiritual para una ministración efectiva debe considerar cinco ejes:

— 1. Diagnóstico espiritual y legal

No se puede ministrar lo que no se discierne. Antes de intervenir, se debe pedir al Espíritu Santo revelación: ¿cuál es la raíz? ¿Qué estructuras legales están activas? ¿Qué heridas están abiertas? ¿Qué pactos, palabras, traumas o memorias están gobernando el sistema interior? Una buena ministración no comienza con una oración, sino con una exploración. El alma debe ser revisada con amor, pero con precisión.

"Examíname, oh Dios, y conoce mi corazón; pruébame y conoce mis pensamientos."(Salmo 139:23)

— 2. Confrontación de estructuras espirituales

La liberación verdadera no ocurre solo al reprender una manifestación demoníaca. Ocurre cuando se destruyen estructuras internas y legales que permiten que esa opresión exista. Y para eso no basta la emoción: se requiere discernimiento profundo, confrontación con verdad y autoridad del Reino.

"La liberación verdadera ocurre cuando se destruyen estructuras internas y legales que permiten que esa opresión exista."

Una estructura espiritual es más que un mal hábito. Es una arquitectura invisible que ha sido edificada dentro del alma o del cuerpo por años —y a veces por generaciones— a partir de pactos, traumas, abusos, herencias, maldiciones, pecados repetidos o votos internos. Son fortalezas (2 Corintios 10:4) que tienen cimientos legales y que sostienen toda una atmósfera de pensamiento, emoción, conducta y atadura espiritual.

Confrontar una estructura no es gritarle a un demonio. Es desactivar la base que le dio legalidad para quedarse. Es ir a la raíz, nombrarla con claridad, exponerla con luz, y demolerla con juicio santo.

Tipos de estructuras espirituales más comunes:

- Pactos no cancelados: Palabras, acuerdos, declaraciones o votos hechos desde el dolor, la ignorancia, el miedo o la rebelión. Incluyen pactos sexuales, ocultistas, familiares o personales. Ejemplo: "Nunca más confiaré en nadie" – se convierte en un voto que levanta una muralla espiritual contra el amor y la sanidad.

  ¿Qué hacer? Hacer confesar el pacto, renunciar con nombre, declarar su nulidad bajo la Sangre, y reemplazarlo con un decreto del Reino.

- Herencias generacionales activas: Frases, maldiciones, hábitos o patrones familiares que no fueron discernidos ni redimidos. Funcionan como líneas de iniquidad legal. Ejemplo: mujeres que siempre se ligan a hombres abusivos, o familias enteras bajo ruina, adicción o fracaso emocional.
  ¿Qué hacer? Declarar el corte con el linaje carnal, pedir perdón por las puertas abiertas,

cancelar con la Sangre y proclamar el nuevo ADN en Cristo.

- Fortalezas mentales: Ideas falsas, resistencias doctrinales, justificaciones emocionales, argumentos internos que bloquean la verdad. Son más peligrosas que demonios, porque impiden recibir revelación. Ejemplo: "Yo soy así", "No puedo cambiar", "Dios ya no me oye".

  ¿Qué hacer? Exponer con la Palabra, hacer declarar la mentira en voz alta, y reemplazarla con la verdad escrita (versículo por cada argumento).

- Fragmentos emocionales en personajes del alma: Partes del alma atrapadas en momentos de trauma que crearon roles falsos: la autosuficiente, el complaciente, la víctima, el controlador, el fuerte que no llora.

  ¿Qué hacer? Nombrar el personaje, pedir al Espíritu que revele cuándo nació, confrontar el momento, cancelar la estructura, y hacer volver la parte del alma al diseño.

- Maldiciones verbales activas: Frases dichas por padres, líderes, parejas o por uno mismo que aún resuenan como decretos sobre el alma. Ejemplo: "Nunca vas a lograr nada sin mí", "Todo lo que tocas se daña".

  ¿Qué hacer? Hacer repetir la frase que fue creída, declarar su cancelación legal, y reemplazar con la Palabra de Dios (declaraciones bíblicas opuestas).

- Ataduras sexuales no rotas: Cuerpos y almas ligados por el acto sexual, que no han sido limpiados ni desligados. Las almas quedan unidas por pactos que abren canales espirituales de transferencia y tormento.

  ¿Qué hacer? Nombrar a la persona con quien se unió, cortar el pacto por nombre, confesar, renunciar a la transferencia, y recuperar la parte del alma entregada.

- Presencia de altares ocultos: Objetos, prácticas o hábitos que siguen operando como puntos de contacto con las tinieblas. Esto incluye idolatría, brujería, juegos espirituales, señales ocultistas, música pactada, etc.

  ¿Qué hacer? Confesar el vínculo, identificar el objeto o acto, destruir el altar, ungir el lugar y declarar propiedad exclusiva del Reino.

Confrontar no es destruir a la persona. Es demoler la mentira que la esclaviza. Este momento de la ministración debe hacerse con:

- Autoridad (desde la posición en Cristo).
- Compasión (no desde la condenación).
- Precisión (no desde el desorden).
- Discernimiento profético (no desde el juicio emocional).

Aquí es donde la ministración pasa de ser un acto simbólico a una operación real: se exponen las estructuras, se presentan ante el tribunal celestial, se derriban con la Palabra, y se reemplazan con el diseño eterno.

"Entonces conoceréis la verdad, y la verdad os hará libres." (Juan 8:32)

Nota para recordar:
Así como ya lo desarrollamos en capítulos anteriores —especialmente en lo relacionado con la comparecencia ante los Tribunales Celestiales—, todo diagnóstico espiritual profundo debe comenzar con una evaluación legal y una presentación ordenada del caso. No estamos hablando solo de emociones, síntomas o percepciones, sino de estructuras reales que pueden ser evidenciadas, expuestas y juzgadas en el Cielo. Si has seguido esta enseñanza desde el inicio, ya has sido entrenado para identificar causas, preparar archivos judiciales, y presentar argumentos a favor de tu restauración.

Esta sección te lo recuerda y te lo resume, pero no reemplaza la riqueza doctrinal ya compartida anteriormente: más bien, te invita a activar todo lo que ya has aprendido, y usarlo como base operativa para ministrarte y ministrar a otros con precisión.

— 3. Aplicación de la Sangre y del fuego

Aquí se activa el poder legal de la Sangre de Cristo. No es solo una frase: es una cobertura, una limpieza, una cancelación. La sangre debe ser aplicada sobre los recuerdos, sobre el ADN espiritual, sobre los altares viejos, sobre las escenas de dolor, sobre las palabras malditas, sobre los órganos contaminados. También se invoca el fuego del Espíritu: para quemar la basura emocional, destruir los nidos demoníacos y limpiar los canales del alma.

"Y la sangre de Jesucristo su Hijo nos limpia de todo pecado." (1 Juan 1:7)

— 4. Recuperación y restitución de partes perdidas

La ministración no es solo confrontar lo malo; es recuperar lo bueno. Toda parte del alma que fue entregada en relaciones, abusos, pactos, traumas o heridas debe volver. Se llama restitución espiritual. Es declarar que los fragmentos robados vuelven al diseño. Que el alma vuelve a su dueño original. Que la identidad regresa. Que la dignidad es restaurada. Que el terreno contaminado ahora será santificado.

"Restaurará mi alma; me guiará por sendas de justicia por amor de su nombre."(Salmo 23:3)

— 5. Activación de gobierno y sellado legal

Finalmente, se debe cerrar el caso espiritual. Como en una audiencia celestial, se declara que todo ha sido presentado, juzgado y restaurado. Aquí se activa la identidad, se despierta el propósito, se establece la cobertura del Espíritu Santo, y se proclama una nueva temporada. Este cierre es vital. Porque lo que no se sella, se reabre. Lo que no se cubre, se contamina. Y lo que no se activa, queda vulnerable.

"Y el Dios de paz aplastará en breve a Satanás bajo vuestros pies." (Romanos 16:20)

Este esquema no es una receta. Es una ruta revelada para operar como ministros del Reino. Cada caso es único. Pero el principio es el mismo: entrar, diagnosticar, confrontar, limpiar, recuperar y sellar. Así se ministra no desde la emoción, sino desde el

> **"principio es el mismo: entrar, diagnosticar, confrontar, limpiar, recuperar y sellar."**

entendimiento. No desde la reacción, sino desde la estrategia. No desde la urgencia, sino desde la autoridad.

El que ministra sin estructura, puede liberar momentáneamente. Pero el que ministra con estructura, restaura permanentemente.

CÓMO VENCER EN ATMÓSFERAS ESPIRITUALMENTE CONTAMINADAS

Donde no se ve oscuridad, pero se respira. Lugares donde la palabra "bienvenido" está en la puerta, pero el espíritu se siente rechazado. Ambientes donde todo está aparentemente en paz, pero el alma del creyente comienza a cerrarse, a cargarse, a deprimirse sin causa aparente. Lo que ocurre allí no es psicológico, ni emocional. Es espiritual. Y tiene un nombre: atmósfera contaminada.

> **"Una atmósfera espiritual es un campo invisible de influencia."**

Una atmósfera espiritual es un campo invisible de influencia, formado por palabras, pactos, pensamientos, emociones y presencias espirituales activas. Todo lugar, persona o familia carga una atmósfera. Algunas son atmósferas de fe, honra, gloria y comunión con Dios. Otras, en cambio, son densas, pesadas, opresivas. Transmiten lo que han absorbido: traumas, pecados, pecados ocultos, pactos no rotos o heridas no sanadas. Y esas atmósferas afectan directamente el estado espiritual del creyente, especialmente si no ha sido entrenado para discernirlas y resistirlas.

La Biblia está llena de ejemplos donde la atmósfera determinó la manifestación del Reino. Jesús no hizo milagros en ciertas ciudades por causa de su incredulidad (Mateo 13:58). Pedro no pudo orar en paz hasta que echó fuera a los que se burlaban de la niña muerta (Hechos 9:40). Pablo discernía regiones enteras cargadas de idolatría y opresión. La atmósfera no es opcional: es el campo donde opera el Reino o las tinieblas.

¿Qué tipos de atmósferas espirituales existen?

— 1. Atmosferas emocionales

Son lugares o personas donde se ha acumulado tristeza, ira, depresión, rechazo o abandono. Aunque todo luzca limpio, el ambiente está lleno de cargas del alma no resueltas. El visitante comienza a sentir un peso, una melancolía, una lentitud espiritual.

— 2. Atmosferas sexuales

Cargadas por pecados sexuales, promiscuidad, pornografía, adulterio o abuso. Afectan el cuerpo con deseo impuro repentino, pensamientos intrusivos, tentaciones intensas o agitación sin explicación. Son comunes en habitaciones de hoteles, casas con historial de pecado sexual o personas con pactos no rotos.

— 3. Atmosferas verbales

Formadas por palabras maldichas, insultos, gritos, maldiciones, críticas o juicios. El aire está envenenado. Las palabras dejan huella en el ambiente. Y la mente del creyente comienza a dudar, a pelear, a confundirse.

— 4. Atmosferas rituales o ocultistas

Cargadas por brujería, invocaciones, prácticas espiritistas, idolatría o pactos con entidades. Estas atmósferas producen sueños perturbadores, ansiedad nocturna, pesadez mental, ataques en la oración, o incluso manifestaciones demoníacas. No se pueden ignorar.

— 5. Atmosferas territoriales

Regiones enteras marcadas por derramamiento de sangre, injusticia, idolatría ancestral, violencia o estructuras de opresión. La tierra misma ha absorbido la maldición, y el ambiente se comporta como una entidad opresiva. La actividad del Reino es difícil allí si no hay cobertura ni intercesión.

— 6. Atmosferas generacionales

Familias enteras donde se ha repetido el mismo ciclo: enfermedades, ruina, divorcios, suicidios, estancamiento, rebelión, etc. Esa atmósfera es una herencia no redimida. La persona que entra o nace allí queda expuesta a ciclos invisibles que buscan repetirse.

¿Cómo discernir una atmósfera contaminada?

El espíritu lo siente antes que el cuerpo. No es paranoia ni hipersensibilidad. Es una alerta. Algunos síntomas comunes:

- Se pierde la paz interna sin motivo claro.
- El alma se angustia o se paraliza.
- Aparecen pensamientos o deseos que no estaban activos.
- El discernimiento se apaga y se nubla la mente.
- Hay cansancio repentino, pesadez en la oración o apatía espiritual.

- Aparecen impulsos, emociones o recuerdos negativos con fuerza inusual.
- El ambiente se vuelve hostil a la presencia de Dios.

Discernir una atmósfera no es criticar ni juzgar. Es detectar la frecuencia espiritual de un entorno para decidir con sabiduría cómo responder. Jesús no hizo guerra espiritual en todo lugar: en algunos simplemente se retiró. Eso también es autoridad.

¿Cómo vencer una atmósfera que no viene de Dios?

El creyente que ha sido entrenado en la guerra espiritual no debe entrar a cualquier ambiente de forma inocente o descuidada. Antes de enfrentarse a atmósferas densas, contaminadas o cargadas con códigos espirituales del enemigo, es necesario llevar conciencia de cobertura. No se trata de un acto simbólico, sino de una postura espiritual: entrar con la Sangre de Cristo sobre los sentidos, con la mente ceñida por la verdad, con el corazón afirmado en la identidad, y con los pensamientos alineados a la Palabra. Donde la atmósfera busca influir, el creyente debe resistir internamente, adorando en silencio, orando en el espíritu, y sosteniendo la comunión como escudo invisible. Si el ambiente comienza a presionar, el alma no debe ceder ni adaptarse: debe afirmar su atmósfera interior con gobierno. Y cuando haya discernimiento, se puede declarar juicio en lo invisible, desligarse espiritualmente del entorno, y cortar con autoridad todo vínculo que intente establecerse. Al salir de un ambiente de opresión, la persona no debe continuar con normalidad; debe cerrar legalmente toda puerta, sellar su atmósfera personal, declarar limpieza sobre su alma, y aplicar la Sangre para purificar cualquier conexión residual. No es ritualismo, es legalidad espiritual activa. Porque lo que no se purifica, se arrastra. Y lo que se arrastra, se reactiva en el momento menos esperado.

¿Cómo transformar una atmósfera para Dios?

Transformar un ambiente contaminado no comienza con gritos ni frases sueltas, sino con una vida posicionada. Una atmósfera se reforma cuando alguien que carga gloria entra con reverencia, con palabra viva y con conducta santa. La adoración, cuando nace de un corazón limpio, eleva la vibración espiritual del lugar y rompe la pesadez invisible. Las palabras pronunciadas en voz profética tienen el poder de establecer nuevos códigos de gobierno. La Sangre de Cristo, invocada con fe y conciencia, cubre el terreno y lo consagra. El aceite ungido —como símbolo del Espíritu Santo— puede marcar físicamente el espacio, pero lo más poderoso no es el aceite, es la vida que lo aplica. Lo que verdaderamente transforma una atmósfera no es la acción puntual, sino la perseverancia: una habitación que se llena de oración continua, una casa que exhala pureza, un altar que sostiene adoración verdadera, se convierte en un espacio donde el cielo se acomoda. Porque el Espíritu Santo no habita en rituales, sino en atmósferas compatibles con Su esencia. Allí donde hay honra, verdad, limpieza y fuego, allí Él se manifiesta como dueño, no como visitante

Cuidado con los ciclos de la atmósfera

> **"Si una atmósfera no es confrontada a tiempo, se convierte en ciclo. Y el ciclo, en clima. Y el clima, en cultura."**

Si una atmósfera no es confrontada a tiempo, se convierte en ciclo. Y el ciclo, en clima. Y el clima, en cultura. Lo que comienza como algo pasajero, termina siendo un sistema espiritual que gobierna generaciones. Por eso hay casas donde siempre hay enfermedad. Familias donde siempre hay fracaso. Iglesias donde siempre hay división. Lo que no se corta, se perpetúa. Lo que no se transforma, se hereda. Lo que no se redime, se fortalece.

"Donde está el Espíritu del Señor, allí hay libertad."
(2 Corintios 3:17)

El hijo del Reino no fue llamado a sobrevivir a la atmósfera, sino a cargar una más poderosa. A donde tú llegas, debe llegar la gloria. A donde tú entras, debe temblar el infierno. No por gritos, sino por peso. No por apariencia, sino por presencia. No por emoción, sino por gobierno.

RESUMEN DEL CAPÍTULO

La guerra espiritual no se libra solo en el mundo invisible, sino en el campo integral del ser humano: alma, mente y cuerpo. Cada uno representa un territorio que el enemigo busca controlar mediante contaminación, heridas o confusión identitaria. Pero el creyente que ha sido redimido debe aprender a reconocer que su cuerpo es templo, su mente es trono de gobierno, y su alma es campo de conquista. "Y el mismo Dios de paz os santifique por completo; y todo vuestro ser —espíritu, alma y cuerpo— sea guardado irreprensible para la venida de nuestro Señor Jesucristo" (1 Tesalonicenses 5:23). En esta batalla no basta con estar libres, es necesario estar armados. Pero más allá de portar la armadura, es vital

tener la mentalidad del guerrero espiritual: sobrio, firme, sensible al Espíritu, y alineado con el cielo.
La victoria no es emocional, es estratégica. Por eso aprendimos a ministrar con estructura: discernir la raíz, confrontar fortalezas, aplicar la Sangre, recuperar lo perdido y sellar con gobierno. Así se ejecuta una ministración eficaz que no solo libera, sino que restaura. Finalmente, fuimos entrenados para vencer y reformar atmósferas espirituales contaminadas. Porque todo ciclo no tratado se transforma en clima, toda opresión tolerada se vuelve sistema, y toda atmósfera que no se discierne termina gobernando. "Donde está el Espíritu del Señor, allí hay libertad" (2 Corintios 3:17). Y esa libertad no solo debe mantenerse... debe gobernar el ambiente entero. Este capítulo no solo nos enseñó a resistir, sino a establecer: a caminar como guerreros restaurados que reforman todo lo que pisan con gloria y verdad

---

ACTIVIDADES POR HACER

1. Mapa de atmósferas espirituales a tu alrededor
Toma un cuaderno y traza un mapa espiritual de los espacios donde más te mueves a diario: tu casa, tu habitación, tu lugar de trabajo, tu congregación, incluso rutas o zonas por donde pasas frecuentemente. Luego, dedica un tiempo de oración y discernimiento para evaluar cuál es la carga espiritual que predomina en cada lugar. ¿Hay paz o confusión? ¿Hay pureza o sensualidad? ¿Se respira honra o juicio? ¿Se mueve la gloria o solo la rutina? Escribe junto a cada espacio lo que el Espíritu Santo te revele. Esta será tu radiografía atmosférica, no emocional, sino espiritual. Al final, marca con un símbolo o color cuáles son las zonas que el Reino te está pidiendo reformar.

2. Estrategia personal para cortar ciclos atmosféricos
Reflexiona sobre tu historia espiritual y examina si existen ciclos que han sido alimentados por atmósferas no confrontadas. ¿Experimentas recaídas en ciertas temporadas? ¿Sientes que ciertos espacios te drenan constantemente o te exponen a tentaciones específicas? ¿Has notado patrones repetitivos que se activan en determinadas casas, fechas, lugares o relaciones? Escribe con sinceridad cuáles podrían ser los ciclos atmosféricos activos en tu vida. Luego, redacta una

estrategia espiritual de rompimiento: ¿Qué vas a declarar? ¿Cómo vas a cubrirte? ¿Qué vas a dejar de frecuentar? ¿Qué vas a redimir? Esta no es solo una reflexión; es una orden judicial para romper acuerdos invisibles.

3. Diagnóstico y redención de atmósferas contaminadas
Haz memoria de los ambientes donde sueles pasar más tiempo: tu habitación, tu casa, tu trabajo, tu congregación. Escoge uno que el Espíritu te muestre que necesita redención. Escribe lo que sientes que ha estado operando allí (rechazo, juicio, tristeza, sexualidad, religiosidad, confusión...). Luego, levanta un acto espiritual para transformar esa atmósfera: consagra el lugar en oración, coloca versículos en el ambiente, invita la presencia con adoración, y declara palabras de verdad y limpieza. Escribe cómo planeas sostener esa reforma. Recuerda: la atmósfera no cambia por presencia ocasional, sino por permanencia espiritual.

ORACIÓN FINAL

Padre eterno, hoy me postro con reverencia, no desde la emoción religiosa ni desde el impulso emocional, sino desde la conciencia plena de que estoy entrando en una audiencia espiritual real. No vengo solo a pedir ayuda, vengo a presentar un caso. Y lo hago legalmente, bajo la defensa de Jesucristo, mi abogado fiel. Vengo a comparecer como quien ya entendió que las batallas no siempre comienzan dentro, sino que muchas veces se incuban en los entornos que toleramos. Por eso hoy me presento con claridad y sin excusas, a pedir juicio sobre las atmósferas que me han rodeado, y que yo, por ignorancia o temor, permití que influyeran en mi cuerpo, mi alma y mi mente.

Reconozco, Señor, que muchas veces no discerní los ambientes donde entraba. Llamé "normalidad" a la opresión, "estado de ánimo" a la carga demoníaca, "personalidad" a la tristeza repetitiva. Absorbí lo que debí resistir. Me adapté donde debía gobernar. Me callé donde debí declarar. Hoy vengo a presentar esas atmósferas como evidencia judicial. Cada casa donde la muerte se respiraba. Cada lugar donde la crítica era cultura. Cada relación que cargaba sensualidad o doble ánimo. Cada espacio donde tú no reinabas, pero yo me quedé. Señor, aquí están. No vengo a justificarlas. Vengo a denunciarlas.

Rompo con toda atmósfera espiritual que haya querido instalarse como clima habitual en mi vida. Rompo con los ciclos atmosféricos que se repiten en días específicos, lugares específicos o estaciones emocionales. Rompo con climas que parecían personales, pero eran espirituales. Declaro que no volveré a caminar bajo ciclos impuestos por atmósferas contaminadas. Que lo que antes llamé "rutina" hoy reconozco como opresión. Que lo que antes pensé que era emocional, hoy sé que era estructural. No quiero vivir bajo programación demoníaca, sino bajo diseño eterno.

"Y conoceréis la verdad, y la verdad os hará libres."(Juan 8:32) Hoy activo esa verdad como espada. La espada que separa la atmósfera que viene del cielo de la que no viene de ti. La espada que corta pactos inconscientes con entornos de oscuridad. Hoy rompo el ciclo atmosférico que ha estado operando sobre mi vida. Declaro que el ambiente donde permanezco ya no me dicta la dirección. Que mi alma no será más arrastrada por climas oscuros. Que el cansancio no será una nube, sino una alerta. Que la tristeza no será un hábito, sino una señal de guerra. Hoy mi atmósfera cambia.

Y no solo quiero protección. Quiero gobierno. Reclamo el derecho de portar el ambiente del Reino. En mi cuerpo, que se sienta tu gloria. En mi mente, que se escuche tu voz. En mi casa, que se respire tu libertad. En mis palabras, que se libere tu decreto. Donde yo esté, que haya cielo. Donde yo hable, que haya alineamiento. Donde yo habite, que tú reposes. No me enviaste solo a resistir, me enviaste a establecer. No me diste tu Espíritu para huir, me lo diste para transformar. Hoy declaro que no seré portador de ambientes ajenos, sino emisario de atmósfera redimida. "Vosotros sois la luz del mundo; una ciudad asentada sobre un monte no se puede esconder."(Mateo 5:14)

Hazme visible, Señor. Hazme un foco espiritual. Hazme alguien que donde entra, la atmósfera se alinea. Que donde hablo, la oscuridad se sacuda. Que las reuniones cambien, que las casas se limpien, que los espacios se ordenen... no porque grito, sino porque porto atmósfera legal del Reino. No quiero solo protegerme. Quiero reformar territorios. Quiero llevar la unción que transforma atmósferas.

Por eso hoy te pido que selles esta activación con fuego. No como una emoción que desaparece, sino como una marca permanente. Que este momento no sea solo una oración sentida, sino algo que fue decretado en lo invisible. Que hoy quede registrado en los libros del cielo que fue el día en que el ciclo se quebró, la atmósfera se limpió y el gobierno se reactivó. Declaro, en tu Nombre, que mi cuerpo será altar, mi alma será trono, mi mente será instrumento profético, y mi atmósfera será terreno del Reino. Que cada espacio donde permanezca se someta al Espíritu. Que cada ambiente donde me mueva sea redimido por mi presencia. Que donde yo respire, tú habites. Que donde antes el enemigo reinaba- ahora tú reposes.

Y si alguna estructura demoníaca quisiera reclamar permanencia, yo me levanto en esta audiencia celestial y declaro: no hay argumento que prevalezca. Porque la Sangre del Cordero ha hablado más alto. Porque el ciclo fue juzgado. Porque la atmósfera fue confrontada. Porque el Reino fue establecido. Y porque la gloria ya no se visita... ahora se habita.

Así lo activo. Así lo decreto. Así lo sello. En el nombre glorioso de Jesús.
Amén!.

CAPÍTULO

11

MANUAL DE ESTRATEGIAS ESPIRITUALES

MANUAL DE ESTRATEGIAS ESPIRITUALES

"Porque no tenemos lucha contra sangre y carne, sino contra principados, contra potestades, contra los gobernadores de las tinieblas de este siglo..." Efesios 6:12

COSMOGONÍA: EL ORIGEN DEL MUNDO ESPIRITUAL, LOS AIONES Y EL NACIMIENTO DEL CONFLICTO ETERNO

Los aiones – Estructuras eternas del gobierno espiritual

Antes de que existiera el tiempo humano, ya existía un orden divino. Antes de que el primer ser fuera creado, ya había propósito, jerarquía y Reino. Todo comenzó en una dimensión llamada eternidad, una esfera sin principio ni fin, donde Dios gobierna desde la plenitud de su Ser. Fue allí donde estableció los aiones, estructuras eternas que rigen la historia espiritual del cosmos. Un aion (del griego aiōn) no es solo un periodo de tiempo, sino una edad espiritual legal, compuesta por propósito, asignación, estructura y dimensión.

Los aiones son las columnas del plan eterno de Dios. En ellos se define qué seres existirán, qué funciones cumplirán, qué leyes los regirán, y cómo será ejecutado el gobierno del Reino. Son contenedores espirituales de propósito eterno. Así lo expresa Pablo cuando escribe:

"Aquel misterio que había estado oculto desde los siglos (aiones) y edades, pero que ahora ha sido manifestado..."
(Colosenses 1:26)

Según la revelación bíblica, existen tres grandes tipos de aiones:

- — El aion eterno, establecido antes de la fundación del mundo, donde se forjó el diseño del Reino y se crearon los seres espirituales en perfecta comunión (Efesios 3:11).
- — El aion presente, en el que vivimos ahora, marcado por la caída, el pecado y el sistema del mundo (Gálatas 1:4).
- — El aion venidero, que será inaugurado plenamente por Cristo, y en el que todo será restaurado en justicia eterna (Efesios 1:21).

Los aiones son más antiguos que la tierra, y dentro de ellos se desarrollan no solo tiempos, sino reinos, leyes, alianzas y dimensiones. Cada ser creado espiritualmente fue colocado dentro de un aion, con asignación específica. Por eso cuando Jesús vino, no solo confrontó al pecado humano: confrontó el sistema de este aion caído. Pablo lo explica así:

"Cada ser creado espiritualmente fue colocado dentro de un aion, con asignación específica."

"El cual se dio a sí mismo por nuestros pecados para librarnos del presente siglo malo (aion), conforme a la voluntad de nuestro Dios y Padre." (Gálatas 1:4)

Todo ciclo de opresión, cultura espiritual caída o sistema de maldad está sostenido por un aion corrupto. Por eso la guerra espiritual no es contra personas, sino contra estructuras aiónicas deformadas. Quien no entiende esto, no entenderá por qué la liberación personal no es suficiente si el entorno espiritual no se confronta también.

El diseño original de Dios y sus jerarquías espirituales

El Reino de Dios no surgió como respuesta al caos, ni como reacción a la caída. El Reino de Dios es anterior a todo lo creado. Es eterno, inmutable, perfecto y glorioso. Fue concebido desde los aiones como un sistema de gobierno, adoración y justicia, sostenido por la majestad de Dios mismo.

Antes de cualquier rebelión, existía ya una jerarquía establecida de seres espirituales que no solo lo adoraban, sino que ejecutaban su voluntad en múltiples dimensiones. Este diseño celestial estaba compuesto por órdenes espirituales diferenciadas, cada uno con asignaciones y funciones específicas:

- Serafines: mencionados en Isaías 6, son los que arden delante del trono, proclamando la santidad de Dios sin cesar. Su misma presencia es fuego y adoración.
- Querubines: seres de alta jerarquía, encargados de proteger el trono y portar la gloria. Ezequiel los describe con detalles visuales que revelan su multidimensionalidad y autoridad.
- Tronos, dominios, principados y potestades celestiales: mencionados en Colosenses 1:16 como parte del diseño legítimo de autoridad espiritual.
- Ángeles guerreros: como Miguel, comandan ejércitos espirituales a favor del Reino (Apocalipsis 12:7).

— Ángeles mensajeros: como Gabriel, entregan decretos divinos que activan ciclos proféticos en la tierra (Lucas 1:19).
— Vigilantes (Watchers): mencionados en Daniel 4:13, son seres asignados para observar, testificar y reportar actividades en la tierra. Su rol no era intervenir directamente, sino cumplir funciones de vigilancia interdimensional.

Hebreos 1:14 lo resume así:

"¿No son todos espíritus ministradores, enviados para servicio a favor de los que serán herederos de la salvación?"

Todos estos seres vivían en un orden perfecto de honor, servicio y participación recíproca. Nadie competía. Nadie buscaba supremacía. Todos estaban ubicados en función del trono, no del ego. Esta armonía era sostenida por la ley del Reino: todo fluye desde Dios y vuelve a Dios. No existía división porque no existía ambición. Y esa fue, precisamente, la atmósfera que Lucifer quebró.

La creación de los seres espirituales

Una vez establecidos los aiones y la estructura del Reino, Dios creó a los seres espirituales según el diseño eterno. Cada uno fue formado con propósito, asignación y gloria. Estos no fueron creados al azar, ni como adorno del cielo. Fueron diseñados para participar activamente en el gobierno celestial, en la adoración continua, y en la ejecución de su voluntad en los diferentes niveles del cosmos espiritual.

Cada ser fue creado con forma, esencia y naturaleza específica. Algunos fueron creados con apariencia resplandeciente,

> **"Cada ser fue creado con forma, esencia y naturaleza específica."**

cubiertos de piedras preciosas, otros con alas, rostros múltiples, movimiento de fuego, o apariencia humana. No existe uniformidad entre ellos, sino diversidad funcional. Como en un cuerpo, cada uno ocupa un lugar para que el Reino se mueva con perfección.

Entre estos seres se encontraba uno que destacó por su belleza, estructura, sonido y función: Lucero, hijo de la mañana, también conocido como el querubín protector ungido. La Escritura describe su condición original con detalle:

"Tú eras el sello de la perfección, lleno de sabiduría y acabado de hermosura. En Edén, en el huerto de Dios estuviste; toda piedra preciosa era tu vestidura... tú, querubín grande, protector, yo te puse en el santo monte de Dios; allí estuviste; en medio de las piedras de fuego te paseabas." (Ezequiel 28:12–14)

Lucero fue creado como un canal de gloria, un portador de sonido celestial, una figura multidimensional con acceso a regiones santas del Reino. Pero en algún momento dentro de los aiones eternos, algo se fracturó: el orgullo nació en su corazón. Deseó un trono, una exaltación propia, un dominio paralelo. Lo que era creado para reflejar, quiso retener. Lo que era sonido para Dios, quiso transformarse en eco para sí mismo.

"Perfecto eras en todos tus caminos desde el día que fuiste creado, hasta que se halló en ti maldad." (Ezequiel 28:15)

> **"La caída de Lucifer no fue solo un acto de desobediencia, fue una ruptura legal contra el diseño eterno."**

Este momento marca la raíz de todo conflicto espiritual. La caída de Lucifer no fue solo un acto de desobediencia, fue una ruptura legal contra el diseño eterno. Intentó alterar el orden de los aiones, levantar un trono que no le fue asignado, y reemplazar la participación recíproca por competencia egoísta.

Con esta rebelión, se desencadenó el primer juicio celestial. Lucifer fue expulsado de su posición, y con él una tercera parte de los ángeles fue arrastrada, convencida por su discurso, contaminada por su visión, e implicada en su transgresión (Apocalipsis 12:4).

La rebelión de Lucifer y la división de la tercera parte caída

La rebelión de Lucifer no fue una fantasía simbólica. Fue un acto legal, una insurrección judicial dentro de la estructura eterna de los aiones. No fue un deseo pasajero, sino una decisión consciente, sostenida y estructurada: levantar un trono paralelo al de Dios. Isaías describe con precisión sus intenciones:

"Tú que decías en tu corazón: Subiré al cielo; en lo alto, junto a las estrellas de Dios, levantaré mi trono... subiré sobre las alturas de las nubes, y seré semejante al Altísimo." (Isaías 14:13–14)

Este acto violó la naturaleza misma del Reino, que está fundamentado en la obediencia, el honor y la interdependencia. Lucifer no solo deseó poder: deseó independencia. No quiso participar, quiso gobernar. Y en su intento, arrastró consigo a una tercera parte de los seres espirituales, según Apocalipsis 12:4:

"Y su cola arrastró la tercera parte de las estrellas del cielo, y las arrojó sobre la tierra..."

Pero esa tercera parte no era uniforme. Estaba compuesta por diferentes tipos de seres espirituales, con funciones diversas. Esta distinción es esencial para entender el origen del sistema de las tinieblas que hoy enfrentamos. No todos los caídos fueron condenados de la misma manera ni a las mismas regiones espirituales. La revelación nos muestra que esa tercera parte quedó dividida en tres categorías:

— Los que fueron encerrados en prisiones eternas

Estos fueron ángeles que descendieron a la tierra en los días previos al diluvio y corrompieron su naturaleza al unirse con mujeres humanas. Son conocidos como los vigilantes o Watchers. Enoc y Judas los mencionan como los responsables de haber engendrado una raza híbrida, violando la frontera entre lo divino y lo humano. Fueron rápidamente juzgados y encerrados:

"Y a los ángeles que no guardaron su dignidad, sino que abandonaron su propia morada, los ha guardado bajo oscuridad, en prisiones eternas..." (Judas 6)

— Los que siguen activos como estructuras espirituales organizadas

Estos son los que forman las jerarquías actuales del reino de las tinieblas, y que serán tratadas con profundidad en el próximo bloque de demonología. Entre ellos se encuentran los principados, potestades, gobernadores de las tinieblas y huestes espirituales de maldad. No todos habitan cuerpos. Muchos operan como estructuras, atmósferas, culturas y sistemas infiltrados.

— Los que se convirtieron en espíritus errantes e inmundos

Aquí encontramos a los Nephilim, descendencia de los vigilantes con mujeres humanas. Al morir sus cuerpos en el juicio del diluvio, sus almas no encontraron lugar de descanso. Al no ser completamente humanas ni completamente celestiales, quedaron atrapadas entre dimensiones, convertidas en espíritus inmundos. Estos son los que buscan cuerpos donde habitar. Jesús los enfrentó constantemente.

"Cuando el espíritu inmundo sale del hombre, anda por lugares secos, buscando reposo; y no hallándolo, dice: Volveré a mi casa de donde salí." (Lucas 11:24)

Es importante aclarar: los demonios no son espíritus inmundos en todos los casos, ni viceversa. Los espíritus inmundos —como los que salieron de los Nephilim— buscan habitar y oprimir. Los demonios pueden ser también entidades espirituales caídas que operan como estructuras, no necesariamente como ocupantes de cuerpos. Esta distinción será fundamental para el próximo bloque.

Nota editorial para el lector:

Este bloque ha servido como mapa de origen para todo lo que enfrentamos hoy en la guerra espiritual. Si deseas profundizar aún más en la forma en que estas entidades operan, cómo se estructuran jerárquicamente, cómo se infiltran y cómo se les enfrenta en batalla, te invito a consultar el libro Guerra Espiritual, de esta misma autora, donde estos temas son tratados con mayor detalle, incluyendo estrategias, mapas de intercesión y tácticas legales para resistir estructuras invisibles.

DEMONOLOGÍA

¿Qué es la demonología y por qué es fundamental entenderla?

> **"Ignorar al enemigo es uno de los mayores errores en la guerra espiritual."**

Ignorar al enemigo es uno de los mayores errores en la guerra espiritual. La demonología no es una práctica supersticiosa ni un interés morboso, sino un área esencial del conocimiento espiritual que todo creyente debería dominar si desea avanzar en gobierno y autoridad. No basta con saber que Satanás existe. Es necesario entender cómo piensa, cómo estructura su reino, cómo ejecuta sus planes y cómo infiltra almas, familias, iglesias y territorios. Lo que no se identifica, no se enfrenta. Y lo que no se enfrenta, permanece. Pablo lo expresó con claridad:

"Para que Satanás no gane ventaja alguna sobre nosotros; pues no ignoramos sus maquinaciones." (2 Corintios 2:11)

El término griego noēmata —"maquinaciones"— se refiere a pensamientos, planes y estrategias mentales. El enemigo no opera al azar, sino con

diseño y estructura. Por eso, cuando el pueblo de Dios no discierne doctrinalmente el campo enemigo, queda expuesto a vivir en derrota espiritual, emocional y territorial, sin entender la raíz real de sus batallas.
Jesús jamás ignoró a los demonios. Su ministerio incluyó confrontación directa con entidades inmundas, muchas veces en lugares religiosos.

"Y predicaba en las sinagogas de ellos en toda Galilea, y echaba fuera demonios." (Marcos 1:39)

Es impactante que estas entidades estuvieran presentes en las sinagogas, lo que confirma que la religiosidad no impide la contaminación espiritual. Hoy ocurre lo mismo. Muchas congregaciones cargan con atmósferas opresoras porque no han discernido las raíces doctrinales que permiten la influencia demoníaca. Por eso estudiar demonología no es un asunto de especialización. Es una necesidad urgente en esta generación.

"Estudiar demonología no es un asunto de especialización. Es una necesidad urgente en esta generación."

Cuando Jesús envió a los setenta discípulos, no los instruyó solo para sanar o predicar. Les dio autoridad sobre las fuerzas invisibles del mal. Y el testimonio de ellos al regresar fue contundente:

"Volvieron los setenta con gozo, diciendo: Señor, aun los demonios se nos sujetan en tu nombre. Y les dijo: Yo veía a Satanás caer del cielo como un rayo. He aquí os doy potestad de hollar serpientes y escorpiones, y sobre toda fuerza del enemigo, y nada os dañará." (Lucas 10:17-19)

Aquí Jesús revela tres verdades que el creyente debe entender:

— La autoridad espiritual incluye el dominio sobre demonios. No es solo una opción para ministros o intercesores: es un componente del Reino.
— Satanás opera desde una posición caída, pero activa. Aunque fue expulsado, sigue ejerciendo influencia en regiones donde no hay luz ni legalidad del Reino.
— Existe una fuerza espiritual organizada contra la que solo la autoridad de Cristo puede prevalecer. No enfrentamos caos, sino estructura. No enfrentamos emociones, sino gobierno.

Por eso Pablo escribe con solemnidad:

"Porque no tenemos lucha contra sangre y carne, sino contra principados, contra potestades, contra los gobernadores de las tinieblas de este siglo, contra huestes espirituales de maldad en las regiones celestes." (Efesios 6:12)

Este pasaje revela que el reino de las tinieblas está jerárquicamente organizado. Y si el enemigo se estructura, ¿cómo podemos enfrentarlo sin conocer su mapa? La ignorancia espiritual no solo debilita al creyente, sino que lo despoja de autoridad. Por eso, antes de hablar de posesión, transferencia o contaminación, debemos entender quiénes son estas entidades, cómo se estructuran y de qué modo gobiernan territorios y generaciones.
No basta con saber que hay tinieblas. Hay que saber cómo operan para desmantelar sus estructuras y liberar el destino eterno que intentan frenar.

Cómo opera el reino de las tinieblas: imitación deformada del Reino de Dios

> **"El reino de las tinieblas no fue diseñado por Satanás desde cero. Lo que él hizo es una copia distorsionada del Reino de Dios."**

El reino de las tinieblas no fue diseñado por Satanás desde cero. Lo que él ha establecido es una copia distorsionada del Reino de Dios. Su caída no le quitó el conocimiento espiritual adquirido como querubín ungido. Por el contrario, conservó el entendimiento del diseño eterno y, desde entonces, ha usado ese conocimiento para construir un sistema paralelo, deformado y hostil contra el gobierno legítimo del Reino. Isaías lo expresa claramente al describir el deseo de Lucifer:

"Subiré al cielo; en lo alto, junto a las estrellas de Dios, levantaré mi trono... seré semejante al Altísimo." (Isaías 14:13–14)

No quiso destruir el modelo de Dios. Quiso imitarlo para reemplazarlo. Por eso su sistema espiritual está lleno de jerarquías, pactos, tronos, adoración y estructuras legales, pero todos están corrompidos. Es una falsificación diseñada para controlar almas, territorios y atmósferas a través del engaño y la legalidad invertida. El apóstol Pablo lo llama "el dios de este siglo" porque ha logrado estructurar su reino sobre el aion presente:

"En los cuales el dios de este siglo cegó el entendimiento de los incrédulos..." (2 Corintios 4:4)

Satanás no gobierna por fuerza bruta, sino por legalidad usurpada. Usa pactos contaminados, doctrinas desviadas y atmósferas infiltradas para perpetuar su autoridad. Incluso Jesús enseñó a sus discípulos a orar por la manifestación del Reino como un acto de confrontación espiritual:

"Venga tu Reino. Hágase tu voluntad, como en el cielo, así también en la tierra."(Mateo 6:10)

Esa oración no es simbólica: es una orden de ocupación. Porque donde el Reino no se manifiesta, otro gobierno espiritual toma el lugar. Efesios 6:12 confirma que este gobierno no está desorganizado, sino jerárquico y territorial:

"Porque no tenemos lucha contra sangre y carne, sino contra principados, contra potestades, contra los gobernadores de las tinieblas... contra huestes espirituales de maldad..." (Efesios 6:12)

Cada uno de esos rangos forma parte de un sistema que replica el modelo del Reino, pero con el propósito de retener, corromper y oprimir. Y lo más peligroso es que lo hace bajo disfraces de luz. Pablo lo advierte con firmeza:

"El mismo Satanás se disfraza como ángel de luz." (2 Corintios 11:14)

Este disfraz no es teatral. Es doctrinal, litúrgico y cultural. El enemigo se esconde detrás de estructuras aparentemente santas, discursos religiosos, apariencias piadosas y símbolos manipulados. Por eso, comprender cómo opera su sistema es crucial para desenmascararlo. No enfrentamos solo demonios. Enfrentamos un reino entero de falsificaciones que imitan lo sagrado para perpetuar la opresión espiritual.

Desarrollo profundo de Efesios 6:12:

> **"El mundo espiritual está regido por leyes, jerarquías y operaciones definidas."**

La estructura del enemigo no es informal ni desordenada. El mundo espiritual está regido por leyes, jerarquías y operaciones definidas, tanto en el Reino de Dios como en el sistema de las tinieblas. El apóstol Pablo reveló con exactitud la composición jerárquica del reino enemigo cuando escribió a los Efesios una descripción detallada de sus rangos espirituales:

"Porque no tenemos lucha contra sangre y carne, sino contra principados, contra potestades, contra los gobernadores de las tinieblas de este siglo, contra huestes espirituales de maldad en las regiones celestes." (Efesios 6:12)

Este versículo no es una repetición enfática, es un desglose jerárquico. Cada categoría representa un nivel de autoridad, un rango espiritual y una función operativa dentro del sistema de las tinieblas. Pablo, como conocedor del lenguaje judicial y del sistema de gobierno espiritual, estaba exponiendo un mapa estratégico de cómo el enemigo estructura su ofensiva contra el propósito de Dios.

— Principados

La palabra griega usada aquí es archai, que denota "gobernantes de primer orden", "comienzos" o "autoridades primarias". Estos son los arquitectos espirituales del sistema de maldad en regiones específicas. No solo se ubican sobre territorios físicos, sino sobre estructuras históricas, ideológicas y religiosas. Son responsables de establecer mentalidades colectivas, sistemas filosóficos, doctrinas falsas y culturas espirituales deformadas. Su función es sembrar ideas corruptas en los fundamentos de las naciones. Daniel los identificó cuando se refirió al "príncipe del reino de Persia" (Daniel 10:13), una entidad que gobernaba desde el mundo invisible sobre una nación entera.

Son los arquitectos del sistema de las tinieblas. No poseen cuerpos ni dominan personas específicas. Gobiernan estructuras ideológicas, religiosas, étnicas, políticas o territoriales.

"Despojando a los principados y a las potestades, los exhibió públicamente, triunfando sobre ellos en la cruz."
(Colosenses 2:15)

¿Cómo se enfrentan?: No se reprenden. Se llevan a los pies de Cristo. En el nombre de Jesús, se debe proclamar: "Este principado es despojado de su trono y llevado a los pies del Cristo resucitado para juicio eterno." Su derrota no se establece por fuerza humana, sino por autoridad judicial.

— Potestades

El término exousia hace referencia a "autoridades delegadas", "poderes que ejercen influencia ejecutiva". Mientras que los principados diseñan, las potestades ejecutan las estrategias. Son como gobernadores provinciales del mal: aplican el sistema espiritual deformado sobre familias, linajes, iglesias y ciudades. Pueden operar como estructuras demoníacas que legitiman pactos satánicos, maldiciones generacionales o atmósferas legales de opresión. Su poder radica en su capacidad para sostener el dominio del principado sobre un área específica, legalizando su presencia a través de pecado, ignorancia o herencia espiritual contaminada.

¿Cómo se enfrentan? No se expulsan. Se desactivan y desarraigan. En el nombre de Jesús, se debe:

- Anular su decreto legal
- Cancelar la legalidad territorial
- Emitir un juicio desde los tribunales celestiales
- Enviar su operación a regiones selladas, sin retorno ni reemplazo
- Los ángeles del Reino ejecutan el arresto cuando el decreto es emitido por un hijo legítimo con respaldo judicial.

— Gobernadores de las tinieblas

Aquí Pablo usa la expresión kosmokratōr tōn skotos, que puede traducirse como "los señores del orden mundial oscuro". Son entidades con poder sobre estructuras culturales, ideológicas y sistemas globales, encargadas de mantener al mundo en tinieblas. Operan en medios de comunicación, entretenimiento, educación, política, economía, redes globales y religiosidad contaminada. No poseen cuerpo físico, pero su influencia es real, masiva y sistemática. Su objetivo no es oprimir individuos, sino controlar generaciones enteras a través de sistemas que normalizan la oscuridad, justifican el pecado, redefinen la moral y glorifican el caos disfrazado de progreso.

¿Cómo se enfrentan? Estas entidades no se enfrentan con liberación común ni con oración emocional. Se enfrentan en los lugares celestiales, en el ámbito de gobierno espiritual. Para hacerlo, es necesario:

- Anular sus decretos con decretos del Reino, basados en la sangre de Cristo y en la Palabra viva.
- Desmantelar los altares y sistemas desde donde gobiernan, rompiendo pactos sociales, familiares o culturales que les dan legalidad.
- Activar los ángeles ejecutores del Reino para ejecutar juicio contra estas entidades invisibles.
- Llevar los casos a los tribunales de Dios, presentando evidencias (versículos, confesión, renuncia, clamor legal) y pidiendo su destitución del gobierno espiritual de una región o estructura.

Cuando esto se ejecuta en legalidad, se puede declarar con autoridad:
"Todo gobierno de tinieblas establecido sobre esta generación es derrocado. Todo sistema cultural que justifica el pecado es desactivado. En el nombre de Jesús, se cancela la estructura oscura, se destrona al gobernador espiritual ilegítimo, y se establece el dominio del Cordero sobre esta atmósfera."

— Huestes espirituales de maldad
La expresión usada en Efesios 6:12 es pneumatika tēs ponērias en tois epouraniois, refiriéndose a espíritus malignos operando en las regiones celestiales. Estas entidades no diseñan estructuras como los principados ni gobiernan como los gobernadores, sino que ejecutan tareas específicas con rapidez y movilidad. Son los mensajeros del mal: siembran confusión, pesadez mental, divisiones, desánimo, tentación, pesadillas, enfermedades espirituales o ciclos recurrentes de opresión. Son las

más frecuentes en guerras personales, familiares y ministeriales.

¿Cómo se enfrentan? Estas entidades son enfrentadas mediante autoridad espiritual directa, pero con legalidad. El protocolo incluye:

- Romper el ciclo asignado: detectar qué patrón repiten y cancelar su influencia.
- Atarlas con cadenas espirituales en el nombre de Jesús, cortando su tarea, refuerzo y acceso.
- Cerrar toda puerta legal: heridas abiertas, pactos verbales, atmósferas contaminadas.
- Emitir un decreto de expulsión y juicio, enviándolas al abismo sin retorno ni reemplazo.
- Activar ángeles del Reino para que ejecuten el arresto y eliminen su rastro en el alma, el cuerpo o la atmósfera.

Declaración final:
"Toda hueste espiritual asignada para oprimir, dividir, confundir o contaminar es atada en el nombre de Jesús. Su ciclo es cancelado. Su tarea es anulada. Su acceso es cerrado. Y son enviadas al abismo, sin retorno, sin reemplazo, sin refuerzo. El territorio queda sellado por la gloria del Reino."

Pablo no escribió esto para asustar, sino para alertar estratégicamente. El enemigo no está desorganizado ni dividido: está estructurado, jerarquizado y activo. Y si no se lo entiende así, el creyente enfrentará la batalla espiritual como si fuera un simple conflicto emocional, cuando en realidad se trata de una guerra legal entre reinos, donde cada rango tiene una función específica que debe ser discernida para ser enfrentada correctamente.

> **"El enemigo no está desorganizado ni dividido: está estructurado, jerarquizado y activo."**

Por eso, antes de reprender cualquier entidad, es necesario discernir su rango, entender qué estructura representa, qué legalidad la sostiene y qué verdad del Reino debe activarse para derribarla. Efesios 6:12 no es solo una advertencia: es una guía militar. Y aquellos que caminan en gobierno espiritual deben conocer este mapa si desean avanzar en libertad, autoridad y restauración.

> **"Efesios 6:12 no es solo una advertencia: es una guía militar."**

Explicación de quién ocupa cada rango espiritual

Los niveles de operación. Una comprensión clara de quién ocupa cada rango espiritual es fundamental para enfrentar con precisión la guerra espiritual, sin asumir que todas las entidades funcionan igual o tienen la misma autoridad. El desorden conceptual en esta área ha producido errores graves en la práctica ministerial y en la estrategia del creyente.

— Principados y potestades: ángeles caídos estructurales

En la cúspide de la jerarquía demoníaca se encuentran los ángeles caídos, seres espirituales que fueron creados originalmente para servir en los niveles más altos del Reino de Dios. Tras su rebelión, muchos de ellos fueron asignados por Satanás a operar como principados y potestades, gobernando sobre regiones, culturas y estructuras ideológicas. Conservan forma espiritual avanzada, y su inteligencia no ha sido abolida. Algunos de estos seres son los que se mencionan en textos como Daniel 10:13:

"Mas el príncipe del reino de Persia se me opuso durante veintiún días; pero he aquí Miguel, uno de los principales príncipes, vino para ayudarme..."

Este "príncipe" no era un ser humano, sino una entidad espiritual de rango alto que gobernaba sobre el territorio persa desde el mundo invisible. Los principados y potestades tienen autoridad sobre sistemas enteros —religiones, imperios, doctrinas, filosofías— y su operación se mantiene mediante alianzas espirituales, pactos de sangre, maldiciones antiguas o pecados territoriales que nunca fueron confrontados judicialmente.

— Gobernadores y huestes: demonios operativos y ejecutores

En los niveles intermedios y bajos encontramos a los demonios propiamente dichos. Estos no son ángeles caídos con gloria original, sino entidades deformadas, muchas veces creadas o transformadas por causa de la corrupción espiritual y la mezcla de dimensiones. Son seres asignados a ejecutar tareas específicas: opresión, enfermedad, división,

sabotaje ministerial, confusión doctrinal, contaminación sexual, y más.
Entre estos también se encuentran los que Pablo llama "huestes espirituales de maldad", cuya función no es diseñar el sistema, sino sostenerlo desde el terreno. Son enviados como emisarios de maldad a habitar cuerpos, contaminar atmósferas, crear tormento mental, introducir adicciones o mantener ciclos de esclavitud emocional.

No todos los demonios desean poseer personas. Algunos operan sobre instituciones, matrimonios, generaciones completas, templos o zonas geográficas. Su presencia no siempre es visible con manifestaciones dramáticas, pero sí con síntomas espirituales, decadencia moral, ruina financiera, división continua o indiferencia religiosa. Su agenda es persistente, aunque sus métodos varían.

— Espíritus inmundos: entidades errantes nacidas de la mezcla prohibida

Otra categoría importante son los espíritus inmundos, mencionados ampliamente en los evangelios. Estos no deben confundirse con demonios estructurales o ángeles caídos. Según la revelación espiritual sostenida por textos como Enoc, Judas y Génesis 6, los espíritus inmundos son los restos espirituales de los Nephilim, seres híbridos nacidos de la unión entre los "hijos de Dios" (ángeles caídos) y mujeres humanas. Cuando estos cuerpos fueron destruidos por el juicio de Dios, sus espíritus quedaron atrapados entre dimensiones, sin acceso ni al cielo ni al infierno final, vagando por regiones espirituales secas. Jesús se refiere a ellos claramente:

"Cuando el espíritu inmundo sale del hombre, anda por lugares secos, buscando reposo; y no hallándolo, dice: Volveré a mi casa de donde salí." (Lucas 11:24)

Estos espíritus no operan como arquitectos ni gobernadores, sino como invasores que buscan cuerpos humanos para poseer, manipular o contaminar. Su obsesión es la habitación. Su dolor es el desalojo. Su estrategia es la reentrada. Son los más conocidos en liberaciones personales, pero no necesariamente los más poderosos en la jerarquía espiritual. Su fuerza no está en el rango, sino en el acceso legal que logran a través del pecado, la herida emocional o la ignorancia.

> **"Comprender quién es quién en esta jerarquía no solo da claridad espiritual. Da precisión estratégica."**

Comprender quién es quién en esta jerarquía no solo da claridad espiritual. Da precisión estratégica. No se enfrenta a un espíritu inmundo con los mismos procedimientos que se usan contra un principado. No se confronta a una hueste con los mismos decretos que se utilizan para cortar un pacto territorial ancestral. Cada rango tiene su protocolo, su historia, su función... y su derrota específica. Y el creyente, equipado con luz, puede discernir con qué tipo de entidad está lidiando, para entonces responder con sabiduría, autoridad y respaldo legal del Reino.

Diferencias doctrinales entre tipos de entidades espirituales

Muchas personas oran, ayunan, buscan a Dios y claman por liberación, pero no entienden por qué sus ciclos no se rompen, sus procesos se repiten o su destino espiritual parece estancado. La razón, en muchos casos, no está en su falta de fe, sino en su falta de entendimiento legal y doctrinal sobre el mundo espiritual que los rodea. No se puede ejercer autoridad si no se conoce al adversario. No se puede liberar territorio si no se identifican las entidades que lo ocupan. Y no se puede caminar hacia el destino si las estructuras invisibles que lo bloquean siguen activas.

> **"No se puede ejercer autoridad si no se conoce al adversario. No se puede liberar territorio si no se identifican las entidades."**

Por eso, esta sección no es un simple catálogo de nombres o jerarquías del mal. Es un manual de discernimiento legal, una guía doctrinal que expone cómo funciona el enemigo, qué tipo de entidades existen, cómo se enfrentan y, sobre todo, a dónde deben ser enviadas para que no regresen jamás. El objetivo es que el lector pueda romper toda sujeción espiritual, cortar líneas de opresión antigua, y reclamar su herencia eterna con legalidad y respaldo del Reino.

El que ignora estas diferencias pelea a ciegas. El que las conoce, opera con luz, estrategia, autoridad y eficacia. Porque el verdadero desbloqueo del destino no ocurre solo con emoción

> **"El que ignora estas diferencias pelea a ciegas. El que las conoce, opera con luz, estrategia, autoridad y eficacia."**

espiritual, sino con verdad, juicio, justicia y gobierno. Y todo esto, en el nombre de Jesús.

— Demonios

El término "demonio" proviene del griego daimonion, y en la Escritura se usa para referirse a seres espirituales caídos que ejercen influencia directa sobre personas, regiones y estructuras. Estos demonios no son siempre visibles en manifestaciones espectaculares, pero su presencia puede sentirse en ambientes pesados, pensamientos contaminados, ciclos repetitivos de pecado o enfermedades espirituales. Aunque algunos tienen nombres propios, como "Legión" (Marcos 5:9), la mayoría opera como soldados espirituales dentro de sistemas mayores.

Los demonios pueden estar organizados bajo potestades y principados, y su función es ejecutar órdenes dentro de sus límites jurisdiccionales. No todos poseen cuerpos, ni todos buscan hacerlo. Muchos actúan sobre atmósferas, territorios, doctrinas, linajes familiares o dimensiones culturales. Su principal objetivo es sostener el gobierno del sistema caído a través de la ocupación, el engaño y el mantenimiento del terreno ganado.

¿A dónde se deben enviar en guerra espiritual? En el nombre de Jesús, deben ser atados con cadenas de fuego espiritual, desalojados y enviados al abismo, sin retorno y sin reemplazo. Cuando el Espíritu Santo así lo dirige, pueden ser enviados a lugares secos, como dice Lucas 11:24:

"Cuando el espíritu inmundo sale del hombre, anda por lugares secos, buscando reposo..."

La orden debe ser clara: "En el nombre de Jesús, sin retorno, sin reemplazo, sin herederos espirituales que ocupen su lugar." Los ángeles del Señor ejecutan el arresto espiritual (Salmo 103:20; Hebreos 1:14).

El bismo (abyssos), es una región de encarcelamiento espiritual anticipado. Esto requiere respaldo judicial específico, como sucedió en Lucas 8:31:

"Y le rogaban que no los mandase al abismo."

— Espíritus inmundos
A diferencia de los demonios estructurales, los espíritus inmundos son seres errantes, obsesionados con la habitación humana. Como se explicó en la sección anterior, su origen está vinculado con los Nephilim, y por tanto, no tienen un lugar propio ni una asignación jerárquica. Su urgencia es entrar, y si son expulsados, buscarán volver:

"Y cuando sale el espíritu inmundo del hombre, anda por lugares secos, buscando reposo..." (Mateo 12:43)

Estos espíritus se manifiestan a menudo en áreas como la sexualidad pervertida, la violencia irracional, la adicción compulsiva, la inmundicia física o verbal, y tormentos emocionales como ataques de pánico o pensamientos suicidas. Son persistentes, astutos, y muchas veces operan en manadas, como se observa en el caso del gadareno. No diseñan estrategias complejas, pero son feroces en la ocupación del alma.

¿A dónde se deben enviar? En el nombre de Jesús, deben ser encadenados con fuego espiritual y enviados al abismo sin retorno y sin reemplazo. Es fundamental cerrar toda puerta emocional, sexual o generacional que les dio entrada. Si no se emite una orden clara y legal, regresarán con refuerzos (Mateo 12:45).

— Espíritus del mundo

Estos no son necesariamente seres conscientes como los demonios o espíritus inmundos, sino corrientes espirituales colectivas que operan sobre las sociedades. Pablo habla de ellos como parte del sistema global caído:

"Y nosotros no hemos recibido el espíritu del mundo, sino el Espíritu que proviene de Dios..." (1 Corintios 2:12)

El espíritu del mundo se manifiesta como una mentalidad, una cultura, una moda espiritual deformada que busca neutralizar al creyente mediante la asimilación con el sistema presente. Trabaja por seducción, relativismo, entretenimiento, ideología, y reemplazo de valores eternos por principios humanistas. Es impersonal, pero poderoso. Invisibiliza la batalla y anestesia el espíritu. Y aunque no es un demonio en sí mismo, puede ser la vía por la cual muchas personas terminan oprimidas por demonios más específicos.

¿Cómo se enfrentan? Estos no se expulsan. Se desplazan. Su territorio es tomado por sustitución espiritual. Solo la presencia manifiesta de Dios, la gloria del Reino, la santidad, la adoración verdadera y la predicación de la Palabra pura pueden desalojar estas corrientes. No se reprenden, se desactivan con atmósferas superiores.

— Entidades estructurales
Finalmente, encontramos entidades con nombre, rango y propósito definido, como Jezabel, Leviatán, Mammon, Moloch, Belial, Asmodeo, entre otros. Estas no son simples demonios genéricos, sino estructuras espirituales completas con funciones especializadas. Jezabel no es solo un espíritu de seducción: es un sistema de control, manipulación, religiosidad y muerte profética. Mammon no es solo codicia: es una estructura de idolatría financiera que reemplaza la fe. Moloch es un sistema de sacrificio de inocentes, no solo una historia antigua. Estas entidades tienen ejércitos a su cargo y, muchas veces, se asocian a regiones, culturas o sistemas políticos y económicos.

El error común es reducirlas a "espíritus con nombre" y enfrentarlas como si fueran individuos aislados. Pero en realidad, son tronos espirituales, estructuras con múltiples capas, demonios subordinados y culturas asociadas. No se reprenden con ligereza. Se confrontan con gobierno, limpieza legal, madurez espiritual y respaldo judicial del cielo.

¿Cómo se enfrentan? En el nombre de Jesús, el protocolo incluye:

- Desarraigo del trono espiritual o altar profanado
- Cancelación de pactos, sacrificios o decretos que les dan legalidad
- Juicio profético en los tribunales celestiales
- Orden de arresto angelical y envío al abismo o a su lugar de retención eterna

- Decreto de no retorno, no reemplazo, sin herederos espirituales

Estas entidades no se enfrentan en carne. Se derriban por decreto legal, cobertura espiritual, limpieza profunda y juicio del Reino.

Toda guerra espiritual real debe hacerse en el nombre de Jesús, con discernimiento, respaldo legal y cobertura espiritual. Cada entidad debe ser tratada según su rango, y su destino debe ser claro: al abismo, al Tártaro, a lugares secos, o a los pies de Cristo, pero siempre con este decreto:
"Sin retorno. Sin reemplazo. Sin transferencia. Sin herederos. En el nombre de Jesús."

Y todo arresto debe ser ejecutado por los ángeles del Reino, que obedecen la voz de Su Palabra.

"Bendecid a Jehová, vosotros sus ángeles, poderosos en fortaleza, que ejecutáis su palabra, obedeciendo a la voz de su precepto."
(Salmo 103:20)

Funciones de emisores, receptores y vectores espirituales

En el diseño espiritual del Reino —y también en la estructura del sistema de las tinieblas— existen canales de transmisión, entidades y mecanismos que permiten que una carga espiritual pase de un lugar a otro, de una persona a otra, o de una dimensión a otra. Esto no ocurre al azar. Así como en el mundo natural existen emisores, receptores y vectores para transmitir señales, energía o incluso enfermedades, en el mundo espiritual estos mismos roles existen y tienen una función activa en los procesos de contaminación, transferencia y guerra invisible.

Entender estas funciones permite identificar cómo el enemigo contamina personas sin poseerlas, cómo se transfieren influencias sin contacto directo, y cómo se instalan cargas demoníacas sin que necesariamente haya manifestación evidente. Muchos procesos de opresión espiritual son el resultado de conexiones invisibles que han operado sin ser detectadas, porque no hubo discernimiento sobre estos tres canales.

"Muchos procesos de opresión espiritual son el resultado de conexiones invisibles que han operado sin ser detectadas."

— Emisores espirituales: transmisores de contaminación, maldición o carga demoníaca

Un emisor espiritual es una persona, lugar, objeto o estructura que transmite una carga espiritual contaminada hacia otros. No siempre es una entidad consciente o poseída. Puede ser una persona abierta a influencias malignas, alguien bajo una atmósfera demoníaca, o un lugar saturado de legalidad oscura. Los emisores lanzan contaminación por medio de:

- Palabras cargadas (maldiciones, amenazas, manipulaciones).
- Miradas impregnadas de odio, deseo, control o brujería.
- Tacto contaminado (toques indebidos, imposición de manos sin autoridad).
- Objetos ritualizados (regalos, prendas, símbolos, alianzas).
- Ambientes densos donde habita el pecado, la idolatría o la maldición generacional.

En términos espirituales, un emisor puede ser tanto una persona viva como un lugar contaminado. Su función es lanzar, enviar, liberar una carga. Por eso, en la guerra espiritual profunda, es necesario identificar desde dónde se originó la transmisión, romper toda conexión con el emisor, declarar corte total en el nombre de Jesús, y revocar toda emisión con una sentencia de juicio y silencio.

— Receptores espirituales: almas abiertas a absorber o activar lo emitido

El receptor es el extremo opuesto del emisor. Es la persona, estructura interna o atmósfera vulnerable que ha quedado abierta a absorber lo que otro ha lanzado. Un receptor puede ser alguien herido, desprotegido, cansado espiritualmente o contaminado por experiencias pasadas que no han sido sanadas. También puede ser una persona que ha abierto su alma por lazos, pecados no confesados, puertas emocionales o ignorancia. Los receptores más comunes son:

- Personas con heridas profundas no tratadas.
- Almas atadas por pactos, votos, declaraciones o recuerdos contaminados.
- Hijos espirituales bajo influencia de líderes desviados.
- Víctimas de abusos, manipulaciones o relaciones tóxicas.
- Individuos expuestos a atmósferas intensas sin cobertura (visitas a lugares cargados, contacto con objetos ritualizados, consumo de contenido espiritual contaminado).

Un receptor puede cargar con una maldición que no se originó en él. La opresión, el cansancio o incluso los pensamientos oscuros muchas veces no son generados internamente, sino recibidos desde una transmisión externa. Por eso, en el proceso de guerra, no basta con reprender. Es necesario sellar el alma, cerrar la puerta de absorción, romper el vínculo receptor-emisor y declarar:
"En el nombre de Jesús, mi alma ya no es receptor de ninguna transmisión ajena. Se cierra todo canal oculto, toda herida absorbente, toda línea de maldición heredada o impuesta. Soy cubierto por la gloria del Reino."

— Vectores espirituales: canales por los que viajan las cargas contaminadas

El vector es el medio de transporte. No es el emisor ni el receptor, sino el canal o vía a través del cual viaja la carga espiritual. En el mundo natural, los vectores son, por ejemplo, mosquitos que transportan enfermedades. En el mundo espiritual, los vectores pueden ser:

- Objetos: ropa, joyas, fotos, libros, instrumentos musicales, reliquias, dinero, etc.
- Ambientes: cuartos contaminados, templos mal edificados, lugares de pecado oculto.
- Medios de comunicación: música ritualizada, series, imágenes, redes, mensajes, contenido digital con activación demoníaca.
- Regalos: cosas entregadas con intención oculta o consagración previa.

- Rituales no conscientes: palabras repetidas, gestos simbólicos, "juegos" espirituales disfrazados.

El vector tiene la capacidad de llevar una carga de un punto a otro sin ser detectado, porque no grita, no se manifiesta, no se mueve como un demonio, pero transporta. Por eso, el discernimiento espiritual no solo se activa al ver la opresión, sino al detectar los caminos invisibles por los que algo llegó.

¿Cómo se enfrentan estas estructuras?

Cada una requiere una acción específica:

— Los emisores deben ser identificados, silenciados y separados en el nombre de Jesús.

— Los receptores deben ser sanados, sellados y restaurados para cerrar su capacidad de absorción.

— Los vectores deben ser desactivados, destruidos o consagrados, según el caso. Algunos objetos deben ser quemados. Otros deben ser entregados al Señor para restaurar su uso. Pero todos deben ser revisados con discernimiento.

> **"La sangre de Jesús limpia, cancela las rutas ocultas, anula contratos invisibles, y cierra portales."**

El poder de la sangre de Jesús no solo limpia, sino que cancela las rutas ocultas del enemigo, anula contratos invisibles, y cierra portales que fueron usados para contaminar el alma. Por eso, cuando se activa esta dimensión en la guerra espiritual, se debe declarar:

"Se corta todo canal de transmisión maligna. En el nombre de Jesús, se clausura toda línea entre emisores y receptores. Se rompen los circuitos de contaminación. Se desactivan los vectores. Se limpia mi atmósfera. Se sella mi alma. Y se activa mi discernimiento."

Modos de operación e infiltración del reino de las tinieblas

Las entidades del reino de las tinieblas no siempre se manifiestan con violencia espiritual o manifestaciones externas evidentes. Su táctica más efectiva ha sido la infiltración sigilosa y legalmente justificada. Su objetivo no es simplemente atacar, sino ocupar, anclar derechos, contaminar atmósferas, fragmentar la voluntad y bloquear el diseño de Dios desde dentro, sin ser detectadas. Entender cómo operan es clave para romper ciclos, cancelar accesos y liberar el camino hacia el destino eterno.

> **"Entender cómo operan es clave para romper ciclos, cancelar accesos y liberar el camino hacia el destino eterno."**

— Posesión: ocupación total de cuerpo, alma y voluntad

La posesión ocurre cuando una entidad toma control activo del cuerpo de una persona, afectando sus pensamientos, palabras y acciones. Aunque no es el caso más frecuente, sí representa el nivel máximo de ocupación. Solo se da cuando hay una entrega consciente o una legalidad muy antigua no tratada. La posesión se manifiesta con pérdida de control, doble personalidad, violencia espiritual o manifestaciones sobrenaturales visibles.

"Y el espíritu inmundo, sacudiéndole con violencia y clamando a gran voz, salió de él." (Marcos 1:26)

— Opresión: carga invisible que limita el avance del alma

La opresión es más común que la posesión. Se manifiesta como una presión constante en el alma, la mente o el cuerpo, que impide avanzar, pensar con claridad, orar, recibir revelación o mantener disciplina espiritual. Puede sentirse como pesadez, ansiedad sin causa, tristeza prolongada, confusión, cansancio extremo o ataques nocturnos. No hay invasión total, pero sí un dominio externo sobre el ambiente interior.

"Dios ungió con el Espíritu Santo y con poder a Jesús... y éste anduvo haciendo bienes y sanando a todos los oprimidos por el diablo..." (Hechos 10:38)

— Transferencia: paso de una carga espiritual desde otra persona o ambiente

Muchos creyentes enfrentan tormentos que no nacieron en ellos, sino que fueron transferidos por contacto, pacto, relación o vínculo emocional o sexual. Las transferencias pueden ocurrir por:

- Relaciones sexuales fuera del pacto de Dios.
- Vínculos emocionales o de dependencia con emisores contaminados.
- Imposición de manos sin cobertura espiritual.
- Alianzas rotas mal cerradas (matrimonios, sociedades, discipulados).

- Participación en rituales o actos simbólicos con carga espiritual.

Una transferencia no siempre se detecta al instante. Pero deja rastros: pesadez repentina, cambios de ánimo, pensamientos intrusivos, retrocesos espirituales súbitos o alteraciones en el ambiente personal.

— Contaminación espiritual: residuo invisible que debilita la sensibilidad del alma

La contaminación no siempre se manifiesta como opresión o posesión. Muchas veces actúa como un velo sutil que ensucia el discernimiento, reduce la sensibilidad espiritual y normaliza lo impuro. Esta contaminación puede entrar a través de:

- Objetos consagrados al mal (amuletos, símbolos, recuerdos, regalos contaminados).
- Contenido audiovisual con activación espiritual (música, películas, redes).
- Palabras recibidas con carga demoníaca o pactos hablados.
- Espacios físicos que fueron utilizados para pecado oculto, violencia, idolatría o pacto.

Cuando hay contaminación, el alma pierde claridad. La persona ya no percibe la gloria, no discierne el bien del mal con la misma nitidez, y su altar interno empieza a deteriorarse. Es como una neblina sagrada que reemplaza la presencia por costumbre. La contaminación espiritual no siempre causa rebeldía. A veces solo provoca apatía, confusión, tibieza o doble discurso.

— Influencia atmosférica: ocupación de ambientes enteros con un diseño contrario al Reino

Hay lugares donde se respira miedo, enojo, lascivia, muerte, caos, religiosidad, control o adicción. Esas no son emociones del momento: son atmósferas espirituales establecidas por huestes, pactos o pecados prolongados que cargaron ese territorio con una vibración contraria al Reino. Esto puede ocurrir en:

- Hogares donde hubo violencia constante.
- Iglesias donde hubo manipulación, falsa autoridad o idolatría.
- Escuelas, oficinas o ciudades donde se establecieron pactos territoriales.
- Ambientes cargados por música, gritos, conductas repetitivas o rituales simbólicos.

La atmósfera espiritual es uno de los canales más efectivos de retención demoníaca. Una persona puede estar libre, pero vivir bajo un techo cargado. Por eso, el desbloqueo del destino no ocurre solo en el alma, sino también en el entorno espiritual que te rodea.

"Porque aunque andamos en la carne, no militamos según la carne; porque las armas de nuestra milicia no son carnales, sino poderosas en Dios..." (2 Corintios 10:3–4)

— Infiltración doctrinal: mentiras estructuradas que justifican el pecado o neutralizan la verdad

El enemigo no solo opera a través de ataques. También se infiltra en la mente con argumentos, ideas o doctrinas contaminadas que parecen bíblicas, pero tienen veneno en la raíz. Muchas de estas falsas doctrinas dan acceso legal al enemigo sin que el creyente lo sepa.

Ejemplos comunes de infiltración doctrinal:

- "Dios ya lo hizo todo, yo no tengo que hacer nada."
- "El diablo no puede tocarme, soy intocable."
- "No hay que hablar del pecado, solo del amor."
- "Todo está bajo la gracia, nada me puede afectar."
- "Ya hice mi confesión de fe, nada me puede tocar"
- "Nada me puede dañar, por que he declarado que tengo a Jesús en mi corazón"
- "Si voy a la iglesia, los demonios no me pueden tocar"
- "No necesito procesos, solo declarar que soy libre."

Estas ideas y miles mas, aunque populares, neutralizan el juicio, la santidad, el temor reverente, la disciplina espiritual y la preparación estratégica del creyente. Son doctrinas dulces que abren puertas grandes. Por eso, el discernimiento en esta generación es tan vital como la fe.

CERCOS DE MALDAD E INTERDICCIÓN JURÍDICA

En el mundo espiritual, no basta con tener identidad y promesa. También es necesario tener autorización legal para gobernar, avanzar y ejecutar propósito. Hay creyentes con diseño, con llamado, con palabra profética, pero espiritualmente interdictos, es decir, limitados para ejercer autoridad en ciertas áreas por causas aún abiertas en los tribunales celestiales.

Estos cercos espirituales no siempre se manifiestan como ataques, sino como bloqueos invisibles, limitaciones sin explicación, retrocesos inexplicables o repetición de ciclos justo cuando se está por avanzar. No se trata de falta de fe, sino de asuntos no resueltos en el ámbito judicial del Reino.

Por eso, desbloquear el destino requiere también discernir qué cercos están activos, qué acceso ha sido legalmente restringido y cuál es la causa que el enemigo usa para frenar el avance. Solo cuando se lleva esa causa a juicio, se cierra con la sangre del Cordero, se recibe veredicto y se ejecuta con obediencia, el cerco se cae y la interdicción se levanta.

Este tema está desarrollado con profundidad en el Capítulo 5: Tribunales Celestiales. Allí se enseña paso a paso cómo presentar la causa, cómo invalidar el decreto del acusador y cómo recibir el respaldo del Juez justo. Si tu has llegado hasta aquí, es tiempo de revisar si lo que le falta no es fe, sino libertad judicial para ejercer su herencia.

RESUMEN DEL CAPÍTULO

Este capítulo ha revelado con claridad cómo opera el reino de las tinieblas en niveles estructurados, invisibles y estratégicos. No toda opresión viene por demonios visibles: muchas veces se infiltra por pensamientos, doctrinas contaminadas, vínculos abiertos, o atmósferas sin limpieza espiritual. Entender cómo el enemigo se disfraza, cómo lanza tentaciones diseñadas y cómo gobierna territorios a través de argumentos y legalidades ocultas es clave para desbloquear el destino con autoridad.

La verdadera guerra no se libra solo en altares externos, sino en el campo interno de la mente y la voluntad. Por eso, quien no discierne sus pensamientos, sus vínculos o sus ciclos, continuará limitado aunque conozca la promesa. Desactivar estructuras internas, cerrar rutas de infiltración y presentar las causas en los tribunales del Reino es esencial para avanzar. El destino no se alcanza solo con deseo: se conquista con entendimiento, legalidad y gobierno espiritual.

ACTIVIDADES POR HACER

1. Examina tu estructura mental y detecta patrones de pensamiento que podrían ser fortalezas del enemigo.
Toma un tiempo en oración y reflexión para escribir aquellos pensamientos repetitivos que han condicionado tu avance. ¿Qué frases internas sueles escuchar que limitan tu obediencia, tu fe o tu identidad? Pregunta al Espíritu Santo si alguno de esos pensamientos tiene un origen externo, una raíz emocional o una legalidad antigua. Escríbelos con claridad y luego enfréntalos con la Palabra de Dios, declarando lo que Él dice sobre ti.

2. Pide revelación sobre vínculos, ambientes o objetos que han funcionado como emisores, receptores o vectores espirituales.
Haz una revisión espiritual de tus relaciones, tu entorno y lo que permites en tus espacios. ¿Has sentido opresión después de ciertas conversaciones, visitas o exposiciones? ¿Has conservado cosas que recibiste con cariño pero no sabes qué carga espiritual contienen? Pídele al Señor discernimiento y haz una limpieza espiritual guiada, renunciando en voz alta y consagrando cada espacio nuevamente al Reino.

3. Revisa si estás en una etapa de interdicción espiritual sin darte cuenta.
Hazte preguntas concretas: ¿Por qué se detiene siempre mi avance en el mismo punto? ¿Hay ciclos que no logro romper? ¿Hay promesas que sé que son mías pero no he podido ejercer? Si detectas síntomas de cerco o estancamiento legal, preséntalos en oración al Padre como una causa abierta, confiesa cualquier legalidad que el Espíritu te revele, y pide un juicio justo basado en la sangre del Cordero.

ORACIÓN FINAL

Padre eterno, Dios justo, hoy comparezco ante Ti en el nombre poderoso de Cristo Jesús, tal como soy, tal como estoy. Vengo con reverencia, pero también con valentía, sabiendo que por la sangre del Cordero tengo acceso legal a Tu presencia. Me presento en Tus tribunales celestiales para exponer toda carga mental, estructura interna, argumento invisible y patrón espiritual que ha interferido con el cumplimiento de Tu propósito eterno en mi vida.

Hoy levanto mi voz y pido que se abran los libros que contienen el diseño original que fue escrito para mí desde antes de la fundación del mundo. Que se revisen los archivos de mi historia, mis pensamientos, mis decisiones, mis vínculos, mis atmósferas. Que toda evidencia que el acusador haya levantado contra mí, contra mi mente, contra mi voluntad, contra mi avance, sea confrontada por la verdad que fluye desde Tu Palabra.

Señor, te pido que todo libro del cielo, del infierno, o de cualquier dimensión espiritual donde haya registros activos de legalidades demoníacas contra mi vida, sea limpiado ahora mismo por el poder de la sangre del Cordero. Que todo contrato mental, todo decreto no anulado, toda acusación no resuelta, todo argumento que el enemigo use para acusarme y limitarme, sea oficialmente borrado, anulado, y sustituido por lo que Tú has dicho de mí desde la eternidad.

Te pido también que me reveles, Espíritu Santo, en qué áreas de mi vida aún hay influencia demoníaca activa. Si hay atmósferas que cargo inconscientemente, si hay vínculos que todavía están abiertos, si hay palabras que aún retumban como dardos en mi mente... revélamelo con claridad. Dame discernimiento para entender qué tipo de espíritu ha intentado sabotear mi destino, qué puerta sigue abierta, qué atmósfera sigue reteniendo mi avance.

Señor, te pido luz sobre mi historia, claridad sobre mis pensamientos, juicio sobre mis argumentos. Hazme consciente de todo patrón de pensamiento que haya sido sembrado por huestes, demonios, entidades estructurales o sistemas del mundo. Muéstrame si he sido manipulado por doctrinas sutiles, contaminado por entretenimiento sin discernimiento, o debilitado por ideas disfrazadas de verdad.

Y si hay atmósferas que yo mismo he permitido o creado, te pido que me enseñes cómo romperlas, cómo cerrarlas, cómo sustituirlas por Tu gloria. Si en mis pensamientos, en mi casa, en mi ministerio o en mi entorno he tolerado palabras, ideas, influencias o alianzas que abrieron brechas... hoy lo reconozco, lo presento y lo renuncio.
"Porque las armas de nuestra milicia no son carnales, sino poderosas en Dios para la destrucción de fortalezas; derribando argumentos y toda altivez que se levanta contra el conocimiento de Dios..." (2 Corintios 10:4–5)

Por eso hoy derribo fortalezas en el espíritu. Desmantelo torres mentales. Cancelo todo argumento que aún se sostiene en el alma. Y decreto que ninguna entidad espiritual, ningún demonio, ninguna hueste o estructura tiene más poder para operar en mis pensamientos. Todo pacto con la lógica del mundo se corta. Toda narrativa de fracaso o conformismo queda sin efecto. Todo pensamiento repetitivo que me detenía es ahora reemplazado por el pensamiento de Cristo.

Señor, presento mi caso ante Ti, pido veredicto justo, y solicito que el sello del Cordero sea puesto sobre mi conciencia, mi mente, mis decisiones y mi atmósfera. Que la acusación sea silenciada. Que el ciclo sea quebrado. Que la legalidad sea anulada. Que los ángeles ejecutores del Reino localicen, detengan y envíen al abismo sin retorno ni reemplazo a toda entidad que operaba desde el pensamiento hacia mi propósito. Hoy cierro portales. Hoy retiro autorizaciones antiguas. Hoy limpio el aire que respiro. Y hoy activo mi derecho legal a pensar como el Reino, a decidir con libertad, a avanzar con juicio. Desde este día, mi mente es restaurada, mi atmósfera purificada, mi voluntad fortalecida.

Y así, por juicio divino y decreto celestial, se desbloquea mi destino. El territorio interior queda libre. Las rutas del enemigo quedan canceladas. El trono mental es ahora del Mesías. El pensamiento es campo santo. Y la gloria de Dios será la atmósfera donde nazca mi avance.

En el nombre supremo, eterno, justo y santo de Jesucristo, el Verbo viviente, declaro este caso tratado, sellado y ejecutado. Amén.

CAPÍTULO

12

ACTIVACIÓN FINAL: DESBLOQUEANDO EL DESTINO

ACTIVACIÓN FINAL: DESBLOQUEANDO EL DESTINO

""He aquí, he puesto delante de ti una puerta abierta, la cual nadie puede cerrar..." (Apocalipsis 3:8)

Has caminado por valles invisibles, enfrentado estructuras antiguas, escuchado verdades que estremecieron tu interior, y presentaste causas que por años te habían estancado. Este no ha sido un recorrido emocional, ha sido un proceso espiritual de alto nivel legal. Cada capítulo ha sido una sala de juicio, cada oración una comparecencia, cada confrontación una invitación a salir de las sombras hacia la plenitud del diseño original.

Has sanado, has renunciado, has confrontado memorias, patrones, pensamientos, atmósferas, pactos, maldiciones y estructuras que gritaban en silencio desde generaciones pasadas. No ha sido fácil. No ha sido rápido. Pero ha sido eterno. Porque lo que el Reino hace, lo hace para siempre.

Ahora estás aquí. No como quien termina de leer un libro, sino como quien está a punto de cruzar una línea espiritual que marcará su historia. Has recorrido once capítulos de restitución, revelación y gobierno. Y lo que ahora sigue no es más enseñanza. Es activación. Es decreto. Es comparecencia final. Es la voz del Reino pronunciando tu nombre desde el cielo, confirmando que todo lo que ha sido escrito sobre ti, está listo para ser ejecutado.

Este es el capítulo donde todo converge. Donde lo que fue limpiado deja espacio para lo que será soltado. Donde lo que fue cancelado permite lo que será entregado. No estás llegando al final. Estás llegando al principio de tu diseño desbloqueado. Aquí no se trata de recibir más información. Se trata de ocupar tu lugar.

Aquí se define si decides quedarte con lo aprendido, o si entras a lo escrito. Porque tu destino no fue diseñado para estar archivado. Fue escrito para cumplirse. Y lo que vas a hacer a partir de este momento no es leer, es presentarte. No es orar, es comparecer. No es esperar, es activar. Porque en el Reino, la plenitud del destino no se pide, se ejecuta.

EL GRAN PROPÓSITO – POR QUÉ TODO ESTO FUE NECESARIO

Nada de lo que has vivido hasta aquí fue casual. Cada capítulo fue una llave que abrió un candado, un código que desactivó una prisión, una luz que expuso estructuras antiguas que llevaban años interfiriendo con tu diseño. Este libro no fue escrito para darte información, sino para llevarte paso a paso a través de un proceso legal, espiritual y profético que te prepare para presentarte con autoridad ante el Juez del Reino y activar tu destino.

Cuando comenzaste, te enfrentaste a la raíz: tu identidad. Luego se abrieron los archivos de tu historia: pactos antiguos, alianzas impuras, memorias ancestrales, herencias invisibles. No lo hiciste para comprender solamente. Lo hiciste para

revocar su influencia legal. Cada enseñanza, cada oración, cada actividad fue una comparecencia espiritual. Renunciaste a estructuras. Cancelaste sentencias. Sanaste tu alma. Quebraste ciclos. Gobernaste tus pensamientos. Y purificaste atmósferas.
Lo hiciste porque sabes que hay algo que te fue asignado. Un libro escrito desde antes de que nacieras, donde el propósito eterno fue decretado. Lo dice Su Palabra:

"Tu ojos vieron mi embrión, y en tu libro estaban escritas todas aquellas cosas que fueron luego formadas, sin faltar una de ellas." (Salmo 139:16)

Dios no solo te conoce. Te diseñó. Y lo que ahora sigue no es una emoción, es una ejecución. Porque Su Palabra también declara:

"Porque yo sé los planes que tengo para ustedes —declara el Señor— planes de bienestar y no de mal, para darles un futuro y una esperanza." (Jeremías 29:11)

Ese futuro, ese destino, esa esperanza, no se activa con deseos. Se activa con legalidad, obediencia y gobierno. Por eso este recorrido fue necesario. Porque el Reino no suelta un destino sobre quien aún no ha sido limpiado, tratado y alineado.
Ahora portas autoridad para reclamar lo que fue escrito para ti. Por eso puedes declarar con firmeza:

"Todas las sendas del Señor son misericordia y verdad para los que guardan su pacto y sus testimonios." (Salmo 25:10)

Y también:

"Porque somos hechura suya, creados en Cristo Jesús para buenas obras, las cuales Dios preparó de antemano para que anduviésemos en ellas." (Efesios 2:10)

Nada de lo que hiciste fue en vano. Todo lo que renunciaste, todo lo que cortaste, todo lo que lloraste, todo lo que oraste te trajo hasta aquí. Porque el que permanece en verdad, termina en gloria:

"El Dios de toda gracia... después que hayáis padecido un poco de tiempo, él mismo os perfeccionará, afirmará, fortalecerá y establecerá." (1 Pedro 5:10)

Ahora lo que sigue no es mirar atrás. Es abrir el libro. Porque tú no estás hecho para sobrevivir. Estás hecho para cumplir. Y todo lo que el cielo escribió sobre ti... está a punto de ser desbloqueado.

PROTOCOLO ESPIRITUAL PARA ACTIVAR EL DESTINO

Antes de entrar a los tribunales con tu caso final, asegúrate de que todo esté en orden. Este no es un juicio emocional, es un proceso legal. El Reino no opera por sensación, sino por legalidad. Si verdaderamente has sido procesado por la verdad, estás listo para comparecer con evidencia limpia, con causas cerradas, y con un corazón activado por la obediencia.

Este es tu protocolo de verificación. No es un ritual. Es un acto de responsabilidad espiritual. Si has trabajado cada uno de estos puntos, estás preparado para presentar tu caso y desbloquear tu destino.

Marca con un símbolo o escribe la fecha en que sentiste libertad real en cada una de estas áreas:

- ☐ ¿Has recuperado tu identidad espiritual y comprendido tu diseño eterno desde la creación? (Capítulo 1)
- ☐ ¿Has roto pactos generacionales, consagraciones ancestrales, votos heredados y maldiciones familiares? (Capítulo 2 y 3)
- ☐ ¿Has renunciado a la iniquidad transmitida, la transgresión repetitiva y la rebelión oculta en tu linaje? (Capítulo 7)
- ☐ ¿Has confrontado y cancelado ataduras sexuales, pactos de alma y ligaduras espirituales con personas del pasado? (Capítulo 2 y 6)
- ☐ ¿Has desactivado toda legalidad asociada a pactos de sangre, comida, palabras o sacrificios? (Capítulo 2)
- ☐ ¿Has renunciado a toda participación consciente o inconsciente con brujería, hechicería, ocultismo o tecnología demoníaca? (Capítulo 8 y 11)
- ☐ ¿Has tratado con tu alma fragmentada, sanado memorias y restaurado la fuerza de tu voluntad? (Capítulo 6)
- ☐ ¿Has detectado y desactivado ciclos de maldición, estructuras repetitivas y retrocesos que ataban tu avance? (Capítulo 10)
- ☐ ¿Has purificado tu lenguaje y cancelado palabras, votos y declaraciones que amarraban tu alma al fracaso? (Capítulo 2 y 4)
- ☐ ¿Has enfrentado y cancelado transferencias atmosféricas, manipulaciones territoriales o contaminación espiritual? (Capítulo 10)

- [ ] ¿Has discernido y confrontado fortalezas mentales, argumentos internos y pensamientos sembrados por el enemigo? (Capítulo 8)
- [ ] ¿Has comparecido ante los tribunales del cielo con tus causas más profundas y recibido un juicio justo? (Capítulo 5)
- [ ] ¿Has hecho las oraciones activadoras de cada capítulo y sentido un cambio real en tu atmósfera? (Todos los capítulos)

¿Aún no sientes libertad total en alguna de estas áreas?

Entonces no te apresures. Este no es un acto simbólico. Es una ejecución espiritual. Si en algún punto todavía sientes carga, retroceso o confusión, regresa a ese capítulo. Lee con calma. Repite la oración. Y si ya tienes el libro de oraciones complementario, trabaja esa sección hasta que sientas que la atmósfera cambia, que el alma se alinea y que la causa queda sellada. No avances por emoción. Avanza con legalidad.

ORACIÓN FINAL JUDICIAL: PRESENTANDO NUESTRO CASO EN LOS TRIBUNALES CELESTIALES

Padre eterno, Dios justo, hoy me presento delante de Ti, en el nombre supremo y suficiente de Jesucristo, el Abogado eterno y el Cordero sin mancha, compareciendo ante Tu tribunal supremo con legalidad, verdad y cobertura. Vengo como alguien que ha sido procesado por la luz, tratado por

Tu Palabra, y preparado para reclamar lo que me fue asignado desde la eternidad.

Traigo ante Tu trono los trece capítulos que he caminado contigo. Cada uno ha sido una sala judicial donde algo fue tratado, cerrado o renunciado. Presento como evidencia mi historia quebrada, mis ciclos repetidos, mis pactos antiguos, mis pensamientos saboteadores, mi ADN contaminado y mi atmósfera deformada. No los traigo para justificarme si no para dejar constancia que ya no tienen autoridad sobre mi.

Hoy pongo sobre este estrado todo lo que Jesús hizo en la cruz a mi favor. Presento la sangre como mi defensa legal. Presento el pacto nuevo como anulación de todo contrato anterior. Presento las Escrituras como testimonio escrito. Y presento la obediencia como evidencia viva. Porque está escrito:

"Anulando el acta de los decretos que había contra nosotros, que nos era contraria, quitándola de en medio y clavándola en la cruz..." (Colosenses 2:14)

Y también:

"Tus ojos vieron mi embrión, y en tu libro estaban escritas todas aquellas cosas..." (Salmo 139:16)

Hoy vengo a solicitar juicio favorable sobre mi propósito eterno. Pido que se abran los libros donde fue escrito mi destino y que se confronten con la evidencia de lo que he tratado en este proceso. Solicito que todo aquello que había quedado estancado por causas no juzgadas, por palabras no rotas, por pactos no revocados o por atmósferas no purificadas, sea hoy anulado oficialmente por decreto judicial.
Espíritu Santo, te pido que traigas a este tribunal todos los registros que aún estén abiertos y que deban ser confrontados con la sangre. Si aún hay algo en mi contra, algo oculto, algo sin renunciar, algo que no discerní, lo

traigo en confesión y pido que sea tratado ahora, para que nada estorbe el veredicto que estoy a punto de recibir.

Que toda acusación del adversario basada en mi historia, mis linajes, mis votos, mis ataduras sexuales, mis palabras, mis emociones, mis transgresiones, mis silencios y mis atmósferas, sea silenciada por la voz del Abogado eterno. Que todo demonio asignado, toda hueste activada, toda entidad estructural o espíritu de iniquidad que aún invoque algún derecho sobre mi vida, sea expulsado con sentencia final y sin retorno.

Que el fiscal de las tinieblas no pueda continuar sus argumentos. Que los escribas del cielo registren este día como un día de comparecencia formal. Que el sello del Espíritu sea puesto sobre mi causa. Y que mi nombre resuene como alguien que ha sido hallado en Cristo, limpio, aprobado, alineado y listo.

Padre, solicito acceso al libro donde fue escrito mi destino. No quiero una vida buena. Quiero la vida exacta que fue escrita para mí. Quiero caminar en las obras preparadas de antemano. Quiero cumplir con precisión lo que Tú decretaste antes de formarme. Porque está escrito:

"Porque somos hechura suya, creados en Cristo Jesús para buenas obras, las cuales Dios preparó de antemano para que anduviésemos en ellas." (Efesios 2:10)

Por eso, hoy comparezco para pedir que todo lo que ha estado bloqueado me sea ahora desbloqueado. Que todo velo sobre mis ojos sea removido. Que todo retraso injustificado sea cancelado. Que todo cerco territorial o mental se disuelva. Que todo derecho suspendido sea restaurado. Y que todo lo que en el cielo ya ha sido aprobado, sea ahora ejecutado en la tierra.

Pido en el nombre de Jesús, que todos los libros del cielo y del infierno donde haya registros legales del enemigo sobre mí, sean ahora limpiados. Que todo expediente que invoque derecho de opresión, herencia, castigo, retraso o desvío, sea borrado. Que toda cláusula que me ataba a pactos de oscuridad quede destruida. Y que todo lo que fue registrado en mi contra, sea ahora sustituido por lo que fue escrito en mi favor.

Y si aún no tengo claridad completa sobre el contenido de mi libro, te pido revelación profética y discernimiento espiritual. Que me muestres dónde debo pisar, qué debo soltar, a qué debo renunciar y qué debo obedecer. Que mis ojos se abran. Que mis decisiones se afinen. Que mi caminar sea sincronizado. Y que mi voz se alinee con el cielo.

Y ahora, Padre eterno, yo levanto mi voz en este tribunal, no solo para pedir limpieza, sino para solicitar activación judicial de mi destino eterno. No me presento solo como alguien que fue redimido, sino como alguien que está siendo enviado.

A partir de este momento, en el nombre de Jesús, decreto que mi destino queda activado. Que el libro de mi vida se abre. Que las obras escritas para mí desde antes de la fundación del mundo comienzan a manifestarse en la tierra. Que se alinean los tiempos, los lugares, las personas, las asignaciones y los recursos.

Declaro que todo lo que fue escrito sobre mí en Tu libro eterno comienza a ejecutarse con precisión celestial. Mi vida entra en ritmo profético. Mis decisiones se sincronizan con Tu voluntad. Mis dones se despiertan. Mi voz se activa. Mi entendimiento se expande. Y mis pasos se ordenan por Tu Espíritu.

Este no es solo el final de una oración. Este es el inicio de una nueva historia. A partir de hoy camino como alguien autorizado, ungido, procesado, aprobado y despertado. El velo se ha caído. La causa ha sido tratada. La sentencia ha sido dictada. Y mi destino ha sido desbloqueado legalmente en los tribunales del cielo.

Padre, antes de salir de este tribunal, hago una solicitud final: que se desestime todo argumento futuro del enemigo en mi contra. Que los libros del infierno sean revisados y todo lo escrito por acusación, herencia, pecado, pacto o ignorancia sea ahora oficialmente borrado. Que en los archivos judiciales del Reino quede constancia de que la causa fue tratada, el veredicto ejecutado y el destino desbloqueado.

Pido que los libros del cielo y los libros del enemigo se comparen, y que todo lo que no provenga de Tu voz, sea anulado por Tu sangre. Que toda acusación que intente levantarse nuevamente en el futuro sea rechazada por Tu tribunal, porque este caso ha sido sellado en el nombre del Hijo.

Y ahora, declaro que la sangre del Cordero cubre mi destino desde este día en adelante. Que el camino que tengo por delante no está desprotegido, sino sellado con el pacto eterno. Pido que se activen ángeles de avanzada, custodios del propósito, ejecutores del decreto, emisarios de cumplimiento.
Que no solo protejan mi camino, sino que blinden mi atmósfera, guarden mis decisiones, fortalezcan mis pasos y vigilen las puertas de mi destino. Que ninguna interferencia, contaminación, ni retroceso se atreva a cruzar el perímetro de esta activación legal.

Desde este día, Señor, declaro que mi destino camina custodiado, vigilado, asignado y respaldado por el cielo. No camino solo. Camino bajo orden. Camino bajo sentencia. Camino bajo cobertura. Y todo lo que me fue robado, ahora será devuelto siete veces más.
Declaro esto con autoridad, porque la corte ha hablado, el veredicto ha sido emitido por el Juez eterno, y el Reino lo ha ejecutado.

Transición Entre el tribunal y el acto profético

Ahora que la sentencia ha sido dictada, el destino desbloqueado y la causa resuelta, no queda nada más por debatir en los tribunales. El juicio ha sido emitido a tu favor. Todo lo que fue presentado como evidencia contraria ha sido silenciado. Todo lo que el enemigo escribió ha sido anulado. Todo lo que el cielo decretó, ahora queda activado por la Palabra y sellado por la Sangre.

Y como en todo proceso legal, el cielo entrega una copia oficial del veredicto a quien ha comparecido con verdad. Por eso, ahora declara con tu boca y con tu espíritu:

"Señor, en el nombre de Jesús, yo declaro que una copia del veredicto que el cielo ha emitido a mi favor es entregada ahora mismo en mis manos.

Tomo ese documento en lo espiritual, lo recibo con honra, y declaro que así como ha sido dicho en los cielos, se cumple en la tierra." (Pausa y escribe aquí: Proféticamente, toma el papel con tus manos. Cierra los ojos por un momento, extiende tus manos como si tomaras un documento invisible, apriétalo contra tu pecho o levántalo al cielo.)

Este es el veredicto que te habilita para avanzar. No como quien ora por una promesa, sino como quien ejecuta una orden judicial. No como quien espera ser aprobado, sino como quien ya ha sido justificado y activado por la autoridad del Reino.

Ahora, con ese veredicto en tus manos, es tiempo de sellarlo con un acto profético en la tierra.

EL MOMENTO MAS PODEROSO DEL LIBRO ACTO PROFÉTICO: SALTANDO LA LÍNEA

Este es el momento en el que ejecutas físicamente lo que ya fue decretado espiritualmente. No es solo un salto. Es un corte legal. Un rompimiento visible con los linajes de opresión. Es la entrada formal al linaje profético de Cristo, a una nueva atmósfera, a una nueva historia, a un nuevo ADN.

Instrucciones proféticas (hazlo con fe, no con perfección):

- No te estreses buscando algo complejo. Toma un simple cordón de zapato, un hilo, una cinta, o incluso una cuerda improvisada.
- Extiéndela en el suelo delante de ti. Esa línea representa todo lo que estás dejando atrás: linajes, ADN contaminado, pactos pasados, estructuras antiguas, ciclos repetidos.
- Sostén simbólicamente el papel que representa el veredicto que el ciclo te entregó. Apriétalo con tus manos. Activa tu fe. Este momento es real.
- Colócate frente a la línea. Respira profundo. Estás a punto de hacer visible lo invisible.

Nota muy importante:
Si por alguna razón cruzaste esa línea caminando hacia atrás o la volviste a cruzar en retroceso, detente.
Recoge el cordón y colócalo de nuevo frente a ti. El Reino entiende movimientos proféticos. Cruzarla

hacia atrás significa, sin darte cuenta, anular tu propio acto.

Asegúrate de cruzarla solo hacia adelante, con convicción, con verdad, con fe. Porque no estás actuando. Estás ejecutando.

Oración previa al saltar (Manifiesto de activación eterna)

Señor, en el nombre de Jesucristo, hoy me detengo en la línea más importante de mi historia.

No estoy huyendo. No estoy improvisando. Estoy cumpliendo sentencia.

Estoy ejecutando el veredicto de Tu tribunal. Y declaro que el acta que cargo en mis manos es legal, sellada con sangre, firmada por el cielo y reconocida en la tierra.

Esta línea que estoy por cruzar no es un símbolo. Es una fractura.
Un corte en mi linaje.
Un límite en mi historia.
Una herida que se cierra.
Un ciclo que se rompe.
Un cielo que se abre.

Decreto que lo que hay detrás de mí ya no me pertenece:
La vergüenza que me marcaron
Las palabras que me quebraron
Los nombres que me impusieron
Las miradas que me silenciaron
Las veces que quise rendirme
Las promesas que me olvidaron
Las culpas que me tragaron
Todo eso, Señor... lo dejo detrás de esta línea.

Y aún con lágrimas, con heridas, con polvo en los pies... yo salto.
Salto sobre la humillación.
Salto sobre el rechazo.
Salto sobre el pecado que ya fue juzgado.
Salto sobre la sangre que me reclamaba.
Salto sobre el pasado que me perseguía.
Salto sobre el nombre que me reducía.
Salto sobre la imagen rota de mí que cargaba.
Salto sobre la voz que me decía que no lo lograría.

Porque no salto por emoción.
Salto con acta legal.
Salto con respaldo del cielo.
Salto con decreto divino.
Salto como herencia viva del Reino.

Yo decreto que al cruzar esta línea:
Mi ADN es transformado.
Mis generaciones son marcadas.
Mi diseño original es reactivado.
Mi historia rota se alinea al libro eterno.

Yo decreto que esta línea no solo divide mi vida, la redirige.
Que esta línea no solo cierra ciclos, abre caminos.
Que esta línea no solo me separa de lo que fui, me injerta en lo que soy.

Y desde aquí, Señor...
Yo soy el primero de un linaje nuevo.
Yo soy la intersección entre lo que fue y lo que Tú diseñaste.
Yo soy la semilla de una generación que ya no cargará vergüenza.
Yo soy el altar donde comienza algo puro.
Yo soy la evidencia de que todo lo que hiciste, no fue en vano.

Este salto no es solo mío.
Este salto es de mi generación.
Este salto es de mi sangre.
Este salto es de mi futuro.

Y así como ha sido dicho en el cielo... así será hecho en la tierra.

Señor, y ahora, antes de cruzar esta línea,
declaro que entro en el destino que Tú has establecido para mí.
No el que otros dijeron. No el que las circunstancias deformaron.
Entro en el destino que me fue mostrado desde la eternidad.
Ese que me revelaste en el secreto. Ese que me susurraste cuando nadie más creía.
Ese que se me reveló en partes, en oraciones, en silencios, en lágrimas, en sueños.

Pausa. Respira.
Piensa.
Y ahora... dilo.
Declara con tu voz lo que el Espíritu ya te mostró.
Hazlo audible. Que lo escuche la atmósfera. Que lo escuche el infierno. Que lo reconozca el cielo.
(Espacio de declaración en voz alta del lector – llamado, propósito, dones, territorios, generaciones, legado...)

Y con esa palabra en mi boca... ahora salto.

¡Salta ahora!

Si tienes que llorar, llora.
Si tienes que gritar, grita.
Si necesitas arrodillarte, hazlo.
Grita de alegría. Canta. Corre. Ríe.

Porque lo que acabas de hacer en la tierra ha sido ejecutado en el cielo.
Este salto cambia tu historia.
Este salto interrumpe maldiciones.
Este salto activa una nueva línea generacional.
Este salto sella lo que el cielo ya ha firmado.
A partir de este momento, lo que venía por generaciones ha sido quitado de mí.
Yo soy la línea donde todo cambia.
Yo soy el comienzo de una nueva historia.
Yo soy la puerta de un nuevo tiempo.
Y mi destino… ya no está retenido. Está activo.

Este no fue un momento simbólico. Este fue un acto judicial ejecutado con tus pies, con tu voz y con tu espíritu. Has saltado sobre tu historia. Has sellado tu destino. Y nada de lo que dejaste atrás tiene derecho a volver.

AQUÍ COMENZO TU DESTINO!!!!

Oración de gratitud y honra al veredicto eterno

Padre eterno…
¿Cómo podría agradecer lo que acabas de hacer?
No tengo palabras que alcancen, no tengo voz que exprese.
Pero me postro ante Ti en reverencia, en asombro y en adoración.

Gracias por mirarme. Gracias por recibirme. Gracias por dictar justicia a mi favor.
Gracias por no dejarme con las cadenas del pasado.
Gracias por abrir el libro de mi historia y reescribir mi camino con Tu gracia.
Gracias por no darme según lo que merecía, sino según lo

que decretaste desde Tu amor.
Gracias por no abandonarme en la oscuridad del olvido, sino por llamarme por mi nombre al tribunal de Tu Reino.
Gracias por permitirme cruzar la línea.
Gracias por cubrirme con el pacto eterno.
Gracias por entregarme la copia del veredicto sellado.
Gracias por llamarme parte de Tu herencia.

Y ahora, con temor reverente y amor profundo, te entrego esta gratitud no solo como un acto emocional, sino como un altar:
Un altar de honra.
Un altar de obediencia.
Un altar de gobierno.

Un altar que dice: "Aquí comenzó mi nueva historia."
Te alabo, te bendigo, y te doy gloria.
Porque el Juez eterno me recibió.
El Abogado me defendió.
El Espíritu me acompañó.
Y ahora... el cielo me respalda.

Declaración final judicial: Mi destino ha sido desbloqueado

Ante del tribunal del cielo, y con el acta del veredicto en mis manos, declaro solemnemente que mi causa ha sido juzgada con justicia, sellada con sangre y ejecutada con gloria.
No hay acusación vigente. No hay sentencia pendiente. No hay evidencia activa en mi contra.
Todo expediente que pertenecía al reino de las tinieblas ha sido cancelado, destruido y borrado de los registros eternos.

Mi destino ya no está en pausa.
Mi diseño ya no está retenido.
Mi asignación ya no está dormida.

Solicito ante el Juez eterno una orden de restricción espiritual irrevocable, que impida todo intento del enemigo de regresar a alterar mi propósito.

Pido que se emita un decreto celestial que blinde mi camino, mis generaciones y mi cumplimiento.

Que ninguna voz, entidad, atmósfera, altar o sistema pueda interferir jamás con lo que fue desbloqueado hoy.

Desde este momento, todo desvío queda prohibido.
Toda interferencia queda anulada.
Toda asignación contraria queda abortada.
Toda reactivación de estructuras antiguas queda cancelada por decreto celestial.

Declaro que el propósito eterno de Dios sobre mi vida está oficialmente activado.

Mi libro ha sido abierto. Mi territorio ha sido asignado. Mis días han sido sincronizados.
Y todo lo que el cielo escribió de mí... comienza a manifestarse desde ahora.

No camino solo. Camino con respaldo.
No camino confundido. Camino con claridad.
No camino por promesas. Camino por sentencia cumplida.

Este es mi nuevo inicio. Esta es mi activación oficial.
Este es el día donde mi nombre quedó alineado al destino eterno que Dios diseñó.

Y lo que fue sellado hoy... ninguna sombra lo revocará. Ninguna voz lo alterará. Ninguna tiniebla lo resistirá.
Amén, amén, y amén.

Acta de Veredicto – Activación del Destino Eterno

Tribunal Supremo del Reino de los Cielos
Corte de Justicia del Padre, el Hijo y el Espíritu Santo
Nombre del compareciente:
____
Fecha de comparecencia espiritual:
____

Causa presentada:
Liberación de estructuras generacionales, restauración del alma, revocación de pactos ilegales, cierre de ciclos de iniquidad, activación del diseño eterno y alineación con el destino profético original.

Veredicto celestial emitido:
Tras presentar evidencia suficiente, sellada con la Sangre del Cordero y confirmada por la obediencia del compareciente, el Tribunal Celestial decreta lo siguiente:

— Que la causa ha sido legalmente tratada, expiada y cerrada.
— Que todo derecho legal de las tinieblas sobre la vida del compareciente ha sido anulado.
— Que el destino eterno ha sido desbloqueado, reactivado y restaurado.
— Que se emite orden de restricción contra toda interferencia espiritual futura.
— Que los libros del cielo quedan abiertos para el cumplimiento del propósito.

____

Firmado por el testimonio del Espíritu Santo,
el pacto de la Sangre, y la autoridad del Nombre que es sobre todo nombre: Jesucristo.

____

Firma del compareciente (profética):

"He aquí, he puesto delante de ti una puerta abierta, la cual nadie puede cerrar..." (Apocalipsis 3:8)
Consumado es." (Juan 19:30)

Nota final de la autora

Gracias por confiarme este recorrido.
Gracias por abrir tu alma, tu historia y tus heridas a través de estas páginas.

No sé en qué parte de tu vida este libro te encontró, pero sé que el cielo te estaba esperando desde mucho antes. Cada página escrita fue orada. Cada línea construida fue una batalla. Y cada oración redactada fue nacida en el altar.

Este libro no fue escrito para emocionar. Fue escrito para ejecutar.
Y tú fuiste valiente. Te enfrentaste. Te desnudaste ante Dios. Y ahora caminas libre.

Gracias por dejarme ser testigo silencioso de tu transformación. Gracias por dejarme acompañarte hasta esta línea.

De aquí en adelante... el camino es tuyo. El cielo te respalda.
Y si llegaste hasta aquí, créeme: tú ya no eres el mismo.

Nos volveremos a encontrar —quizá en otro libro, en otro tiempo, o en la eternidad— pero cuando eso ocurra... ya estarás caminando en el diseño que fue desbloqueado.

Con honra, con gratitud, y con amor eterno, gracias por dejarme ser parte de tu destino.

Acerca de la autora

Olga Lucía Marzola Reyes es una mujer joven transformada por la guía del Espíritu Santo y la revelación del Reino. Tras años de búsqueda, dolor y ciclos que no se rompían, encontró en Dios las llaves que cambiaron su historia para siempre.

Hoy escribe para compartir esas llaves con quienes anhelan libertad y verdad. Su mayor deseo es entregar a esta generación herramientas espirituales que activen el propósito, sanen el alma y restauren lo que parecía perdido, dejando un legado de esperanza y restauración.

[Página final – Continúa el viaje espiritual]

¿Deseas sellar lo que acabas de activar?

Este libro es solo el inicio: lo que hoy fue desbloqueado en tu vida debe ser resguardado y potenciado a través de oración judicial, práctica intencional y seguimiento estratégico. Por eso te invito a continuar tu proceso con el libro complementario "Oraciones para desbloquear tu destino", una colección de oraciones doctrinales, interactivas y proféticas que te acompañan capítulo a capítulo en tu restauración y activación espiritual. Descúbrelo en www.codigosdelreino.com/oraciones.

Además, si quieres seguir creciendo, te recomiendo explorar otros títulos de la colección: "Sanidad del alma: restaurando lo que el alma calló", "Libertad en el área sexual: rompiendo ciclos ocultos de contaminación", "Tribunales del Cielo: cómo presentar tu causa, cancelar ciclos y recuperar tu destino", y "Guerra espiritual: estrategias de gobierno, territorio y liberación territorial".

Cada libro ha sido creado para ayudarte a vivir tu propósito con autoridad y verdad.

Visita www.codigosdelreino.com y síguenos en redes sociales para acceder a más herramientas, oraciones, eventos y enseñanzas que acompañarán tu camino de libertad y destino.

Uso personal – Documento protegido

Por favor, lee este mensaje antes de compartir este archivo.

Este libro fue adquirido con propósito personal. Cada palabra, cada oración y cada revelación aquí contenida fue escrita con responsabilidad, oración y peso espiritual.
Está prohibida su reproducción, edición, redistribución o copia parcial o total sin autorización de la autora.

Este PDF está protegido contra edición y copia de contenido.
Compartir este archivo sin permiso interrumpe el propósito profético, legal y espiritual con el que fue creado.

Si deseas que otros también sean transformados por este mensaje, compárteles el enlace oficial:
www.codigosdelreino.com/libros
Gracias por honrar el esfuerzo, la revelación y la unción que esta obra contiene.
Tu integridad fortalece el Reino.

Made in the USA
Columbia, SC
16 June 2025

59247556R00243